U0993753

Venture Capital Fund

风险投资基金

黄福广◎著

中国经济出版社
CHINA ECONOMIC PUBLISHING HOUSE
北 京

图书在版编目（CIP）数据

风险投资基金／黄福广著.
北京：中国经济出版社，2017.5
ISBN 978－7－5136－4636－9
Ⅰ.①风… Ⅱ.①黄… Ⅲ.①风险投资—投资基金 Ⅳ.①F830.59②F830.45

中国版本图书馆 CIP 数据核字（2017）第 049714 号

责任编辑 师少林
责任印制 巢新强
封面设计 久品轩

出版发行 中国经济出版社
印 刷 者 北京柏力行彩印有限公司
经 销 者 各地新华书店
开　　本 710mm×1000mm 1/16
印　　张 16.5
字　　数 240 千字
版　　次 2017 年 5 月第 1 版
印　　次 2017 年 5 月第 1 次
定　　价 68.00 元
广告经营许可证 京西工商广字第 8179 号

中国经济出版社 **网址** www.economyph.com **社址** 北京市西城区百万庄北街 3 号 **邮编** 100037

前言

风险投资是一种将资本投入风险企业的活动。风险企业主要指其未来发展具有高不确定性、高失败率的种子期、初创期和成长早期企业；风险投资的行为人称为风险投资人，用于风险投资的资本称为风险资本。风险投资人主要使用股权形式对未上市的风险企业进行投资，因此，风险投资也被界定为私募股权类投资。

典型的风险投资活动过程包括资本募集、筛选与投入、投后管理、投资退出，这一过程也被称为风险投资循环，本书即按照风险投资循环过程展开。开展风险投资的第一步是设立风险投资公司（也称为风险投资机构或者风险投资人）。风险投资公司通过资本募集设立风险投资基金，作为风险资本载体，投资退出后进行基金清算。风险投资人筛选有价值增长潜力的风险企业，投入风险资本，参与公司治理，提供增值服务，旨在利用企业的突变式成长实现可观的投资收益。从这个意义上看，风险投资人不同于公开市场上的股票投资机构，因此，又被称为积极投资人。也就是说，风险投资机构不仅通过筛选投资对象，也通过增值服务提高投资收益。

如今，风险投资活动越来越引起人们关注。首先，成功风险投资案例收益异常丰厚，在几年之内，回收数额动辄达到投资数额的几十倍甚至数百倍。其次，风险投资的标的企业通常为高科技成长型企业，在投资者获利的同时，也促进了企业成长和技术创新，创造了国民财富。世界各国政府为了促进创新型经济增长、提高竞争力，不仅利用政策鼓励民间资本进行风险投资，也使用多种方式直接参与，例如：政府设立风险投资引导基金等。再次，风险投资基金作为另类投资工具，收益和风险特性有别于上市股票，已经成为保险公司、养老基金和捐赠基金等大型机构投资者以及个人投资者投资组合中的重要组成部分。

本书的主要目的不是描述风险投资流程，而是解释风险投资循环中的原理，解释各种现象存在的原因。例如：为什么风险投资基金通常采用有限合伙制，普通合伙人和有限合伙人利益分配的原则，在投资筛选中“选马”还是“选骑手”的争论，在投资退出和收益计算中可能出现的各种问题，等等。书中观点有些取自于作者研究结果，有些摘自其他文献。为了便于读者进一步探索，对于各种观点尽量做出注解。由于作者水平有限，对问题的认识不够深刻，可能出现错误之处，欢迎批评指正。

本书撰写分工如下：王贤龙博士负责第一章、第二章第一节；张晓博士（助理教授）负责第二章第二节、第三节、第四节；邵艳博士负责第三章第一节和第七章；王建业博士负责第三章第二节和第三节、第六章；贾西猛博士负责第四章；王佳佳和张振泽硕士共同负责第五章第一节；党程程硕士负责第五章第二节；陈兰芳硕士负责第五章第三节；彭涛博士（助理教授）负责第八章。张慧雪博士承担了校对书稿工作。黄福广教授负责制订提纲，对全书进行了整理、修改、完善。另外，张扬、徐宏源、于博文三位硕士准备了书稿的部分资料。

最后特别感谢中国经济出版社的师少林主任。他在本书的写作过程中，给予了热情鼓励和帮助，对书稿设计提供了很有价值的建议。

黄福广

2017 年 1 月

目 录

Venture Capital Fund

风险投资基金

第一章
风险投资基金概述

本章首先解释了几个相关概念，如风险投资、风险资本、风险投资基金等；其次，介绍了风险投资基金组织与运行；最后，简单回顾了风险投资的发展历程。本章内容为风险投资基金的相关基础知识。

第一节　风险投资基金的相关概念

一、风险资本

（一）风险资本的概念

风险资本是一个翻译词汇，英文的原词为Venture Capital，简称为VC。Venture是冒险、投机的意思，例如：Business Venture指高风险商业活动。狭义地理解，风险资本是一种资本形态，指投资者投资于高风险新企业（Risky New Venture）的资本，风险资本由此得名。

根据资产定价理论，进行任何投资活动，都会承担风险，获得收益。投资者所承担的风险高，就需要高收益作为补偿。在广泛的投资实践中，投资风险通常使用收益率的标准差或者β系数描述。β系数是投资者投资组合的标准差对市场组合标准差的相对值。一般意义上的投资风险，是指可测量的风险包括使用β系数测量的风险，和使用标准差测量的风险。在投资实践中，所谓可测量风险，指投资标的的波动性大致可以使用历史表现，推测未来。例如：某只股票的历史β系数为1.5，如果公司业务不发生变化，未来β系数大致也会保持在该水平上下。①

与一般投资中的可测量风险不同，风险资本中的风险不仅包括可以使用标准金融学（standard finance）中的方法进行测量的风险，还包括不能测量的风险。之所以具有这样的特点，是由于风险资本通常投向高成长的创新创业型企业。这类企业的股票一般非上市，流动性差，不存在连续性股票价格记录，很难使用一段时期内收益率的标准差计算风险。同时，这类企业经常出现难以预期的成长，或者称为突变式成长。② 在企业创立后，所实施项目是否成功，高成长是否能够实现，难以预料，不能使用趋势外

---

① 关于β系数的变化，可参考黄福广、李西文，2016，投资学，清华大学出版社，第142页。

② 关于新企业突变式成长，参见彼得·德鲁克，2007，德鲁克管理思想精要，机械工业出版社，第11章新企业。德鲁克认为，新企业经常遭遇预料之外的成长和失败，即经常出现“有心栽花花不开，无心插柳柳成荫”现象，书中给出了一些企业的例子。

推法进行预测，不能简单地使用历史知识进行分析，更多地需要主观判断、灵感和洞察力，因此，形成不可测量风险。

与普通可测量投资风险相比较，风险投资所面临的突变式风险具有以下几方面特征：第一，突变式风险不可测量，即难以使用定量方法测量。第二，突变式风险不可预期，也就是不能依据历史推测，未来与现在之间不存在线性关系，不能使用趋势外推。第三，投资结果波动大，一旦成功，投资者获得超高收益；然而项目一旦失败，投资者蒙受巨大亏损，甚至投资本金化为乌有，也就是投资的肥尾特征明显。正因为如此，此类投资强调“风险”二字，称为风险投资。

突变式风险由风险资本的投资标的（被投资企业）特点决定。风险资本的投资标的通常为新创的高科技企业，而且很多处于种子期和初创期。对于创新性的技术，企业面临着技术是否可以成功转化成可商业化产品的问题。对于创新性的产品，企业面临着是否能够成功商业化的问题，企业的商业模式也需要实践的检验。新创企业在成长的过程中，始终面临着失败的风险。一旦标的企业失败，风险资本的投资也就失败了。失败的投资很可能不仅不能获得投资收益，甚至连本金都要遭受损失。然而，一旦标的企业成功，风险资本的投资价值会获得数倍甚至几十倍、数百倍，以至于更高倍数的增长。

在实践中，风险资本有多重含义。广义地理解，风险资本不仅指一种资本形态，还可以指一种投资主体，即风险投资基金或者风险投资机构。风险投资基金或者风险投资机构与风险资本不同，前者是组织形态，后者指资本形态。在理论文献和实践活动中，这两种风险资本的概念经常混合使用，有时指狭义的风险资本，有时指广义的风险资本。

（二）风险资本与天使资本

风险资本为创业企业（Entrepreneurial Firms）提供资本，天使资本（Angel Capital）同样也为创业企业提供资本。两者均为创业企业提供资本，支持创业投资活动，因此，两者统称为创投资本（Entrepreneurial Capital）。风险资本与天使资本属于创业者个人之外的资本，又称为外部创投资本（Outside Entrepreneurial Capital）。反过来说，创投资本包括内部和外部创投资本，外部创投资本包括风险资本和天使资本，内部创投资本是创始人个人的资本。尽管如此，风险资本与天使资本仍然是具有明显区别的两种不同资本类型，它们的区别主要表现在投资主体、资本来源、投资对象和资产管理方式等几个方面。

首先，风险资本以投资基金作为主体形式进行投资，而天使资本则以自然人为主体形式进行投资。也就是，风险资本是金融机构，而天使资本通常不是金融机构。其次，风险资本的来源渠道广泛，既包括个人，也包括各种金融机构，例如：养老基金、保险基金、捐赠基金等；而天使资本的资本来源主要为个人，提供天使资本的个人称为天使投资人。形象地描述，天使投资人也称为3F投资人，即家庭（Family）、朋友（Friends）和傻瓜（Fools）。这里的傻瓜不是指天性傻瓜，而是指甘愿做傻瓜。再次，天使资本相对于风险资本的投资期更早，通常为企业的种子期或者萌芽期，作为企业设立时的第一笔资本；而风险资本投资阶段一般要比天使资本晚。最后，风险资本积极参与被投资企业管理，而天使资本通常不参与管理，这也是傻瓜的另一层含义。风险资本积极参与管理的动因，部分来自于风险资本出资人对于风险投资管理人尽职的要求。天使资本不参与管理，部分原因在于投资者个人不具备管理能力，或者缺乏管理精力。

尽管一般情况下，风险资本与天使资本存在差别，但是有时差别模糊。尤其是有些个人投资者逐渐演变成专职天使投资者，也会作为积极投资者，参与被投资企业的经营。有些风险资本有时也进行企业初创期阶段投资。因此，是否作为积极投资者，以及是否进行早期投资，不能作为划分风险资本与天使资本的严格标准。风险资本与天使资本之间，以是否为金融机构作为比较典型的划分标准。

二、风险投资基金

（一）风险投资基金概念

风险投资基金（Venture Capital Fund 或者 Venture Fund，简称为 VC Fund）是一种资本组合的组织形式，是一个资金池。如前文所述，风险投资基金也可以简称为风险资本。投资者将各自的资本，按照一定的组织方式，汇集到一起，形成基金，统一投资，统一进行资产管理，并在投资活动后进行收益分配。从这个意义上讲，风险投资基金是一个间接金融中介，如图1－1所示。风险投资基金投资人将资本投入到风险投资基金，获得风险投资基金份额。风险投资基金管理人则使用募集到的资本，进行股权投资，获得被投资企业即标的企业权益。投资对象的集合称为风险投资基金投资组合，也称为投资组合企业（Portfolio Companies），简称为风险投资组合。

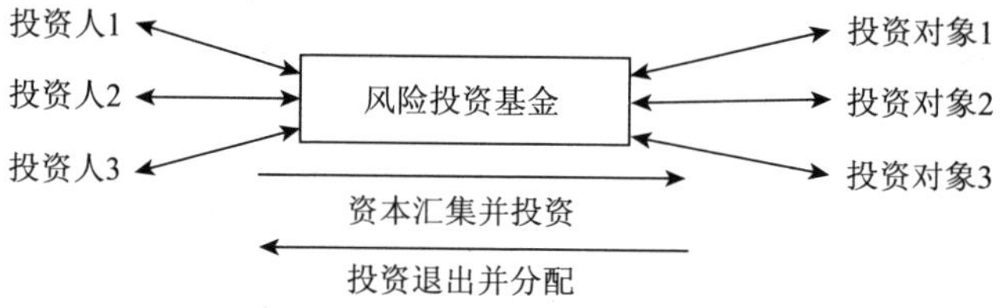

图1－1　风险投资基金资金流动示意图

国际上公认的现代风险投资基金起源于美国研究和开发公司（American Research and Development Corporation，简称为ARD）。ARD由哈佛大学商学院教授George Doriot，曾任美国波士顿联储主席的Ralph Flamders，以及麻省理工学院的前校长Karl Compton等人共同创立。① 公司设立于1946年，进行创业企业投资。与现在大部分风险投资基金流行的组织结构不同，ARD采用了公司制组织形式，并且成为第一家可以公开交易的风投公司。②

（二）风险投资基金的特点

风险投资基金首先是一个金融中介，除此之外，还同时具有如下三个方面特点。

1. 投资对象

风险投资基金使用投资人的资本进行投资，投资的对象主要为非上市企业股权（Private Equity，简称PE）。资本市场上的金融投资一般指对交

① 参见维基百科，https：//en. wikipedia. org/wiki/American_ Research_ and_ Development_ Corporation。

② 参见麻省理工学院网站：http：//museum. mit. edu/150/78。

易所交易金融工具的投资，如果投资对象为股权，则一般指上市公司股票。风险投资基金的投资对象明显与资本市场上一般意义上的金融投资不同，所以也经常将风险投资基金的投资称为另类投资（Alternative Investment）。

投资对象不仅为非上市股权，而且主要为新创企业的非上市股权。如果将企业生命周期划分为六个阶段，即种子期（Seed Stage）、初创期（Startup Stage）、成长早期（Early Growth Stage）、扩张期（Expansion Stage）、成熟期（Mature Stage）和衰退期（Decline Stage），那么风险资本主要投资于初创期企业，并可以延伸到种子期和成长早期。所谓种子期，是指创始人拥有新技术或者新创意，试图转变为可以商业化产品或者服务的阶段。初创期指新技术或者新创意已经形成产品或者服务，需要实施商业化，以及确定商业模式。成长早期指企业商业模式得以确认，销售收入开始增长，企业的未来发展路径逐渐清晰，企业基本面价值（Fundamental Value）评估变得有据可依。扩张期指企业可以大量、快速复制成长早期的商业模式，进入快速扩展阶段。成熟期则指企业成长进入缓慢或者无成长阶段，衰退期指进入负成长阶段。

2. 资产管理

风险投资基金进行股权投资后，积极参与被投资企业的经营管理活动，因此，风险投资基金经常被称为积极投资者（Active Investors）。很多高科技新创企业的创始人为科技人员，管理企业的经验不足，也缺乏经营企业必要的社会网络，投资者为了实现投资收益，不仅需要对被投资企业提供资金，也需要提供管理支持。例如：风险资本对所投资企业提供社会网络资源和管理咨询，招募职业经理、整合供应链等。[①] 当然，除了参加这些经营管理活动之外，与一般的股权投资类似，风险投资基金也参与被投资企业公司治理，监督管理者行为。之所以作为积极投资者，并不是由

① Hellmann T, M. Puri. Venture Capital and the Professionalization of Start - Up Firms: Empirical Evidence [J]. The Journal of Finance, 2002 (57): 169 - 197; 黄福广，张晓，彭涛，田利辉. 创业投资对中国未上市中小企业的管理提升和企业成长的影响 [J]. 管理学报，2015，12 (2): 207 - 214.

于风险投资基金是大股东,[①] 而是与其投资对象特点有关。风险投资基金的投资对象通常为初创期企业，自身管理经验和必要的资源不足，需要外部的管理支持。而且，作为积极投资者，参与企业必要的经营与管理,[②] 有利于帮助被投资企业克服困难，提升价值，更有利于风险投资基金控制风险。

3. 获利方式

风险投资基金投资于起步期和成长早期过程中的企业，利用高速成长过程获利。如前文所指，风险投资基金的投资对象具有巨大的未来成长潜力。但由于在初创期和成长早期，尤其在初创期，企业成长的路径不清晰，成长过程中的困难难以预料，成长潜力是否能够变为现实存在着多重变数。企业很可能试制产品之后，出于各种原因，不能获得市场的认可，销售不畅。很多企业不能走出初创期，导致企业失败。从创业早期的乐观，到初创期的沮丧和成长早期的忧虑，企业累计投入越来越大，却见不到盈利。在这个过程，企业盈利走了下坡路，也就是投入越多，亏损额越大，这个过程通常被称为死亡谷（Death Valley）。[③]

当企业度过死亡谷之后，经营管理逐渐正规化，盈利模式逐渐清晰，未来的成长可预期性逐渐增强，企业价值得以显现。走出死亡谷，企业实现了突变，可以将其称之为突变式成长。这种突变式成长，与前面所说的不可测量风险相对应。与当初投资相比，风险投资基金的投资本金通常已经获得了显著增值，或者极大程度地增值。继续持有被投资企业股权，边际增值幅度下降，已经不符合风险投资基金的业务特点，不能满足风险投资基金对投资收益的高要求。此时，风险投资基金会选择 IPO（Initial Public Offering，首次公开发行）或者并购形式出售所持有的股权，实现投资收益。风险投资基金通过被投资企业非正常成长，即突变式成长，实现所持有股权的快速增值。

例如：风险投资基金对某新创企业进行投资，投资额为 2000 万元，获

---

① 风险投资基金经常作为小股东，据笔者研究发现，多数风险投资基金持股在 20% 以下。

② 指非日常经营管理。

③ 死亡谷是指企业成长最困难的时期，可参见第四章的详细说明。

得投资标的企业20%的股份，合计2000万股。5年后该新创企业成功上市，上市发行价格为20元。在经过6个月的锁定期之后，股票价格达到30元，此时，风险投资基金在股票二级市场出售股票，实现投资退出。出售股票的总价值为3亿元，最终价值为投资本金的30倍，平均每年的投资收益率约为97%。对于合伙制风险投资基金，即使发现投资标的企业在上市后仍具有高成长价值，但由于有限存续期限制，也必须退出。当然，在这种情况下，风险投资基金可以将标的企业股票分配给合伙人，作为基金清算的一种形式。

如果被投资企业股票上市，风险投资基金所投资的非上市股权变成上市股权，经过一个锁定期，会通过在公开市场出售股票变现。风险投资基金出售所持有的股票，并不表明企业发展前景不好，而是主要出于两种原因。第一，风险投资基金投资于初创期或者之前的企业股权，经过培育实现上市，从企业创立到上市的过程中实现盈利。投资于上市股票并获利，不属于风险投资基金的盈利模式，不是风险投资基金的竞争优势所在。第二，风险投资基金通常有存续期，基金到期需要进行分配，需要在分配前出售股票。

（三）风险投资基金与私募股权基金

有两个基金的概念容易与风险投资基金相混淆，分别为私募股权基金和私募基金。不论什么基金，其共同特点是金融机构特性，即通过向投资者募集获得资本，由投资专家进行投资并管理。基金有很多分类维度，例如：按照募集方式可以分为公开募集和非公开募集（即私募）；再如：按照投资标的可以划分为股票基金和债券基金等。私募基金是相对于共同基金的一类基金，私募基金的资本来源为非公开募集，① 而共同基金的资本来源为公开募集。也就是，私募基金和共同基金是按照基金募集端所做的

① 非公开募集的规定，参见2015年修订的《中华人民共和国证券投资基金法》，其中明确指出“非公开募集基金应当向合格投资者募集，合格投资者累计不得超过二百人”，“合格投资者，是指达到规定资产规模或者收入水平，并且具备相应的风险识别能力和风险承担能力、其基金份额认购金额不低于规定限额的单位和个人”。并且，非公开募集不得公开宣传募集产品，所谓公开宣传，是指非定向宣传。

一种分类。公开募集的基金管理行为受到国家相关规定约束，而私募基金管理行为主要受基金契约约束。

将私募基金再按照投资端进行分类，可以划分为对冲基金（Hedge Fund）、私募股权基金、房地产基金、货币基金等，其中对冲基金和私募股权基金在资本市场上数量众多、较为活跃，比较引人关注。对冲基金以交易所交易金融工具为主要投资对象，只要投资人与管理人之间契约允许，可采用任意投资工具，包括卖空、杠杆以及期权、期货等衍生工具。在美国，对冲基金经理人常被称为“刺猬（Hedgehog）”，形容其行为机警、敏锐，信息不透明。与对冲基金相比，私募股权基金的投资工具主要为非上市股权，而并非以交易所金融工具为投资对象。私募股权基金中的“私募股权（Private Equity）”为一个词，与对冲基金中的“对冲”、房地产基金中的“房地产”等词的作用类似，都属于对投资工具的界定。

尽管一些私募股权基金属于私募基金，但也有些私募股权基金不属于私募基金。也就是说，私募股权基金可以通过公开方式募集资本，例如：黑石集团有限合伙企业（The Black stone Group L. P.）就是一个上市机构，其份额在市场上可公开交易。因此，黑石集团有限合伙企业就不是一个私募基金，但仍然从事私募股权投资业务。① 不论如何，大多数私募股权投资基金的资本通过私募获得，仅有少数公开募集资本。因此，在主体上可以将私募股权基金归为私募基金中的一种类型。

关于私募股权基金（Private Equity Fund，简称为 PE Fund）与风险投资基金的联系与区别，并不存在统一标准。目前，国际上主要存在两种不同的分类法，分别为美国分类法和欧洲分类法。美国分类法认为风险投资基金属于私募股权基金的一种类型，而欧洲分类法认为风险投资基金与私募股权基金属于两种不同类型的基金。按照欧洲分类法，风险投资基金投资于企业初创期至成长早期，而私募股权基金投资于企业成长早期至扩张期，甚至投资于成熟上市公司，通过退市整合后再上市，② 两者之间的主

---

① 黑石集团不限于进行私募股权投资，也有其他投资业务。

② 参见 Metrick, A. and A. Yasuda, 2011, Venture Capital & the Finance of Innovation, John Wiley & Sons, Inc.; Caselli, S., 2010, Private Equity and Venture Capital in Europe, ELSEVIER Ltd.

要区别是投资标的企业的成长阶段不同。

按照美国分类法，私募股权基金主要分为四种类型，分别为风险投资基金、夹层基金（Mezzanine Fund）、收购基金（Buyout Fund）、重组基金（Distress Fund）。四类基金均主要以私募股权为投资对象，通过持有私募股权获得增值收益。从这种意义上讲，美国分类法考虑了股权投资作为私募股权投资的共同特点进行分类。与此不同，欧洲分类法以投资对象成长阶段特点作为分类标准，风险投资基金主要投资于创业企业股权，而私募股权基金主要投资于非创业企业股权。

在我国实务界，大多数倾向于将风险投资基金作为一类基金，私募股权基金作为另一类基金。这个定义实际上沿用了欧洲分类法。我国实务中形成的分类法，强调风险投资基金的特殊性，接受私募股权基金业务的广泛性。也就是，私募股权基金的投资对象既包括高成长创业企业股权，又包括其他非上市股权，而风险投资基金主要以高成长创业企业股权为投资对象。例如：在中国大陆既存在“中国创业投资协会”（网址 http://www.cncvc.org/），也存在“中国股权投资基金协会”（网址 http://www.chinacape.org/）。前者业务范围为风险投资，后者业务范围沿用了美国分类法，包括风险投资和其他私募股权投资。

“中国创业投资协会”的英文翻译为“China Venture Capital Association”，其中的 Venture Capital 翻译成了创业投资，有时也翻译成风险投资。在汉语中，投资指投入资金，属于一种行为。两种翻译方法都忽略了资本形态，不能准确反映英文词汇本身的含义。

三、风险投资

风险投资（Venture Investment），简称为风投，基本上包括三层含义：第一层为风险投资活动，第二层为风险投资管理机构，第三层为风险投资基金。因此，当使用“风投”这个词的时候，可以有多种理解，既可以理解为一种活动，也可以理解为一种资本形态，还可以理解为一种组织。活动即为风险投资活动，资本形态即为风险资本或者风险投资基金，组织即为风险投资管理机构。

（一）风险投资活动

风险投资是一种由风险投资基金向具有巨大发展潜力的成长型未上市企业提供资金支持，并辅之以管理参与的投资行为。具体来说，风险投资活动从筛选被投资对象开始，为被投资企业提供资本，进行监督管理，一直到最后退出，这四个阶段为风险投资的核心活动。向前进一步拓展，风险投资活动可以从成立风险投资机构开始，由风险投资机构募集风险投资基金，之后对被投资对象进行投资。向后进一步拓展，风险投资基金通过IPO或者并购的形式退出投资后，对风险投资基金进行清算分配，将资金以及所获收益返回给投资人。从资金募集到清算分配，构成风险投资的一个完整循环，称为风险资本循环（Venture Capital Cycle），如图1－2所示。

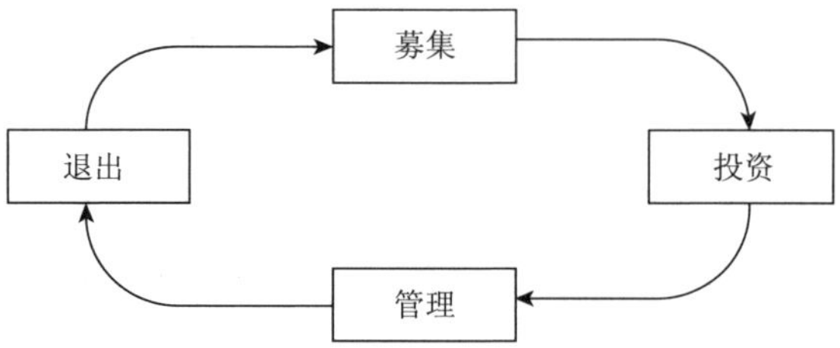

图1－2　风险投资循环

图1－2中的风险投资循环包括募集、投资、管理和退出四个环节，简称为募、投、管、退。募集指风险投资基金的募集。风险投资机构成立后，由风险投资机构向风险投资基金的投资人进行资金募集活动。募集资金完成后，进行投资对象筛选和资金投入活动。资金投入后，风险投资机构通过多种手段进行投资管理，例如：向投资对象企业派驻董事，或者管理人员，监督企业运行情况，向企业提供各种资源和管理咨询支持等。当被投资企业价值获得显著增长，并且在规模、业绩等方面达到一定标准后，风险投资基金会通过IPO或者并购的形式退出投资资金，并获得收益。风险投资基金清算后，风险投资活动的一个循环结束。从退出到募集，是风险循环中的一个特殊环节。从形式上看，风险投资退出，资本运动的一个周期即告结束。但是，上一次风险投资的退出业绩，会影响下一次基金的募集。

（二）风险投资管理机构

风险投资管理机构是指从事风险投资活动的机构，是风险投资活动的实施者，是风险投资循环中的主体，是风险投资基金的管理者。风险投资机构通常采用有限责任公司，也可以是一个合伙企业。作为有限责任公司，同其他任何类型公司一样，由出资人设立，由管理团队负责经营，有完整的公司组织结构，有股东大会和董事会等。风险投资管理机构也称为风险投资管理公司，简称为风险投资公司（Venture Capital Firm），或者风投公司（VC Firm），甚至简称为管理公司。

风险投资管理公司设立后，从募集资金开始开展风险投资活动，也就是进行风险投资循环活动。风险投资公司使用所募集的资金设立风险投资基金，基金通常以合伙制企业形式存在，风险投资公司在基金中作为普通合伙人（General Partner，GP），负责基金的管理，并占有对于基金投入较少的资金份额。风险投资公司在基金募集中，吸收有限合伙人（Limited Partner，LP）投入基金的大部分资金份额。有限合伙人不负责日常管理工作，但依据合伙人协议，可以参加合伙人大会，拥有参与基金重大事务决策的权利。

在实践中，有时风险投资公司与风险投资管理公司不同，风险投资公司可以是一个风险资本与风险投资管理合二为一的公司。在这种情况下，风险投资公司就是一个以风险投资活动为经营业务的公司，由公司发起人设立，以投资资本多少确定持有股份比例，并使用公司所筹集的权益以及负债资本进行投资。在实践中，这种意义上的风险投资公司比较少，所以本书中的风险投资公司，主要指作为风险投资基金普通合伙人的风险投资管理公司。

第二节　风险投资基金的组织与运行

一、风险投资基金组织形态

根据第一节的定义，风险投资基金是一个资金的汇集形式。按照基金的组织形态，基本上可以划分为公司制基金和有限合伙制基金。因为风险投资基金的投资对象主要为创业企业，所以有时也称风险投资基金为创业基金，或者创投基金。

（一）公司制基金

公司制基金指风险投资基金以公司的形式存在，这类基金经常被称为公司制风险投资基金，以对创业企业投资作为主要业务。例如：鲁信创投就是一个公司制风险投资基金，不仅是个公司，而且还是上市公司（股票代码600783）。首先，公司制基金本身就是一个公司，按照公司法设立，使用权益资本和负债资本进行投资。其次，公司制基金的所有者为公司股东，股东大会为最高权力机构。第三，公司制基金由公司股东所委派的董事会和高管负责经营。第四，作为一个公司，公司制基金没有预定的到期日，而是进行持续经营。

例如：作为我国较早成立的深圳市高新技术产业投资服务有限公司,①在1996年成立之后的第二年就与国家节能投资公司（现已更名为中国节能环保集团公司）和广东省深圳市两级科委共同注册成立了“深圳市国成科技投资有限公司”,② 开展风险投资活动。早期我国大陆地区成立的风险投资公司还有相当多直接以公司名义进行投资，例如：2000年4月成立的深圳达晨创业投资有限公司。直到2008年，达晨创投才设立第一只有限合伙基金,③ 达晨创投公司成为风险投资管理公司。

（二）有限合伙制基金

有限合伙制基金，简称为有限合伙基金（Limited Partnership Fund），是风险投资基金通常所采用的组织形式。有限合伙基金就是一个按照有限合伙协议成立的企业。有限合伙基金由普通合伙人和有限合伙人共同出资设立。双方的权利和义务根据有限合伙协议确定。一般情况下，有限合伙人作为主要出资人，投入资本，获取收益。普通合伙人主要负责对基金的

---

① 现已改组更名为深圳市高新投集团有限公司。

② 走进高新投，高新投之路：http：//www. szhti. com. cn/Road/Index. html。

③ 同洲电子（002052）招股说明书：http：//disclosure. szse. cn/finalpage/2006 – 06 – 09/17307676. PDF。人民网 http：//finance. people. com. cn/n/2013/0201/c355192 – 20407413. html。

管理，并获取收益。如果没有特指，本书中的风险投资基金即指有限合伙投资基金。有限合伙基金中的各方关系如图 1－3 所示。

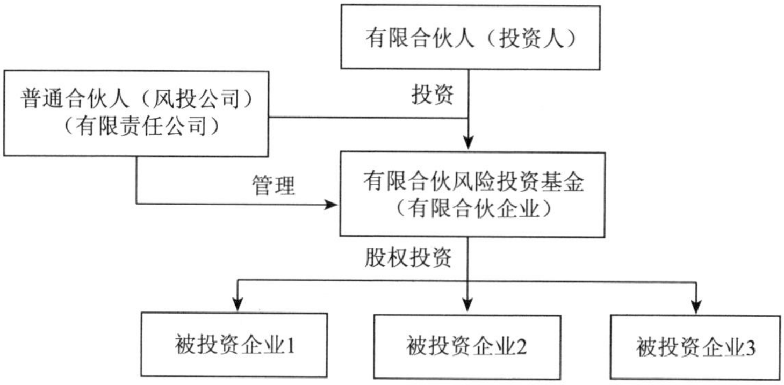

图 1－3　有限合伙风险投资基金组织结构

在有限合伙基金中，有限合伙人与普通合伙人均为投资人，但是大部分资金由有限合伙人提供，实践中通常达到基金募集金额的 99%，而普通合伙人仅提供募集金额的 1% 左右。普通合伙人也就是风投管理公司，是投资基金的管理人。风险投资基金的管理人称为风险投资家（Venture Capitalists）。① 风险投资家可以指自然人，也可以泛指风险投资管理公司。如果将风险投资家定义为自然人，一般指风险投资管理公司的高级投资经理，或者指风险投资管理公司的高级合伙人。

有限合伙基金为非法人企业组织，不作为所得税纳税人的主体，相关法律责任按照合伙协议由合伙人承担。当有限合伙基金获得投资收益后，不需要缴纳所得税而直接进行收益分配。合伙人获得收益分配后，根据合伙人的法律地位承担纳税义务。不作为所得税纳税人主体，不意味着免交所有的税种。在交易环节产生的税，以交易为对象进行缴纳，而不是以主体为对象进行缴纳，也就是风险投资基金即使采用合伙制，仍需要缴纳交易环节税，例如：交易印花税等。

《中华人民共和国合伙企业法》在 2007 年 6 月 1 日颁布实施，在此之

① 本书未区分风险投资家和风险投资人。使用风险投资家，更能表现风险投资的专业性。使用风险投资人更能表现一般性，即表现风险投资为一种工作。

后成立的基金越来越多地采用有限合伙的形式，例如：2008 年后，达晨创业投资有限公司先后募集成立了天津达晨创富股权投资基金（有限合伙）、深圳市达晨财富创业投资企业（有限合伙）等多个风险投资基金。按照《合伙企业法》对合伙企业的命名要求，一般来说，合伙制股权投资基金名称为："××股权投资合伙企业（有限合伙）"或"××股权投资基金合伙企业（有限合伙）"。而合伙制股权投资基金管理公司名称为"××股权投资管理合伙企业（有限合伙）、（普通合伙）"或"××股权投资基金管理合伙企业（有限合伙）、（普通合伙）"。基金与管理人之间名称的区别在于是否存在"管理"两个字。

二、风险投资基金运行

除了日常行政管理事务之外，按照风险投资循环，风险投资基金运行可以具体细分为基金募集、基金投资、资产管理、投资退出。投资退出后，风险投资基金还面临着收益分配问题，但是收益分配属于事务性工作，按照事先协议的约定进行分配，不存在决策问题，不作为风险投资基金的主要管理工作。风险投资基金的四项主要管理工作是风险投资循环的四个过程，也称为风险投资的四大基础性活动。

（一）基金募集

要设立一个风险投资基金，首先需要基金发起人（自然人或法人）选择是独立发起还是与其他个人或机构联合发起。一般来说，基金发起人即是基金的普通合伙人。确定发起人之后，确定基金名称，明确基金的投资方向，以及该基金首期募集的资金金额，确认该基金成立后的工作地点，制作基金募集所需要的相关文件。

以上准备工作完成后，即要确定基金募集的对象和投资者群体，基金将要引入的投资者（有限合伙人）范围，并与之联系和接触，探寻投资者的投资意愿，并向感兴趣的投资者发送基金募集说明书，召开募集说明会，确认参会者的初步募集意向后，与有意向的投资者进行进一步沟通，签署认缴出资确认书，并判断是否达到设立标准（一般来说，认缴资金额达到预定募集数量的70%以上）。当达到设立标准后，基金招募筹备组或筹备委员向指定地区的工商局进行注册登记。

风险投资基金有一定的存续期限，称为承诺存续期（Commitment Period），也称为承诺期限，即投资人承诺从出资到基金清算的期限。承诺存续通常为 10 +2 年。一般情况下，风险投资基金对于被投资企业的投资年限为 3 ~7 年。3 ~7 年为新创企业从初创期到进入扩张期的平均年限。到了扩张期，风险资本就可以退出了。投资前需要对投资标的企业进行筛选，所以风险投资基金存续期限的设定长于对被投资企业的投资期限，一般为 10 年。在 10 年后加 2 年为一个可选项，即必要时，经过投资人大会决定，可以延长投资基金的存续年限，以满足特殊情况下的投资要求。

风险投资基金认缴的资本称为承诺资本（Committed Capital）。认缴资本不一定等于实缴资本（Paid - in Capital），即承诺的资本未必在基金设立时全部投入基金中。在承诺期限内，当风险投资家发现并确认了某一投资机会后，会向有限合伙人提出注资要求（Call money or Drawdowns），而有限合伙人有义务根据承诺出资额支付资本，直至达到承诺投资额度的上限。有限合伙人的承诺资本一般是一次性使用，即认缴后进行投资，直到投资项目退出，即使基金没有到期，该笔资本也不再进行投资，而是分配给出资人。基金管理人按照合伙协议将退出部分分配给有限合伙人，有限合伙人收回一部分资本以及收益。

（二）基金投资

基金投资指风险投资家发现投资机会，并向有限合伙人发出出资通知，进而购买被投资企业股权的行为。投资股权有两方面好处：第一，有利于风险投资家参与被投资企业管理；第二，风险投资基金可以获得企业增值。投资于债权，不能获得上述两方面优势，一旦企业破产，基本上不能保证偿还本金。此外，风险投资基金的股权投资常常带有保护性条款，一旦被投资企业未能达到预期发展目标，风险投资基金优于创始人收回投资本金，并且获得某一个水平的最低收益。

基金投资的第一步是风险投资家进行投资对象筛选（Screening），即选择哪些企业可以成为投资备选。选定投资备选后的一项重要的工作是尽职调查（Due Diligence）。尽职调查的英文含义指对于计划要进行的投资，需要谨慎对待，因此，尽职调查实际上是风险管理的一种措施。尽职调查需要考察多方面的情况，例如：考察财务数据的准确性、员工情况、供应商和客户情况、潜在的债务情况等。由于创业企业财务数据对未来的预测性差，在对创业企业的尽职调查中，创业者及其高管团队是一个需要重点考核的内容。

在对被投资企业考察之后，需要设计交易结构（Deal Structure），签订投资协议书（Term Sheet），规定双方的权利和义务。所谓交易结构，指交易所使用的金融工具、资本支付方式、股权结构等。例如：所使用的金融工具可以是普通权益，也可以是优先权益或者可转换优先权益等；支付方式可以是一次性支付，也可以分次支付（Milestone Financing）。[①] 投资协议书是对交易予以保证的书面规定，例如：对双方行为的约束，在各种情况下双方的权利和义务如何安排等。

风险投资基金采用投资组合（Portfolio）的形式规避风险，也就是将基金的资本投入到多个被投资企业中，形成投资企业组合（Portfolio Companies）。由于多数基金存在着既定的投资策略，例如：区域策略、行业策略、阶段策略等，多元化投资首先需要满足投资策略的要求（Investment Limits）。区域策略指风险资本家的投资主要限于某些区域，例如：本地投资策略。行业策略指投资主要限于某些行业，例如：生物科技等。阶段指投资限于某些阶段，例如：种子期（Seed Stage）、初创期（Startup Stage）等。在风险投资的术语中，被投资企业所接受的第一笔（First Round）风险资本或者外部资本（非创始人资本）为 A 轮（Series A）融资，第二次（Second Round）接受风险资本为 B 轮（Series B）融资，依次为 C 轮、D 轮等。

（三）资产管理

风险投资基金作为积极投资者，在投资后会积极进行投资资产管理，

① 分次支付融资和分轮融资（Round Financing）不同。分次支付融资指签订契约时承诺未来的出资，但是否出资的前提条件是标的企业需要达到事前约定的标准（Milestones）。在分轮融资方式中，投资者支付的资本额仅能满足企业的部分要求，对于企业未来融资需求，投资者并不做出承诺，但可以提出双方未来交易意向。两种方式总称为阶段性融资（Stage Financing）。

也就是对被投资企业组合进行管理。管理大致分为两类，即监控（Monitoring）和服务（Support）。

监控的主要措施是接受企业定期报告和向企业派驻董事会或者监事会成员。定期报告的时间可以短至1个月，也可以长至1年，报告的主要内容包括财务报表、预算和商业计划等。定期报告的形式可以根据需要采用面对面方式或者其他方式，例如：电话、邮件等。派驻董事或者监事则是一种更强的监督方式，董事甚至可以参与被投资企业的日常管理。对被投资企业的监控，不仅仅是监控道德风险，也包括监控资产价值变化的方式，以便于采取措施积极及时地应对。

风险资本不仅监督被投资企业的状况，也为被投资企业提供除了资本之外的各种服务支持。创业企业的前景不确定程度高，创业者通常经营经验不足，企业成长需要必要的服务支持。风险资本提供服务支持是其商业模式的特点。一般情况下，这些服务支持大致包括：（1）制定战略；（2）招募管理人员；（3）管理培训；（4）搭建组织架构；（5）市场开发；（6）构建供应链；（7）心理辅导。正因为需要提供管理支持，风险资本家不仅需要掌握资本市场知识，还需要是某些行业的企业管理专家。

（四）投资退出

投资退出（Exit）指风险投资基金以各种方式进行股权转让，收回投资本金，获取投资收益的行为。进行股权转让的方式大致分为四种，分别为公开发行上市、第三方收购、创始人回购，此外，第四种方式指如果被投资对象破产，风险投资基金需要注销（Write off）资产，进行清算。

通过公开发行上市，被投资企业的股票可以在二级市场公开买卖，风险投资基金可以利用二级市场的流动性，出售股票，实现投资收益。比较起来，公开发行上市通常可以实现较高的退出价格，但是被投资企业首先需要满足上市条件要求，而且由于锁定期（Lockup Period）要求，风险投资基金也不能在IPO时立即出售股票。大多数情况下，被投资企业不能满足上市条件，风险投资基金通过并购（Trade Sale）退出，也就是将被投资企业股权出售给另外的公司。或者风险投资基金还可以将所持股权出售给另外一个金融机构，例如：风险投资基金，这种退出称为转售（Secondary

Sale)。有时，风险投资基金还可以将所持股权出售给被投资企业的创始人，称为回售（Selling Back）。①

还有一种特殊的退出方式，是风险投资基金在承诺期限到期时，也就是基金即将解散时，将所持股权分配给有限合伙人。有限合伙人所获得的不是现金收益，而是被投资企业的股权。对于风险投资基金来说，将股权分配给有限合伙人，既属于投资退出过程，又属于收益分配过程。

第三节　风险投资的兴起与发展

一、风险投资的兴起

按照前面的定义，风险投资通常投资于具有突变性风险的项目。所谓突变性，指对于未来不能通过历史知识来判断。从这个意义上讲，人类很早就从事此类风险投资活动，风险投资的历史悠久。例如：15—19 世纪，欧洲人对于印度、东南亚的商业贸易活动；19 世纪末期，美国的石油开采活动等，都具有风险投资的性质。首先，这些活动需要大量资本，需要投资者参与。其次，这些活动的结果难以预料，失败的可能性大，但一旦成功，可获高收益。

典型的风险投资是资本与人类创新活动的结合。现代意义上的风险投资，始于 20 世纪 50 年代的美国。20 世纪 30 年代出现世界性经济大萧条，之后第二次世界大战波及美国。“二战”结束后，国民经济亟待发展，国内产业急需升级，原有的军工企业的出路是向民用转型。大批小规模商业创新企业成立，但是资本的约束又困扰着这些企业的发展。根据资本市场规律，小规模、高成长企业，由于高风险和信息不对称特性而出现信贷配给（Credit Rationing），很难获得银行贷款资本，又不满足上市条件，也难以获得权益资本。在这样的背景下，风险投资基金应运而生，现代风险投资活动也随之拉开序幕。

---

① 站在创始人的角度称为回购（Buyback），在风险投资协议中该条款经常被称为回购条款。

1946年6月，ARD公司成立，成为第一家真正意义上的风险投资公司。该公司的成立是世界风险投资史上的里程碑，标志着风险投资作为金融领域的一项专业投资活动的诞生，促进了风险投资由个人化、分散化向组织化、制度化的发展。ARD公司的投资对象为新成立的和快速增长中的公司。与现代风险投资基金不同，ARD公司采用了股份有限公司的组织形式，并且可以在二级市场公开交易。由于投资业务特点，持有资产收益不确定性高，而且缺乏经验，投资公司早期的经营业绩平平，甚至一度陷入困境。直到1957年一笔对数控设备公司DEC（Digital Equipment Corporation）的投资获益后，公司才摆脱困境。1966年8月16日，DEC公开招股上市。ARD持有DEC的175万股，按照发行价计算，价值达到3850万美元，10年间的价值增值550倍。可以说，该笔投资获得了巨大成功，年均收益率达到近90%。随后，ARD开启了显著高盈利的年代。

ARD的成功不仅刺激了另类金融投资，也在很大程度上支持了美国企业创新活动，一批创新企业在风险资本的支持下获得成功，美国经济也在很大程度上得益于这些创新企业，获得了战后高速成长。受到美国风险投资推动经济成长成功经验的启发，其他发达国家以及新兴经济体国家也纷纷大力发展风险投资行业。与美国风险投资的自发形成不同，其他国家和地区风险投资的发展更明显地存在政府推动痕迹。例如：在原欧共体（现已改为欧盟）的推动下，于1983年成立了“欧洲风险投资协会”（European Venture Capital Association，EVCA），以向执委会提出建议，沟通信息，并协调成员国的政策。又如：韩国第一个风险投资公司——韩国高科技公司，在韩国政府资助下于1974年设立。

二、风险投资的发展

从历史经验看，风险投资的发展主要受到三方面因素影响，分别为特殊的组织形式、政府政策和投资收益。

（一）特殊的组织形式

风险投资基金采用有限合伙制，与现代经济中的公司制企业形成鲜明对比。公司制被认为是先进的现代企业制度，世界各地著名的大企业，基本上均采用公司制。而与此不同的是，在世界范围内，风险投资基金大多采用有限合伙制，有限合伙制是风险投资组织形式的主流。有限合伙制在20世纪70年代之后成为风险投资基金的主流组织形式，风险投资也在此之后获得了迅速发展。可以说，合伙制解决了风险投资发展的某些瓶颈问题。

风险投资活动具有项目投资特点，具有有限的投资期，这一特点与有限合伙制的固定有限期限吻合。对于普通实业公司来说，生产活动经常具有延续性。例如：汽车公司需要不间断地进行生产，各种设备在生产过程中持续更新，在正常情况下难以界定什么时候是公司清算的合理时机。风险投资基金主要通过投资企业快速成长期获利，投资期限有限，到了某个既定的标准，风险投资基金退出，一个投资项目即结束。大多数基金随着项目的结束，进行项目投资结算以及分配，一个风险投资循环结束。随着风险投资基金的风险投资循环结束，基金的投资也宣告结束。风险投资循环特点为风险投资基金实施有限合伙制提供了可行性。

通过合伙协议形式，将合伙人分为普通合伙人和有限合伙人，职责分明，有利于专业化管理。这种结构与普通公司不同，在公司中，出资的大股东控制公司，派出董事或者董事长；而在合伙制风险投资基金中，有限合伙人主要负责出资，不参与风险投资日常活动。负责基金管理的风险投资家通常具有产业或者金融市场的专业知识和经验，有能力进行风险投资活动。风险投资具有很强的专业性，对于突变式成长的判断是长期实践和敏锐洞察力的结果。风险投资决策看起来具有很强的主观性，尤其当投资对象面临死亡谷威胁时，投资决策容易遭受质疑。有限合伙人的盲目监控，很可能给风险投资活动带来不利结果。合伙协议规定普通合伙人和有限合伙人的权利和义务，而且只有投资结束时才清算收益，普通合伙人的决策压力减小，受到外部干扰少。

风险投资家负责管理，有限合伙人负责出资，风险投资家帮着别人赚钱。与一般投资相比，风险投资更需要风险投资家的投入，风险投资家的劳动投入对于风险投资成功起到很重要的作用。风险投资家在风险投资循环的四个过程中，都应该发挥重要作用。但管理和出资错位，更容易产生道德风险问题，使人怀疑风险投资家是否像爱护自己的钱那样，爱护投资者的钱。合伙协议中有三种措施与此有关：第一，对风险投资家采用业绩强关联的激励。通常在风险投资利润中，风险投资管理公司会提取大约20%固定比例作为收入，容易实施和监控；第二，风险投资采用承诺资本制度。投资人承诺出资不等于实际出资，只有在风险投资家发现有价值的投资项目后，才发出注资通知。有限合伙人收到通知后，按照约定注入资本。在投资一旦退出之后，立即实施分配。有限合伙人的资本没有在风险投资基金中做实质性停留，风险投资家只做了二传手；第三，风险投资管理机构按照承诺资本的固定比例（例如：2%左右）收取管理费。合伙制基金寿命有限，风险投资家为了持续经营，就需要在一定时期内进行新基金募集，以便可以不间断地进行风险投资活动。上一期基金业绩好，下一期基金募集会更加容易，而且募集规模会逐渐加大，提高的管理费对风险投资家形成有效激励。

有限合伙制还给投资人提供了税收上的优惠。有限合伙企业本身不具备法人资格，不承担纳税义务，企业的投资人作为法人承担纳税义务。投资人所获得的收益分配属于税前收益，获得投资收益后缴纳所得税。也就是在整个风险投资活动结束，投资人只需要缴纳一次所得税。但公司制企业的投资人只能获得税后收益分配，获得收益后还需要缴纳投资人所得税，也就是两次纳税。

（二）政府政策

虽然美国风险投资活动主要是市场自发行为，但也在很大程度上受到政府政策的影响。甚至也可以说，美国风险投资活动的发展离不开政府政策的激励。以美国为榜样的其他国家，在鼓励风险投资发展的过程中，政府政策更是起着不可或缺的作用。

1958 年，美国国会通过了《小企业投资法》（Small Business Investment Act）等一系列法案，旨在鼓励小企业发展以及市场对于小企业投资。法案授权成立于 1953 年的小企业管理局（Small Business Administration，SBA），允许发放小企业投资公司（Small Business Investment Companies，SBIC）牌照。同时，该法案允许小企业投资公司获得联邦政府的贷款，专门针对小企业进行投资。在联邦政府的积极促进下，小企业投资公司迅速发展，为向快速增长的小企业提供大量必要的资本。在政府的政策扶持、成功企业的示范效应和资本市场的推动下，美国的风险投资行业获得了初步发展。

美国于1979年取消养老基金的投资限制，规定在不危及养老基金的投资组合安全性的前提下，不再禁止养老基金投资于新兴企业和风险投资基金所发行的证券。风险投资的高收益吸引了养老基金，养老基金的大量资本来源也刺激了更多风险投资基金的成立。只要养老基金配置1%的资金，对于风险投资基金来说就是一笔巨量资本来源。美国国会1980年通过的《小企业投资促进法》（Small Business Investment Incentive Act），放松了私募股权基金的募资要求，以及对于投资者资质的要求，放松了对于普通合伙人收益形式的限制，允许普通合伙人获得与经营业绩相联系的收益。国会于1978年将资本利得税从49.5%降到28%，1981年又降到20%。此外，1981年通过的税收改革法案中，允许以股票期权作为酬金，并把纳税环节由行权时推迟到出售股票时。

1992年，美国国会又通过了《小企业股权投资促进法》（Small business Equity Enhancement Act）。该法案提出了“参与证券计划”，即从事向小企业进行权益类投资的投资公司提供长期债券担保。而且，这些长期债券的利息由小企业管理局代为支付，只有当投资公司实现了足够的盈利后才一次性偿付债券本金，并向小企业管理局一次性支付10%左右的利益分成。该法案进一步为股权投资公司获得长期资本提供了便利。在系列政策鼓励背景下，美国风险投资额从1991年的22亿美元快速增长到2000年的1040亿美元。①

（三）投资收益

由于风险投资基金定期募集的特点，每一期基金的募集，在很大程度上受到上期基金收益的影响，风险投资活动规模很容易受到风险投资收益的影响。当前风险投资收益的高低，是未来风险投资活跃程度的前奏。

风险投资收益受到多种因素影响。金融市场是风险资本退出投资的渠

---

① 参见NVCA网站，http://www.nvca.org。

道，金融市场稳定、繁荣，退出渠道通畅，必然为风险投资发展提供必要的环境。经济稳定增长是金融市场稳定的前提，每当经济获得稳定增长，金融资产价格逐步提高，金融市场的功能会得到更好地发挥。金融资产价格提高，风险投资基金容易退出，退出时容易获得高收益，对于风险投资活动形成强有力的激励。科技进步和良好的创业环境，为高科技企业的发展提供了基础，高科技创业大量涌现，为风险投资家提供更多选择对象。

风险投资收益还存在着自循环现象。当风险投资收益提高时，会吸引更多的风险投资从业者，成立更多的投资公司，募集更多的风险资本。由于风险资本规模加大，会加剧风险投资之间的竞争，由此导致对投资对象的要求放松，投资时估值提高，交易条件变差，降低投资收益；投资收益变差，反过来又会降低下一期风险资本的规模。同时，竞争的压力，会不断促进风险资本的优化。竞争减弱以及自身进步，又会在将来提高投资收益。

20 世纪 60 年代末的石油危机引发严重的经济危机，风险投资处于徘徊不前的状况，这一低潮期持续到 70 年代末。一些勉强维持经营的风险资本家也不再对新企业投资，而是将更多的时间和资金投入到成熟企业中去。在 20 世纪 80 年代前期，美国计算机和现代通信技术等高新技术产业表现出了强劲增长态势，成为推动美国经济发展的主要动力之一。在同时期，风险投资的规模逐年增长，风险投资的资本规模从 20 世纪 70 年代中期的每年 5 000 万美元增长到 1983 年的 40 亿美元。

进入 20 世纪 90 年代以后，美国经济逐步复苏，以互联网、信息技术、生物技术为代表的高科技产业飞速发展，加之美国政府的支持，美国风险投资行业进入史无前例的繁荣发展阶段。然而，随着 2000 年网络泡沫的破裂，美国股市暴跌，风险投资业的发展受到了重创，风险投资实际投资额和投资项目都大幅减少。风险投资额从 2000 年的千亿美元规模，锐减到 2001 年的 403 亿美元。2003 年以后，受到全球经济好转和 IT 业企业经营业绩提升等因素的影响，风险投资又呈现缓慢增长的态势。根据美国风险投资协会的报告，2006 年的风险资本投资比 2005 年的 221 亿美元增加了 12%，达到 255 亿美元。2007 年，美国风险投资公司共融资 347 亿美元，比 2006 年增长 9%，投资总额达到 294 亿美元，比 2006 年增长 10.8%，连续四年实现增长。

2007年爆发的金融危机，再一次影响了风险投资的发展。2009年，美国风险投资总额显著下降，由上年的308亿美元降至197亿美元，风险投资项目数量同比下降了25.44%。随着美国政府一系列经济刺激措施的效果逐步显现，金融市场不断走强，风险投资逐步恢复了增长态势。2011年，美国风险投资总额为284亿美元，交易数量为3673笔，已基本接近危机前的水平。①

三、中国风险投资的发展状态

（一）中国风险投资的发展历程

相比较而言，现代风险投资活动在中国②开展时间较晚。在改革开放之后的几年内，风险投资才逐渐引入中国。整个发展过程大致可按照几个关键事件划分为不同阶段，几个关键事件分别为首家风险投资公司创立、创业板设立和《合伙企业法》的颁布实施等。

1984年11月，国家科技委员会（现为“科技部”）向中央呈报了《对成立科技创业投资公司展开可行性研究的建议》的报告。1985年9月，我国首家风险投资公司即中国新技术创业投资公司（简称“中创公司”）在北京成立。此后，风险投资活动得到了国家政策支持，例如：国家利用“火炬计划”“863计划”和“星火计划”等提供资金，支持科技创新企业发展。在这个阶段，尽管各地方政府成立了中国风险投资基金，但基本上处于探索阶段，基金运行状况与风险投资基金应具有的特点并不完全吻合。

2005年9月，国家发改委发布《创业投资管理暂行办法》，2006年，全国人大修订《合伙企业法》，使得风险投资行业法规体系逐步完善，更加规范，更有利于保护参与各方的利益，因而吸引越来越多的海外风险投资机构进驻中国，也吸引了越来越多的民间资本参与风险投资。尤其是2004年深圳交易所开启中小企业板，为风险资本退出提供了便利。当时，

① 以上数据参见NVCA网站，http：//www. nvca. org。

② 仅包括中国大陆的情况，未包括中国香港、澳门、台湾等地区，港澳台地区与此有区别。

恰逢资本市场出现了大牛市，多重利好叠加，大大刺激了我国风险资本的发展。我国风险投资行业进入了一个快速发展阶段。据亚洲创业投资期刊（AVCJ）的数据显示，2014 年中国风险投资募集的资金总额占全球风险投资募集总额的 9%，并在亚洲国家和地区中已处于领先地位。

（二）中国风险投资的发展现状

由于定期募集的特点，风险投资在很大程度上受到退出收益的影响。在各种退出渠道中，IPO 退出收益较高，而 IPO 退出收益受到资本市场价值周期性变化的影响。在资本市场高估值阶段，IPO 的退出收益较高，反之 IPO 退出收益较低。退出收益高低，会影响进一步风险投资基金募集规模。一般来说，上一期收益越高，下一期投资规模越大。

从 2008 年金融危机以来，2011 年和 2015 年中国资本市场经历了两个较大的资产增值期，股票价格明显上涨。在这两个时期，风险资本募集和投资规模明显提高，如图 1－4 和图 1－5 所示①。2011 年，中国风险投资的募集规模和投资规模都达到一个顶峰。之后，股票市场估值下降，持续到 2014 年。到 2015 年，受到资本市场估值提高的影响，风险资本募集发生了 2011 年以来的反转，从 2014 年开始缓慢上升。

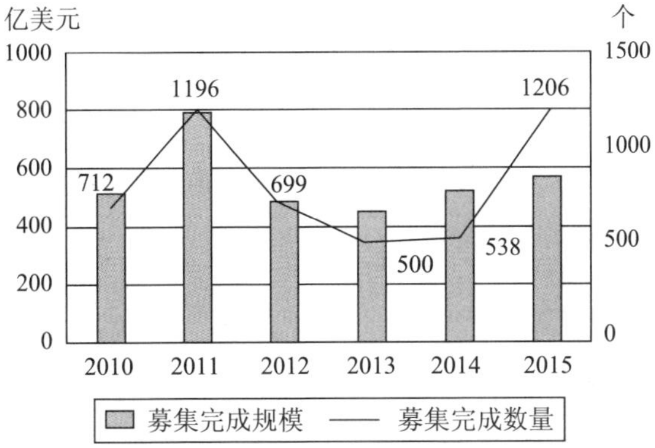

图 1－4　2010—2015 年中国风险投资市场基金募集完成规模

① 数据根据投中数据库（CVSource）、中国风险投资研究院编著的《2013 年中国风险投资年鉴》以及 AVCJ 相关数据整理得到。两个数据库未对 VC 和 PE 做严格区分，因此，本书在统计数据中将私募股权作为同一个金融机构大类，下同。

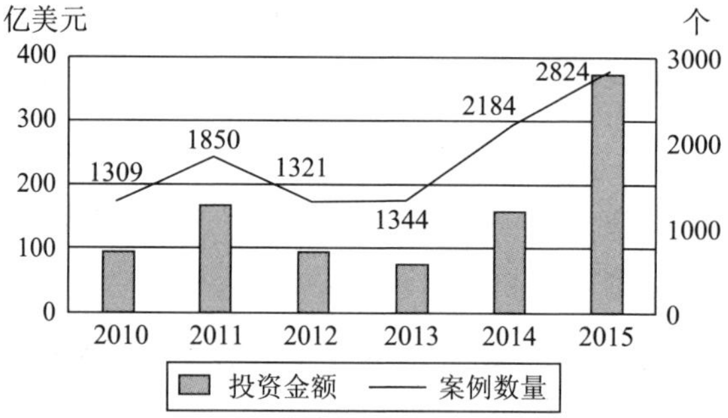

图 1－5　2010—2015 年中国风险投资市场投资规模

结合图 1－4 和图 1－5，会发现几个有趣的现象。首先，2011 年虽然募集金额多，但是投资比率①相对较低。可能是 2010 年和 2011 年风险投资高收益，吸引了投资者投入资本，但是资本投入后，进行投资需要一定时间。2015 年，募集资金利用率上升，可能是前期的募集资金陆续进行投资所致。其次，从单个基金募集资金规模来看，2015 年虽然募集总额上升，但是单个基金募集规模②下降了，说明从事 GP 的机构增长大于 LP 投入金额的增长，风险投资管理业务热度增长。再次，从单个项目投资金额看，2010—2015 年，表现出逐步上升趋势，说明投资项目所需投资金额增大了。在 2015 年，平均每笔投资达到 1300 万美元。在企业接受的 A 轮融资中，融资额在 5000 万元以下的占到 80%，融资额在 1000 万元以下的仅占到 20%。

表 1－1　2010—2015 年风险投资投资比率、募集规模和投资规模分布

年　份	2010	2011	2012	2013	2014	2015
投资比率（%）	17.82	21.19	18.86	16.67	29.65	64.49
平均单个基金募集规模（百万美元）	72.47	66.05	69.24	91.20	97.40	47.51
平均单笔投资额（百万美元）	7.02	9.05	6.91	5.65	7.11	13.08

① 指当年风险投资总额与募集完成总额之比，根据投中数据库数据计算得到。

② 根据投资数据库数据计算得出，该值等于当年募集完成总额除以当年募集完成基金数量。

不论如何，从风险资本投资轮次看，从E轮到A轮投资项目数逐渐增加。2015年，我国风险投资支持了企业A轮融资，约占所有投资案例的51%。但A轮投资普遍规模较小，平均规模为646万美元，E轮投资平均每项案例融资额最高，最高达到2.14亿美元。较高的后轮次投资，拉大了项目平均投资额。

表1－2　2015年风险投资项目轮次分布

轮　次	A轮	B轮	C轮	D轮	E轮
项目数（个数）	2045	497	188	65	29
平均单笔投资额（百万美元）	6.46	15.22	26.45	76.79	214.29

经济和科技发达程度是风险投资的另一个重要影响因素。从投资地区的分布来看，2015年环渤海、长三角和珠三角等东部沿海地区是风险资本最为关注的地区，如图1－6与图1－7所示。在投资案例数量上，北京、上海和广东（不含深圳），分别有1042家、528家和427家企业获得风险资本投资，占据案例数量前三名。获得风险投资量最多的三个地区分别是北京、上海和浙江，投资总额分别为165.38亿美元、66.58亿美元和60.03亿美元。

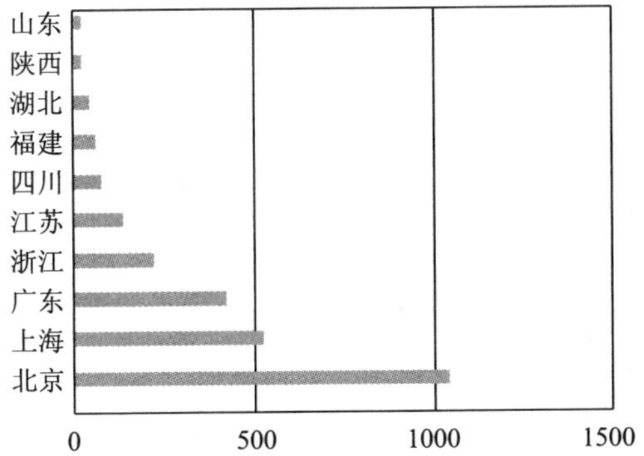

图1－6　2015年中国风险投资市场排名前十名地区（投资案例数量）

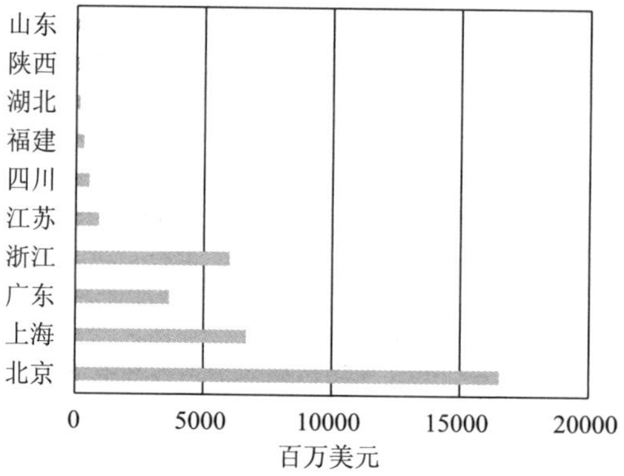

图1－7　2015年中国风险投资市场排名前十名地区（投资金额）

风险投资行业表现出集聚现象。从2015年中国风险投资投资状况来看，尽管风险投资行业广泛，但是资金较为密集地投向高新技术产业的互联网、IT、电信及增值行业，这些行业的投资案例和金额约占所有案例数和投资额的70%以上，如表1－3所示。

表1－3　2015年中国风险投资分行业投资规模

行　业	案例数量（个）	融资金额（百万美元）	平均单笔融资金额（百万美元）
互联网	1109	22240.15	20.05
电信及增值	479	3997.99	8.35
IT	464	4819.53	10.39
制造业	163	535.49	3.29
金融	110	1172.71	10.66
综合	95	791.62	8.33
医疗健康	92	781.98	8.50
文化传媒	72	406.79	5.65
连锁经营	41	354.89	8.66
教育及人力资源	38	389.61	10.25
能源及矿业	33	159.28	4.83
交通运输	24	376.67	15.69
汽车行业	21	569.94	27.14
食品饮料	18	178.35	9.91
化学工业	17	39.07	2.30

续表

行　业	案例数量（个）	融资金额（百万美元）	平均单笔融资金额（百万美元）
农林牧渔	16	27.25	1.70
建筑建材	15	29.71	1.98
旅游业	9	54.42	6.05
公用事业	8	26.56	3.32

从退出方式和投资获利情况看，根据投中数据库，2015 年我国风险投资以并购退出为主，其次为 IPO。其中，并购占所有退出方式的56%，IPO 退出占 43%，其他方式还包括同业转售。这里的并购仅指风险投资机构将被投资企业股权出售给另外的公司，而同业转售是指风险投资机构将其持有的创业企业的股权出售给其他的风险投资机构或专业投资公司。例如：2015 年 8 月，北京清光鸿运投资管理有限公司将其持有的北京凯晟达科技有限公司的股票转让给拉萨怀道投资管理有限公司，实现退出。

在披露退出回报的 524 个案例中，平均投资回报为 12986.61 万元。而在三种主要的退出方式中，同业转售的平均投资收益最高，而单笔最大投资收益则发生在并购市场，达到 62 亿元。

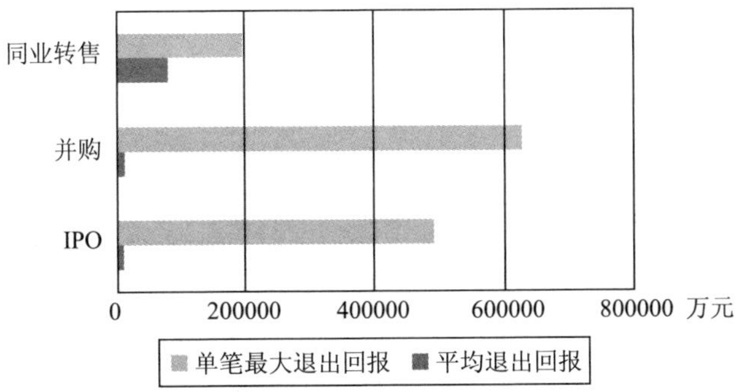

图 1－8　2015 年中国风险投资市场退出金额分布

Venture Capital Fund

风险投资基金

第二章 风险投资基金的设立

独立运行的市场化风险投资基金设立的前提，是成立风险投资管理公司。管理公司作为发起人和管理人，从事基金的募集和设立工作。有些情况下，风险投资基金也可以由有限合伙投资人发起设立。不同类型的基金，设立方式不同，投资目标也不同。

第一节　风险投资基金管理公司

风险投资基金分为公司制、契约制和合伙制基金。公司制基金的运行管理与一般公司相同;① 契约制基金是投资人将资金委托给管理人管理，基金本身没有法律主体地位；而合伙制基金就是一个合伙企业，基金管理人为基金中的普通合伙人，即风险投资基金管理公司。鉴于风险投资基金主要采用合伙制，本书主要涉及合伙制基金的内容。

一、风险投资基金管理公司的权利和义务

风险投资基金管理公司，也称为风险投资管理公司（企业），简称为风险投资公司（Venture Capital Firm），或者风投公司，在合伙制基金中担任普通合伙人。有限合伙人通过委托代理协议，委托普通合伙人为执行合伙人（Managing Director），获得相应权利，承担相应义务。为了避免误解，以下通常将风险投资基金管理公司简称为风险投资管理公司，或者管理公司。

（一）风险投资管理公司的权利

1. 经营控制权

经营控制权包括基金的日常管理权和经营权。投资基金的日常管理指日常行政、后勤、税务等事务性工作。投资基金的经营权指在基金募集后，进行投资筛选、尽职调查，进行投资决策，代表基金进入被投资企业董事会，对被投资企业实施监督，提供管理支持服务，代表基金选择退出方式和时机，实现投资收益。作为风险投资基金的普通合伙人，有权代表合伙基金签订法律文件，例如：签订投资协议。

2. 获取收入权

普通合伙人承担基金的管理义务，同时有获得收入的权利。风险投资

---

① 例如：美国的 Apollo Investment Corp. 就是一家从事风险投资业务的上市公司，股票在纳斯达克交易，股票简称：AINV。该风投基金即为公司制风险投资基金。

管理公司的收入主要为服务性收入，即因为提供投资服务而获得的收入。风险投资管理公司不需要为获得收入而投入大量的资本金，主要投入体力和智力劳动。

风险投资管理公司通过三种方式获得收入，即管理费（Management Fee）、利润提成（Carried Interest）和合伙人投资收入。前两项收入的多少由合伙人之间协商，以合伙协议的形式规定。一般来说，管理费收入按照认缴资本的1.5%～3%按年计算。该比例大小受到基金规模、风险投资管理公司声誉等因素影响。管理费主要用于普通合伙人为管理基金而支出的日常开销，例如：房租、办公费、通信费等。基金规模大，收取管理费比例低。风险投资管理公司声誉高，收取管理费比例高。利润提成是指普通合伙人有权利按照合伙协议规定获得（或不获得）固定比例的投资收益。合伙人投资收入指普通合伙人按照出资比例，与其他合伙人一起分配基金投资收益的剩余部分。利润提成是对普通合伙人投资成功的奖励，是付出努力而获得的劳动回报。合伙人投资收入是资本性收入。

管理费一般按年计算并提取。例如：在募集基金时，所有合伙人认缴出资总额为1000万元，不论是否实缴，如果规定管理费为2%，那么风险投资管理公司每年可以提取20万元管理费，作为管理收入。提取管理费（以及必要的募集费用）之后的剩余资本，才是风险投资基金可以用于投资的资本金。如果该基金存续期为10年，则合计收取的管理费为200万元。一般来说，风险投资基金在合同期的后期，随着投资项目逐渐退出，管理资金额越来越少，筛选并培育投资对象的任务越来越少，管理费提取有可能比前期少一些。有两种处理方法，需要基金管理人和有限合伙人协商而定。常用的一种方法是，以预期投资期结束为界限，之后开始降低管理费比例，提取基数仍然为认缴资本。例如：10年合约期限，分为前5年和后5年，前5年按2%提取，后5年按1.5%提取。当然，后几年内也可以逐年降低。另一种处理方式为按照实际管理资本为基数提取，比例维持不变。一旦有投资项目退出，不论盈亏，将按照当时该项目的投资额降低认缴资本数额，提取管理费基数变小。第二种处理方式容易产生道德风险问题。为了增加管理费，管理人有可能延迟增值小或者亏损项目的退出，给投资人造成时间价值上的损失。

风险投资管理公司的第二项收入是利润提成。利润指在风险投资基金进行投资后，在退出结算时，退出价值高出投资本金的部分。例如：风险投资基金投资某项目的本金为1000万元，5年后退出时的投资价值为3亿元，则两者的差值2.9亿元即为投资利润。所谓利润提成，指风险投资管理公司，也就是风险投资基金的普通合伙人有权获得2.9亿元投资利润中的一部分。一般情况下，普通合伙人所获得的比例为20%。对于上述2.9亿元，20%的利润提成等于5800万元。为了获得该笔利润提成，风险投资基金的投资收益率需要高于某个基准值，市场上常见的基准值为8%左右。① 当投资收益高于（含等于）8%时，普通合伙人获得利润提成；当投资收益率低于8%时，普通合伙人不能获得任何利润提成。

第三项收入为投资收入。按照合伙基金协议，普通合伙人通常需要投入基金总认缴资本额的1%左右。风险投资基金的收入，在扣除必要的费用和支付给普通合伙人的利润提成外，其余部分按照所有投资人的出资比例进行分配。例如：风险投资基金总投资额为1000万元，退出时的总价值为3亿元，普通合伙人获得利润提成5800万元，剩余2.42亿元（含本金）。如果普通合伙人投入资本额为1%，则能够获得2.42亿元中的1%，即242万元。为了获得该笔收入，普通合伙人投资额为10万元。

（二）风险投资管理公司的义务

作为普通合伙人的义务通过合伙协议的形式规定，主要表现为如下几个方面。

1. 对于风险投资基金的管理义务

风险投资管理公司作为风险投资基金的普通合伙人，所收取的管理费和利润提成，是对投入服务的补偿和奖励。作为合伙合约的代理方，受到有限合伙人委托，需要承担信托责任，即应承担合约所规定的义务，付出应尽的努力，最大化委托人的利益。在进行管理工作中所发生的各项支

① 基准收益率的高低，与当时的金融市场状况相关。金融市场投资的收益率普遍较高时，基准收益率也会较高。

出，例如：投资中的尽职调查，签订投资协议，投资后与投资对象的沟通与监管，参加被投资企业股东大会、董事会等，由管理公司承担。

承担信托责任不仅包括在合伙企业事务管理中尽职尽责，还包括不从事有损合伙企业利益的活动。也就是在管理义务中既包括积极责任，又包括禁止义务。例如：普通合伙人不能在基金的各项活动中，与有限合伙人发生竞争关系；普通合伙人不能与有限合伙人的竞争者另外签订委托协议等。

2. 出资义务

作为风险投资基金的普通合伙人，风险投资公司通常需要至少提供基金认缴资本总额1%的资金。该笔投资对于风险投资基金总投资额改变不大，却是达成共同投资合伙协议的基础，是激励普通合伙人的一种机制。风险投资基金作为资合企业，出资是必要的基础。同时，如果投资项目收益高，普通合伙人的收益随之提高。虽然利润提成也形成激励，但仅仅形成正激励，也就是投资项目收益高，普通合伙人收益高，却没有形成风险共担机制。普通合伙人出资后，当投资项目出现损失时，普通合伙人同样会承担损失。

有时风险投资管理公司与投资人仅仅通过委托协议形式，而没有共同出资，形成委托代理关系。在这种情况下，受托人不属于风险投资基金的合伙人，仅仅按照委托协议承担受托责任。风险投资管理公司不作为普通合伙人，不承担出资义务，也不承担合伙人应该承担的其他义务。仅仅通过委托代理协议形成合作，风险投资管理公司与投资人之间的共享收益、共担风险的特点减弱，委托人倾向于更加严格监控代理人，可能给代理人进行投资决策带来不便。

3. 对债务承担无限连带责任

按照合伙协议，风险投资管理公司作为合伙基金的普通合伙人，承担基金管理工作，同时承担各种债务的无限连带责任。一般来说，风险投资基金不进行杠杆投资，也就是不使用借入资金进行投资，所以很少出现主动负债。但是，有可能由于尽职调查不慎或者其他原因，在投资中出现潜在的负债（例如：承担诉讼带来的责任），此时普通合伙人就要承担无限连带责任。承担无限连带责任，指当风险投资基金无力承担某种责任或偿还债务时，由普通合伙人承担额外的责任和债务，直到普通合伙人破产为止。

一旦合伙企业出现主动性负债，例如：向银行贷款，或者向合伙人贷款，从名义上讲是企业负债，普通合伙人代表企业签订债权债务契约，实际上相当于合伙人委托企业管理人进行负债。也就是说，合伙企业负债，本质上是合伙人负债。合伙企业的负债首先由企业偿还，企业不能偿还的部分，由普通合伙人进行偿还。由于基金投资标的企业的高度不确定性，投资结果难以把握，风险投资基金利用负债进行投资，相当于在投资标的企业的风险基础上再增加一层风险。一旦投资失败，负债将会给普通合伙人带来巨大损失。因此，连带责任限制了普通合伙人以企业名义进行负债的动机。

4. 信息披露义务

风险投资管理公司作为代理人承担风险投资基金的管理义务，需要尽职尽责为委托人服务。有限合伙人不参与风险投资的管理工作，但拥有对基金管理的监督权。一旦普通合伙人违反协议，或者未能尽职尽责地提供服务，有限合伙人有权进行干涉。为了保证有限合伙人的权利，普通合伙人应该承担信息揭示的义务，包括定期向基金的有限合伙人提供基金的财务报表，提供基金标的企业价值和年度发展情况的报告，定期组织有限合伙人参加基金年会，答复各种相关问询等。

二、风险投资管理机构组织类型

典型的风险投资管理机构普遍规模较小，即人数少，资产规模小，很少使用股份公司组织结构。目前，国内外风险投资管理机构通常采用有限公司组织形式。当然，也可以与风险投资基金一样采用合伙制，也就是成立一个合伙企业作为风险投资基金管理机构。究竟采取什么形式，既取决于发起人、参与人的意愿，取决于规模大小，又取决于法律规定。

从法律规定来说，风险投资管理公司组织类型涉及有限合伙企业合伙人身份问题。根据《中华人民共和国公司法》（2013 年修订）第十五条，

“公司可以向其他企业投资；但是，除法律另有规定外，不得成为对所投资企业的债务承担连带责任的出资人”。根据《中华人民共和国合伙企业法》(2006 年修订) 第二条，“本法所称合伙企业，是指自然人、法人和其他组织依照本法在中国境内设立的普通合伙企业和有限合伙企业”。根据第三条，“国有独资公司、国有企业、上市公司以及公益性的事业单位、社会团体不得成为普通合伙人”。《合伙企业法》明确规定几类组织不能作为普通合伙人，但并未规定所有的有限公司均不能成为有限合伙企业的普通合伙人。《公司法》第一次颁布为 1993 年，早于《合伙企业法》颁布日期，按照新法优于旧法的一般法律适用原则，《合伙企业法》实际上是对《公司法》有关规定的补充。因此，根据《公司法》和《合伙企业法》的规定，除了国有独资公司、国有企业、上市公司之外的有限责任公司可以成为合伙企业的普通合伙人。

一般情况下，风险投资管理机构采用有限公司组织形式具有一定优势。风险投资管理公司的主要业务是金融服务，其核心竞争力是风险投资基金的管理能力。有限责任公司可以具有无限寿命，会使得公司经营更具有延续性，有利于经验和知识的积累，提升管理公司的竞争优势。而合伙企业的存续取决于合伙协议，受到合伙人个人工作年限的限制，任何一个合伙人退出，合伙企业即告解散。我国目前多数风险投资管理公司采用有限责任公司组织形式。

国外的风险投资管理机构以有限责任公司为主，存在多种组织形式，例如：Accel Management Co. Inc. 和 IDG VC Management Ltd. 为一般的有限责任公司，Clarity Partners L. P. 为有限合伙形式。除此之外，还有两种常见的有限责任公司形式，分别为责任有限公司（Limited Liability Corporation，简称 LLC）和责任有限合伙公司（Limited Liability Partnership，简称 LLP)。[①] 两类组织形式都可以独立具有法人地位，可以独立承担责任，从事经营活动，但不承担纳税（所得税）义务。两种形式比较，在 LLP 中，合伙人的权利和责任都更大，更强调合伙人的作用。LLP 与 LP（Limited

① LLC 和 LLP 的区别参见 http：//www. diffen. com/difference/LLC_ vs_ LLP。

Partnership）不同，前者为责任有限合伙企业，后者为有限合伙企业。有限合伙企业不强调全体合伙人责任有限，而是部分合伙人责任有限。责任有限合伙企业则可以是全体合伙人责任有限。两种形式相比，LLC 风险投资管理公司在美国较常用，在英国 LLP 管理公司较常用。例如：美国的 Wasabi Ventures，LLC 和 Highland Capital Partners，LLC，英国的 Par Equity LLP、Better Capital LLP 等。有的公司名称上有 Partners，仍然是 LLC 形式，如前面的 Highland Capital Partners，LLC。

在《合伙企业法》颁布之前，我国风险投资经常出现风险投资基金与管理公司合二为一的公司制组织形式，较少出现独立的风险投资管理公司。在这样的组织结构中，风险投资基金就是一个有限责任公司（或股份有限公司)，公司的管理团队负责风险投资的管理。很多政府背景的风险投资基金采用了这种组织结构。例如：天津泰达科技投资股份有限公司(TEDA Venture Capital Corporation Limited)，就是一家公司制风险投资基金，采用有限责任公司制，管理公司与基金合二为一。

有些风险投资管理公司利用自有资金进行风险投资活动，同时也开展基金管理业务，成为公司制风险投资管理公司。例如：成立于 2002 年的深圳市创新投资集团有限公司，公司的主要业务包括直接进行股权投资，也包括风险投资基金管理。公司目前所管理的基金类型，既包括政府引导基金，也包括中外合作基金，还包括商业化运作的基金。这类风险投资管理机构采用公司制组织形式。近年来，越来越多的基金采用合伙制，风险投资管理机构也逐渐成为独立的管理公司。例如：成立于 2000 年的深圳达晨创业投资有限公司，总部位于深圳，是我国较早按市场化运作设立的本土风险投资管理公司。公司专门从事风险投资管理工作，组织类型为有限责任公司，管理着达晨恒胜、达晨创丰等多家基金。①

从公司的名称来看，大致有三种方式较多见，包括“……创业投资管理有限公司”“……风险投资管理有限公司”“……股权投资管理有限公司”。例如：“天津创业投资管理有限公司”“江苏省立信风险投资管理有

① 参见达晨创投网站 http://www.fortunevc.com/。

限公司”“华夏信财股权投资管理有限公司”等。“创业投资”“风险投资”的名称所反映的业务类型较为清楚，“股权投资”的范围则较广泛。上市和非上市公司的股权都可以成为“股权投资”标的。

第二节　风险投资管理公司团队

一、人员构成

（一）管理人员类型

除了一般的行政事务职员外，按照职位以及作用由低至高，风险投资管理公司主要由分析师（Analyst）或者助理（Associate）、普通合伙人（General Partner）和执行合伙人（Managing General Partner）构成。① 分析师是一般的初入职者（入行者）获得的岗位，有些风投机构称为助理。助理划分为初级和高级（Senior），进一步可以提升为主管（Principal）。助理还可以按照是否为升任合伙人路径（Partner Track）划分为两种类型。不能升任合伙人路径的助理，最高只能升任主管。能升任合伙人路径的助理，经过一段时间工作，获得一定的经验和较好的业绩，可以升任合伙人。按照管理权限，合伙人可以分为初级合伙人（Junior Partner）和普通合伙人，初级合伙人的管理权限较低。执行合伙人一般为风险投资管理公司的创始人。

风险投资管理公司一般规模较小，管理人员大多在数十人之内。例如：欧美国家的风投公司平均由10名左右的专业人员组成。② 根据NVCA

① 有些美国公司并非有限合伙制，但仍沿用了合伙人激励方式，参见Ellis，Charles D. The Partnership：the Making of Goldman Sachs［M］. The Penguin Press，2008. 在有限责任公司制的风投公司中，合伙人是公司中的一个高级岗位，不是法律上合伙人的意思，只是一种习惯称呼。合伙人的称呼还有另外一层含义，指可以在管理公司所募集管理的基金中承担合伙人角色的高级管理人员。不同公司岗位设置不同，例如：有的风投公司设置董事长、总经理、投资总监、投资经理等职位。

② Metrick，A. A. Yasuda. Venture Capital and Other Private Equity：A Survey［J］. European Financial Management，2001，17：619－654.

统计,[①] 在2013年的874家风投公司中，从业专家5891人，平均每家风投公司6.7人。根据投中数据库（CVsource），在所有披露管理团队人员的2200多家风险投资管理公司中，平均管理团队人数只有5.4人，绝大部分（1900余家）风险投资公司的管理团队人数在10人以内，管理团队人数超过20人的仅有90家。管理团队人数最多的红杉中国（88人）和中信产业投资（82人）本身规模很大，管理的基金也比较多，分别为12支和18支，而且这些基金规模都较大，地域分布较为分散。[②]

在较小的风险投资管理公司中，人员类型构成通常表现为倒三角形状，如图2-1所示。在图2-1中，从顶层到基层，管理权限逐步降低，人数也逐层减少。居于顶层的合伙人人数最多（有些公司称为执行董事），居于基层的分析师/助理人数最少，管理团队相对稳定。在较大的风险投资管理公司中，各层级人数分布类似于大企业，会表现出正三角形状。

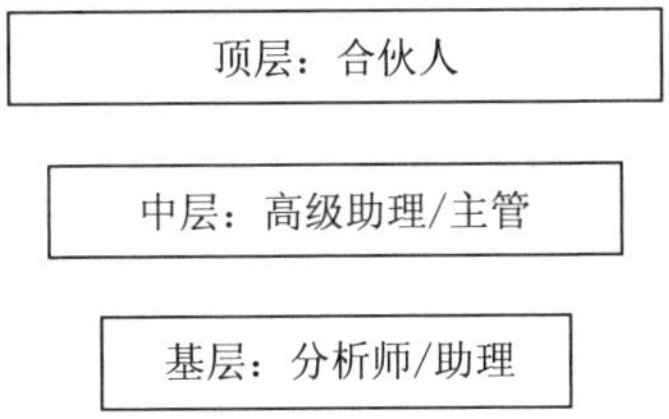

图2-1 人员类型构成

（二）风险投资管理公司决策者

风险投资管理公司的最高决策人为合伙人或者执行董事等，即为通常所称的风险投资家。在实践中，合伙人经常冠以不同称谓，例如“创始合伙人”“管理合伙人”或者“资深合伙人”等，以表明能力、经验，以及在企业中的管理权限。

成为风险投资机构的合伙人一般有两条路径。第一条路径是积累型路

---

① 2014 NVCA Yearbook。

② 调查发现，在数据库中，很多公司的管理团队与实际情况有出入，但将这些数据剔除后并不影响总体结论，统计结论与中国风险投资研究院发布的《中国风险投资年鉴》采用抽样调查的数据基本一致。

径。优秀的高校毕业生入职风险投资企业后，从分析师/助理开始做起，在最初的几年中，协助合伙人进行项目筛选、尽职调查和企业咨询服务等工作，并在工作中不断积累经验。分析师/助理通常不单独负责一般项目，也不会作为股东代表，被派驻到被投资企业任董事。但通过这条路径升任合伙人的机会较少。成为风险投资管理公司合伙人的第二条路径是职业转换型。所谓职业转换，指从其他职业转换到风险投资行业。如果在某些实业或者金融行业具有较为丰富的管理经验，或者曾经有过创业经历，进入风险投资管理公司时，通常能够获得较高的职位，甚至能够直接成为合伙人。第二条路径是成为风险投资家较为常见的路径。

二、风险投资家的工作及素质要求

（一）风险投资家工作内容

按照风险投资循环，风险投资家的工作即为风险投资基金的募集、筛选并投资、投资组合企业管理、退出并清算基金。在循环的四个阶段，每个阶段对于风险投资成功都至关重要。相对而言，基金募集是风险投资活动的起点，投资选择是风险投资活动成功与否的基础。从工作负荷来看，风险投资家的精力耗费排序基本上为管理投资组合企业最多，其次为筛选投资项目，第三位为社会工作，第四位为事务性管理工作。第一类工作大约占到工作负荷的 50%，第二类大约占到 30%，其余两类合计大约占到 20%。尽管投资筛选工作很重要，但在工作负荷上仅占不足 50%。

对投资组合企业的管理工作，指对已经投资企业的管理。其中，包括与其他潜在投资人、企业客户等人员进行适当沟通交流，为企业寻找管理人员，与投行沟通关于 IPO 事宜，研读企业财务报表，参加董事会会议等。对于一个合伙人来说，管理 6 ~ 7 家成长早期企业，或者管理 10 ~ 12 家成长后期企业，工作负荷已经相当大了。管理成长早期企业相对于成长后期企业所耗费的时间、精力更大，需要的管理能力更高。

项目筛选工作主要包括与创始人交流，参观企业，研读商业计划，进行尽职调查，组织投资辛迪加（Syndicate）（即联合投资）等。同时，根据所掌握的信息做出判断，做出投资决策，协商交易定价，签订交易合约。社会工作主要指参加行业研讨会，参加专业人员的社交活动，了解行业动态等。事务性管理工作主要包括准备提交给有限合伙人的定期报告，组织并参加合伙人大会，以及风险投资机构和风险投资基金的日常管理等工作。

（二）风险投资管理人员背景

作者对我国风险投资管理人员的背景做了一项统计分析，① 统计年度为2012年，范围为我国境内的94家风险投资机构，1646名专业投资经理（此处界定为风险投资家）。统计结果表明，平均每家机构有管理人员17.5名。② 从从业年限来看，从业3~6年的风险投资管理人员占比最大，约为31.35%；3年以下的仅占21.87%；10年及以上的占23.03%。从专业背景来看，具有金融资本运作背景的最多，达449人，占30.94%；而具有企业管理背景的有399人，占27.5%；具有科学技术背景的有405人，占27.91%。从教育背景来看，大部分（90%左右）风险投资家都是大学本科及以上毕业，硕士以上毕业的占50%，其中最高学位为学士学位的有590位，占比为34.53%，而拥有硕士学位的有810人，占47.4%。获得的硕士学位是MBA/EMBA的有269人，占15.74%，拥有博士学位的管理人员124人，占7.26%。

统计数据表明，风险投资管理人员通常拥有较好的教育背景和较为丰富的企业管理经验、金融从业经验和科技工作经历。简单地说，风险投资行业要求从业人员有学历、有阅历。作为主动投资者的风险投资机构，在进行项目筛选中，需要对科技动态和产品商业化拥有较好的洞察力。在投资准备中，需要具备必要的法律和金融知识，以便签订合理的投资契约，避免事后不必要的冲突。在事后管理中，需要利用积累的企业管理经验，最大程度地提升企业价值，从而获得好的投资收益。

在欧美国家，大多数风险投资家都拥有名校的工商管理硕士（MBA）

---

① 数据来源于中国风险投资研究院编著的《2013年中国风险投资年鉴》和CVsource投中数据库，仅包括中国大陆数据。

② 这一数字远高于此前5年每家风险投资机构平均12名风险投资家的均值，可能与样本误差有关。

学位，相当一部分人拥有科学、工程或者医药方面的高等学位（例如：博士、硕士学位，其中部分人也同时具有MBA学位）。风险投资多数不属于风险投资管理人员的第一职业。有些风险投资家在进入这个行业之前可能从事了十几年的管理工作，也有些人可能有几年在咨询公司或者投资银行的工作经验，一些成功的创业者也会转型从事风险投资工作。掌握某个领域的专业技能，同时积累实战经验（特别是与创业相关的经验），是进入这一行业的重要准备。

三、风险投资家的能力要求

风险投资的整个运行过程都离不开风险投资家的参与，而风险投资循环，即基金募集、基金投资、投资后管理和退出的不同阶段，对风险投资家的能力提出了不同的要求。

（一）资本运作能力

狭义的资本运作能力指为指定的项目运行，筹集必要资金的能力。广义的资本运作能力，不仅包括筹集资金，还包括资产和资本重组。首先，募集资金是风险投资循环的起点，是进行风险投资的必要条件，是对风险投资家最基本的能力要求。进行资本募集，需要熟悉资本市场规律，例如：根据资本市场状况确定基金的基准（优先）收益率。募集资金还需要进行募资规模的权衡，规模过小，管理费总额过低，不足以满足各种成本支出的需要；募资规模过大，会给未来的投资和资产管理都带来负担，影响风险投资管理公司的可持续发展。

其次，对资本运作能力的要求，不仅体现在基金募集中，还体现在投资组合管理中。对标的企业进行投资后，风险投资家需要尽可能提升标的企业价值。标的企业升值的方法之一，是通过外延成长和供应链整合。外延成长主要通过并购同类企业来实现。供应链整合指完善上下游经营链条，确定供应链类型。

（二）项目筛选与识别能力

资金募集之后，风险投资家进行项目筛选和识别，并准备进行投资。投资是风险投资家获益的唯一渠道。项目好坏对于风险投资成功与否至关重要，“好的开始是成功的一半”，风险投资家所投资的每一个企业都要经过精挑细选。新企业数量众多，未来发展前景差异巨大。风险投资家进行项目筛选与识别，类似于沙里淘金。据统计，① 每个风险投资机构平均每年会接触上千个项目，其中，平均61.8%的投资机会进入到投资委员会讨论，对其中的41.9%进行初步调查，对23.7%进行深度调查，达成初步协议的有22.5%，签订初步意向书的有13.6%，而最后完成交易的只有6.1%。按照平均值计算，虽算不上千里挑一，也远大于百里挑一。

面临着如此众多的备选机会，以及如此低的“中签率”，风险投资家需要练就一对火眼金睛。当然，随着从事风险投资工作年限的增加，项目筛选的经验随之增长，也就是风险投资家通过干中学，会不断提升筛选和识别能力。除此之外，由于标的企业多数存在某种技术或者商业模式的创新，有时甚至是破坏性创新，因此，风险投资家需要具备一定的专业素质以理解行业和科技发展动态。

（三）增值服务与监督管理能力

风险投资作为积极投资者，不同于银行或者共同基金等投资机构的最大特点，在于投资后对标的企业提供增值服务。风险投资期望获得成长价值，就像禾苗一样，企业成长也需要呵护和培养。风险投资的标的企业往往是处于成长初期的创业企业，核心团队成员一般为技术骨干，企业管理和公司治理的知识和经验欠缺，具备好的技术，未必具备好的管理，借助外力加强企业管理，常常成为新企业成长的必要条件。例如：风险投资家帮助企业完善公司治理机制，制定符合企业发展的管理流程与方案，聘请关键管理人员等。风险投资家的企业管理经验和以往的投资管理经验，对于提高增值服务能力有很大帮助。

风险投资基金经常被称为友好投资者，在一般情况下，对标的企业经营不做干涉。但由于新企业的信息不对称程度高，对于道德风险的控制，需要具备更高的水平。所谓道德风险，指标的企业创始人存在有损公司价

① Gompers, P., S. N. Kaplan, V. Mukharlyamov. What Do Private Equity Firms Say They Do? [J]. Journal of Financial Economics, 2016, 121 (3): 449-476.

值和投资人收益的行为，例如：利用商业交易套取公司现金，粉饰公司短期业绩表现等。为了控制道德风险，需要进行监控。对于新企业来说，监控也是一个权衡问题。过度监控会影响公司正常经营，监控不足会加大道德风险。因此，需要风险投资家对监控方式和监控程度做出判断。

（四）商务谈判与沟通能力

在风险投资循环的各个环节，均需要具备谈判和沟通能力。首先，在资金募集阶段，风险投资家需要和有限合伙人进行谈判和沟通，掌握投资人的需求，将自身的投资意向和风险投资前景传递给投资人，建立投资人的信心。其次，在筛选、投资和投后阶段，风险投资家需要和创始人、客户以及其他相关人进行谈判和沟通，例如：进行关于标的企业定价的谈判，与标的企业客户进行沟通，与标的企业高管就管理问题进行沟通等。良好的人际关系网络，是风险投资家获得交易机会的重要保障。再次，在投资退出阶段，不仅需要与创始人进行沟通，还需要与投行沟通和谈判有关 IPO 问题等。

谈判和沟通的目标，其一是获得必要的信息。例如：交易机会信息、有关人才信息、行业发展信息和资本市场信息等，也包括标的企业的必要信息。其二是向外传递有关风险投资管理公司的信息。风险投资机构招聘管理人员、募集资金等，都需要市场对于风险投资机构具有较为充分的信息，以便有关人员做出决策。其三是针对有关条款和定价进行谈判。定价是涉及所有参与人利益的决策，也涉及不同参与人的不同认识。一个好的项目是不是能够成为一项好的投资，也与定价密切相关。在风险投资中，有限合伙人协议、风险投资机构与标的企业之间的投资协议书，均包括众多条款。各种条款经常涉及参与方的权利和义务问题，都需要通过谈判予以确定。

第三节　风险投资基金募集

风险投资管理公司设立后，可以作为发起人募集基金，从而成立合伙制风险投资基金。

一、风险投资基金的资金来源

（一）部分西方国家风险投资基金的来源结构

相对而言，美国风险投资发展较早并且较为成熟。美国风险投资基金的资金来源主要为保险公司、投资银行、养老基金、商业银行、实业公司、政府等。在风险投资发展早期，富有个人和家庭占资金来源的比例较大。近些年来，个人和家庭资金所占比例越来越少，各类金融机构和实业公司资金所占比例越来越大。风险投资基金已经成为各类金融机构的必要资产配置。据统计，在1978年，个人与家庭为风险投资的主要供给者，所占比重为32%；保险公司、养老基金、公司企业、捐赠与公共资金、国外供给者所占的比重分别为16%、15%、10%、9%和18%。近年来，养老基金、保险公司、捐赠基金成为三个最重要的风险投资基金资金来源①。例如：在2003年的风险投资资金来源中，养老基金占40%多，保险公司约占25%，捐赠基金约占20%，三个来源之和占据资金来源的绝大部分。②

在欧洲，风险投资资本来源排名靠前的分别为养老基金、保险公司、银行、政府、主权基金，以及母基金等。③ 以2012年数据为例，其中，养老基金占比最大，为22.1%；其次分别为母基金占比14.2%，主权基金占比11.7%，保险公司占比8.8%，银行占比7.5%。2012年，日本私募股权的资本来源基本上为银行、养老基金、保险公司，分别占比达36.2%、18.3%和16.1%。其他发达国家的情况大致相同，主要资本来源基本上为养老基金、保险公司和银行。④

（二）中国风险投资基金资金来源结构

根据投中数据库收录数据，截至2015年6月，企业投资者是风险投资

① 由于三类资本体量大，较小规模出资，对于风险资本形成巨量资本供应。

② 参见金永红．风险投资资金供给状况的国际比较研究［J］．金融教学与研究，2013（1）：2－10.

③ 中国风险投资年鉴的数据来源为EVCA（European Private Equity & Venture Capital Association），即欧洲私募股权和风险资本协会。

④ 数据来源：中国风险投资研究院编《2013中国风险投资年鉴》。

的主要资金提供者，排列第二位和第三位的资金提供者分别为各类投资机构和政府。与欧美市场形成鲜明对比，养老金、家族基金、保险、捐赠基金等机构投资者，在中国大陆的风险资本市场占比较低。前三名资本提供者的资金占比分别达 56%、19% 和 8%。[①] 不同渠道可能口径不同，分类有所差别，但结果大致相同。例如：依据《中国创业风险投资发展报告 2013》,[②] 2012 年，我国风险投资基金资金来源结构以企业为主体，占总资本的 38.66%，较 2011 年下降 4.34 个百分点，下降幅度较大；政府与国有独资合计占比 30.59%，较 2011 年下降 1.7 个百分点；而个人和外资资本占比明显提升，分别占 2012 年总资本的 18.87% 和 5.13%，而银行及非银行金融机构资本占比与 2011 年基本持平，占比分别为 0.57% 和 1.49%。《中国风险投资年鉴 2013》的统计表明，2012 年，中国内地风险资本的来源分布为：非金融类企业占 35.83%，政府占 27.61%，个人占 21.52%，金融机构占 10.65%。尽管不同统计结果稍有不同，但均表明非金融类企业和政府是目前中国大陆风险资本市场的主要资金提供者。

随着我国经济市场化程度不断加强，对于金融机构监管政策的改变，将会对风险投资基金的资金来源结构产生深远影响。我们预期社保基金和保险资金将成为风险投资的重要资金来源。首先，社保基金和保险资金的投资期较长，与风险投资较长的投资期不冲突。其次，从整个市场平均情况来看，风险投资的收益经常超过股票市场指数。[③] 根据投中研究院的研究报告提供的数据计算,[④] 2015 年，我国风险投资平均收益率达到 22% 左右，远高于同年上证指数收益率。不可否认，风险投资的收益率为有偏分布，即获得高收益的为少数机构，大部分机构收益率较低，但通过精心筛选，以及通过母基金投资，可以在很大程度上规避风险。

---

① 参见投中集团研究院，中国 2015 年 LP 投资报告。

② 王元等. 中国创业风险投资发展报告 2013 [M]. 北京：经济管理出版社，2014.

③ 参见 2009 NVCA Yearbook 关于 2007 年之前，公开市场与风险投资收益的比较。

④ 参见投中集团研究院，中国 2015 年 LP 投资报告。

二、风险投资基金募集的影响因素

直接影响风险投资基金的资金募集的因素有外部和内部两大类。外部因素主要指资本市场环境和政策环境，内部因素则指风险投资管理公司的历史业绩和募资能力。

（一）资本市场环境

资本市场环境有两层含义。其一，资本市场为风险资本提供退出渠道。风险资本与产业资本不同，投资的开始就确定要退出。存在多层次资本市场，是风险资本投资顺利退出的前提。只有预期未来容易退出，风险资本才有投资的积极性。资本市场包括交易所市场、产权并购市场等，不同层次市场适合不同投资项目退出。其二，资本市场的活跃性和流动性，能够促进市场有效。退出是风险投资的基本要求，获利是根本要求。当所投资的项目受到资本市场认可，获得较高估值，使得风险投资在退出时获得丰厚利润，对风险资本提供者形成激励，风险资本供给增加，为风险投资基金募集提供良好条件。

资本市场存在周期性，与此密切相关的风险投资基金募集也存在着同步的周期性。同时，风险投资基金募集周期性也同样推动着自身的周期性。当股票市场处于牛市阶段，风险投资退出方便，收益高，对风险投资激励高，风险投资基金容易募集。反之，当股票市场处于熊市阶段，风险投资退出困难，收益低，对风险投资激励弱，风险投资基金不容易募集。从风险投资自身周期来看，风险资本越容易募集，优秀投资项目越稀缺，预期未来的收益会变低。也就是，风险资本当前募集市场好，很可能意味着若干年后，由于本期募集的资本收益低，造成未来募集市场不乐观。

资本市场繁荣的因素有很多，从本质上看，引起资本市场繁荣的因素也都间接地影响风险资本市场。当经济增速加快时，人们的乐观情绪提升，对于风险资本的需求增加，会使得风险资本的谈判地位提升，激励风险资本的供给。Félix 等利用欧洲数据研究发现，除了 GDP 成长率、长期实际利率，股票市场资本量成长率、IPO 以及研发支出对风险资本市场有影响外，并购市场和账市比也对风险投资有显著影响。①

（二）政策环境

从各国发展经验看，政策优惠在风险投资发展中起到了重要作用。例如：对各类金融机构投入准入，对于收入所得税的优惠，政府直接补贴等。Bygrave & Timmons 提出完善的法律法规、优惠的政策体系、发达的证券市场、宽松的投资政策以及健全的会计审计制度等外部条件，是一个国家或地区风险投资业发达的基本条件。②

各国的鼓励政策体现为提供便利条件和经济激励。便利条件包括扩大资本来源，例如：放松金融机构投资限制；增加对风险资本的需求，例如：政府增加对于被投资企业的种子期投入，等等。经济激励包括直接政府补贴和税收优惠等。以美国政府扶植政策为例。第一，对风险投资者和被投资企业提供无偿政府补助，主要指种子资金。种子期企业增加，会增加风险投资的可投资对象；第二，对风险投资实施税收优惠，将风险投资所得税率降至20%；第三，提供政府担保，或者联合投资，政府承担投资失败的部分损失，以少量资金撬动民间资本投向风险投资业。③

（三）风险投资管理公司情况

Barnes& Menzies 通过对欧洲 21 只进行风险投资的母基金进行追踪和调查发现，有限合伙人选择风险投资基金时，注重四个关键的评估标准：风险投资机构团队特征、风险投资机构可追踪成功记录、风险投资基金的投资策略和风险投资基金募集条款。④ 后两条是判断哪种类型的风险投资基金更适合的标准，而前两条是在适合的类型中判断风险投资基金能力的标准。例如：有些投资者希望投资于 Pre – IPO（上市前）项目，就需要寻

① Félix, E. , C. Pires, M. Gulamhussen. The Determinants of Venture Capital in Europe—Evidence Across Countries ［J］. Journal of Finance Servers Research, 2013, 44: 259 –279.

② 参见 Bygrave, W. J. Timmons. Venture Capital at the Crossroads ［M］. Boston: Harvard Business School Press, 1992.

③ 参见光明网：发展风险投资可借鉴国外经验 ［EB/OL］. http: //www. gmw. cn/01gmrb/1999 –06/07/GB/18080%5EGM7 –0714. HTM。也可参见王育宝，李成．中国风险投资发展国外经验借鉴与国内政策措施［J］. 2006, 3: 11 –16。

④ 参见 Barnes, S. V. Menzies. Investment into Venture Capital Funds in Europe: An Exploratory Study ［J］. Venture Capital, 2005, 7 (3): 209 –226.

找投资此类项目的风险投资基金。在所有从事此类业务的风险投资管理公司中，主要应用前两个条件选择有竞争力的风险投资家。

Zarutskie 检验了首次募集的风险投资管理公司人力资本是否可以预测基金业绩，发现具有某些特征管理人员的管理公司募集基金成功率高。研究发现，风险投资基金管理团队有更多风险投资行业从业经验、在创业企业有过总裁或者高级管理工作经历、管理的基金成功退出比例较大，可以更容易筹集资金。投资于高科技企业的风险投资基金，具备科技背景知识的风险投资管理人员，在募集资金方面也具有一定优势。①

风险投资管理公司的业绩记录与声誉具有关联性，声誉是长期业绩累积的结果。声誉随着成功的记录增加而提升，成功交易记录包括历史投资业绩和募集结果。在竞争市场中，比竞争者具有更好的声誉，可以筹集更多的基金和更大的基金规模。风险投资市场具有正反馈效应，好的声誉带来更大的管理资金规模，能够赚取更多的管理费，更有利于积累投资经验，吸引人才。

根据清科集团 2013 年《中国股权投资年度排名》，确定排名前 50 名为高声誉的风险投资管理公司，其余为低声誉风险投资管理公司。从 CV-Source 数据库中提取 2014 年已完成募集基金数据，考察声誉对于募集基金规模的影响，结果如表 2－1 和图 2－2 所示。表 2－1 按照高低声誉进行分组，比较基金募集规模平均值，高声誉管理公司的基金募集额显著高于低声誉管理公司。图 2－2 是按照声誉分组基金募集规模的直方图，0 代表低声誉，1 代表高声誉。低声誉组大部分基金规模集中在较低数值水平，高声誉组有偏分布明显改善。

表 2－1　声誉与基金募集规模分组对比

分　组	样本数	募集规模均值（单位：百万元）	T 值
有声誉	314	551.29	1.97
无声誉	45	821.65	

① 参见 Zarutskie, R. The Role of Top Management Team Human Capital in Venture Capital Markets: Evidence from First－time Funds ［J］. Journal of Business Venturing, 2010, 25: 155－172.

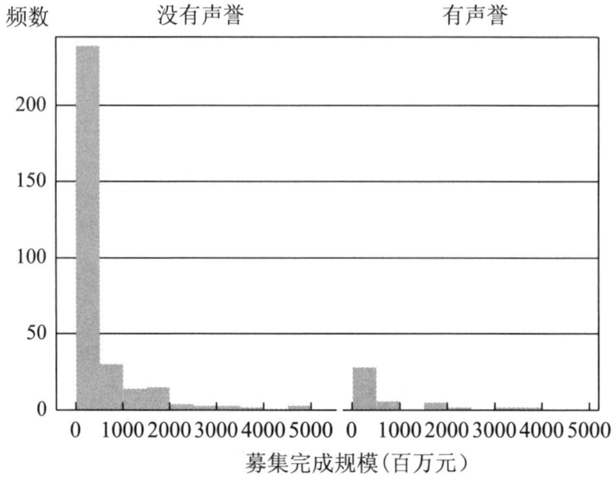

图 2－2　按照声誉分组基金募集规模直方图

注：图中结果按 2013 年声誉计算。

表 2－2　声誉与基金募集规模分组对比

分　组	样本数	募集规模均值（百万元）	T 值
有声誉	312	550. 15	1. 99
无声誉	47	817. 78	

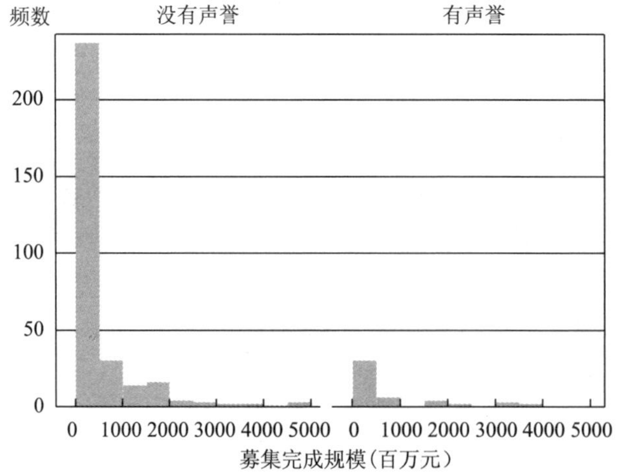

图 2－2　按照声誉分组基金募集规模直方图

注：图中结果按照 2014 年声誉计算。

三、风险投资基金二级市场

（一）风险投资基金二级市场交易对象

风险投资基金二级市场交易对象，取决于基金组织类型。对于公司制基金来说，二级市场交易与一般公司无差别，交易对象即为公司股票。这类基金通常称为投资公司，例如：鲁信创投（股票代码600783），此类上市公司的主营业务之一是创业投资。

对于合伙制基金来说，交易对象主要是有限合伙基金份额。所谓交易有限合伙基金份额，即以有限合伙人所持份额为交易对象，通过交易，基金更换有限合伙人。当基金份额进行交易时，所交易的内容包括基金已投标的企业的股权，以及有限合伙人应该承担的剩余认缴资本出资义务。基金份额交易的现金流池包括：未来退出时有限合伙人应获得的利润分配，未来需要支出的剩余认缴资本（含管理费）。基金份额的内在价值，就是这些现金流的累计折现值。

由于管理公司主要通过支付特殊劳动（风险投资相关工作），获得管理费和利润提成收入，而不是依靠资本获利，所以管理公司股份较少作为交易对象。管理费和利润提成均是劳动报酬，不是资本报酬。当管理公司使用一部分筹集的资金，投入所管理的基金，作为普通合伙人的投资，或者直接投资于企业业务，管理公司股份才会存在二级市场。即只有存在资本投资收益的时候，才可能存在资本使用权交易市场。

（二）风险投资基金二级市场类型

风险投资基金二级市场分为公开市场和非公开市场。在公开市场交易，即投资公司股票上市，或者合伙制基金份额上市。基金份额上市始自于1961年，之后风险投资基金份额上市数量表现出持续增长态势。① 例如：美国的Apollo Investment Corp. 就是一家上市风险投资公司，3I Infrastruture Holding Ltd. 是一家上市基金，而其管理公司3I Group PLC也是一家

① 参见Talmor, E. , F. Vasvari. International Private Equity [M] . John Wiley & Sons. Ltd. Publication, 2011: Chapter 8.

上市公司。按照美国市场的分类习惯，风险投资基金属于私募股权基金中的一种。

非公开市场是一个自组织市场。市场由一些金融机构作为中间商，为买方和卖方提供买卖信息，提供买卖服务，包括份额估值、市场研究，以及买卖手续服务等。金融机构对所提供的促成交易的服务，收取一定的服务费用，通常为交易金额的 1% ~2%。例如：Cogent Partners、Campbell Lutyens、UBS 等金融机构提供此类服务。

（三）风险投资基金二级市场的作用

任何金融交易都需要估值。出于风险投资基金的投资特点，投资标的估值困难，导致基金份额估值困难，而且经常会出现价值判断的较大波动。上市交易还需要较详细披露信息，对于投资策略存在约束等。尽管如此，风险投资基金的二级市场交易仍存在着明显的积极作用。

第一，基金上市交易有利于吸引更多的投资者参与。风险投资基金通常采用有限合伙制，对于参与的投资者人数有限制。为了募集到足够的资本额，基金通常规定最低投资金额，例如：500 万元。由于募集单位金额较大，排除了一些投资者参与的可能性，即限制了某些投资者的投资自由，产生金融歧视。基金份额上市后，会接受有关部门的监管，定期公布有关信息，投资者受到较大程度保护，对投资者的限制减少，有利于中小投资者参与。

第二，基金上市或者非上市交易，有利于提供风险投资基金份额的流动性。基于风险投资基金的投资性质，资本额投出后，较长时间内不可收回。因此，基金一般有较长时间的封闭期。有些投资者希望在一定时间内参与私募股权市场，但可能存在时间约束，流动性为这部分投资者提供了便利。

第三，基金上市交易有利于投资者进行多样化投资。由于非上市基金份额较大，通常普通投资者较少进行多个风险投资基金的投资。基金份额上市，每份可交易份额规模降低，可以使得投资者更容易进行多样化风险投资，从而在更大程度上分散风险。

第四，基金上市或者非上市交易，有利于对基金管理实施监督。毫无疑问，上市基金份额存在市场价格，汇集了市场信息和市场参与者对于基金管理绩效的评价。当基金价格下降时，对管理公司产生压力，激励管理公司更好地进行基金管理。即使非上市交易，定期的基金估值也能够起到类似作用。

第四节　风险投资基金类型

根据资金来源和投资目标不同，可以将风险投资基金分成明显不同的几种类型，分别为独立风险资本（Independent Venture Capital，IVC）、公司风险资本（Corporate Venture Capital，CVC①）、政府风险资本（Government Sponsored Venture Capital，GVC）和银行风险资本（Bank Venture Capital，BVC）。此处风险资本指风险投资基金，是资本形态。后三种风险资本统称为附属风险资本（Captive Venture Capital）。专门以基金为投资标的的基金，称为风险投资母基金（Fund of Fund，FOF）。

一、独立风险投资基金

独立风险投资基金与附属风险投资基金的最主要区别是投资目标和资金来源。独立风险投资基金唯一的投资目标，就是为投资人获利。附属风险投资基金通常在获利之外，还兼有其他投资目标，例如：政府风险投资基金有促进社会创新、活跃经济发展的目标，公司风险投资基金有为公司提供创新试验产品的目标等。投资获利是金融市场运行的基本规律，因此，独立风险投资基金也称为市场化运行风险投资基金。市场上大多数风险投资基金为独立风险投资基金，如果没有特别指出，风险投资基金即指独立风险投资基金。附属风险投资基金也有投资获利要求，但同时又兼备其他投资目标。所谓独立，指投资基金的投资目标，不依附于任何投资人，不服从任何投资人的个体目标。

---

① 注意，此处的 CVC 指一类特殊的风险投资管理公司。有一个公司 CVC Capital Partners（参见网站 http：//www. cvc. com/），虽然名称上有 CVC，但并不是书中 CVC 的含义。

一般情况下，独立风险投资基金由风险投资管理公司发起设立，管理公司负责基金的募集工作。附属风险投资基金通常由主要投资人出资设立。在募集过程中，不限定募集对象，即不限定投资者身份。只要愿意遵守融资过程中的协议（合伙人协议），按照要求出资，并且对于投资基金不提出获利之外的任何其他目标要求，即可作为募集对象。非限定性资金来源是对投资目标独立的保障。将来自于不同渠道的资本汇集到一起，很难将盈利之外的目标融合到一起。

在独立风险投资基金的设立和运行过程中，风险投资管理公司起到关键性作用。管理公司联结各个独立的投资人和投资标的企业，负责完成从基金设立到退出的整个循环过程中的各项活动。根据合伙协议，投资人作为有限合伙人，对于普通合伙人的活动不进行干涉。募集成功后，风险投资管理公司进行投资筛选、资产管理、退出并分配等活动。在对投资标的的投资期间，为了提高被投资企业价值，管理公司会提供必要的管理支持，例如：帮助制定战略、招聘管理人员、提供社会网络支持等。一切活动的宗旨均为提高被投资企业价值，从而提高风险投资收益而服务。

风险投资管理公司的设立背景，不能作为判断风险投资基金是否独立的标准。例如：上海弘晖投资股份有限公司作为风险投资管理公司，其大股东为上海金晖控股集团，但弘晖投资公司募集的基金与上海金晖集团目标无关。根据上海弘晖的投资理念“坚持组合投资，分散投资”，并没有除了盈利之外的特定投资目标。从上海弘晖已经投资的案例来看，例如：“阳光焦化”“神农大丰”等，也并不存在投资目标的特定范围。① 又如：深圳达晨创业投资有限公司的大股东为电广传媒上市公司，② 但达晨创投的投资目标与电广传媒业务基本无关，而是“致力于成为一家以人为本、值得信赖、受人尊重、基业长青的卓越企业，做中国企业家和投资人最值得信赖的长期合作伙伴，在帮助企业成长过程中获得投资回报，共同为中国经济社会发展做出积极的贡献。”③

---

① 参见上海弘晖网页：http：//www. shhhi. com/main/.

② 参见电广传媒（股票代码 000917）2015 年报。

③ 参见达晨创投网页：http：//www. fortunevc. com/about. asp？ menu_ id =7.

二、公司风险投资基金

公司风险投资基金（公司风险资本，CVC）指由实业公司（非投资或资产管理公司）发起成立的风险投资基金，其明显特点是投资人为个别实业公司，投资目的与投资人业务相关。

（一）资金来源

公司风险投资基金通常由单个实业公司出资设立，组织结构形式通常是实业公司的一个事业部，或者是一个分公司、子公司。成立风险投资机构的实业公司，称为风险投资基金的母公司。公司风险投资基金的资金来源单一，通常仅仅使用实业公司资本进行投资，不从外部金融资金募集，也就是该类基金不存在明显的募集过程。例如：索尼公司的风险投资事业部（Sony Venture Capital），英特尔公司所属的英特尔资本（Intel Capital）等；索尼风险资本的资本提供者为索尼公司，英特尔资本的资本来源渠道为英特尔公司。

公司风险投资基金的管理，可以委托给外部独立的风险投资管理公司，也可以由公司员工进行管理。当委托管理时，管理公司不是基金的合伙人，没有合伙人的权利，不承担合伙人义务。投资人和管理公司之间的权利义务关系，通过委托合同确定。有些公司风险投资基金采用外部人管理，但不使用委托形式，而是以实业公司作为投资人，即有限合伙人，外部管理公司作为普通合伙人，双方联合成立有限合伙制风险投资基金。由于投资人可能存在特殊目的，尽管使用有限合伙制形式，但基金并不通过募集形式设立，而是通过投资人和管理人发起设立，合伙基金中仅有一个有限合伙人。

我国有些上市公司采用联合发起的方式，设立风险（创业或者产业）投资基金。例如：2015 年 1 月，上海延华智能科技（集团）股份有限公司（股票代码 002178）（简称延华智能）发布公告，拟与江苏金茂创业投资管理有限公司（简称金茂创投）、湖北省高新技术产业投资有限公司（简称湖北高投）共同设立武汉智慧城市产业投资基金管理有限公司（简称智慧城市管理公司）及延华高金智慧城市产业投资基金（有限合伙）（简称智慧城市基金)。管理公司注册资本500万元，延华智能出资100万元，占比20%，金茂创投和湖北高投各出资200万元，分别占比40%。管理公司最高权力机构为公司股东会，设置董事会，董事会由5人组成，其中，延华智能推荐1名，金茂创投推荐2名，湖北高投推荐2名。总经理由董事会聘任。

基金首期设计规模2亿元，智慧城市管理公司作为基金管理人（GP），认缴出资500万元，占比2.5%；延华智能作为有限合伙人（LP）认缴出资4000万元，占比20%；湖北高投为有限合伙人，认缴出资2000万元，占比10%；金茂创投作为有限合伙人，认缴出资1000万元，占比5%。不足部分由管理公司负责向其他合格投资者非公开募集。据延华智能公司公告称，基金的设立“意味着公司将继续加大对产业并购的投入、加速公司产业转型，外延扩张将和内生增长共同成为公司未来成长的重要驱动力，不断提升公司的核心竞争力”。

一般来说，成立风险投资基金的实业公司通常规模大，资金实力雄厚。大公司能够根据战略需要，为风险投资基金提供持续、稳定的资本来源，免除了风险投资基金募集的过程，降低了募集成功的不确定性。由于成立基金的特殊目的，以及实业公司作为唯一出资人，免除了来自外部独立投资人对风险投资业绩要求的压力，使得风险投资活动期限更为灵活，也决定了公司风险投资基金的设立、解散，取决于母公司的意愿，不存在投资人之间契约约定问题。

（二）投资目标

公司风险投资基金的投资目标，除了直接获得经济利益之外，还存在与母公司经营相关联的战略目标，甚至有时更重要的目标是战略目标。所谓战略目标，指针对母公司在原有业务领域，或者以原有业务领域为依托所拓展的业务领域，提升母公司的市场竞争力，从而提升盈利能力。例如：索尼风险资本投资机构的目标为“提供一个进入新兴技术和商业机会的窗口，帮助建立与创新型新企业之间的战略伙伴关系”。① 从索尼资本的

① 译自索尼资本网页：http：//www.sonyvc.com/mission.html，原文为“Provide a window into emerging technology and business opportunities and help establish strategic partnerships with innovative startups.”

投资项目看，大多在索尼公司的业务范围之内或者密切相关。公司风险投资机构的运营，类似于利用外部智力和人才，为公司建立了一个创新实验室。

当然，尽管公司风险投资基金的目标与母公司战略相关，仍然有盈利的要求，所以可能存在着某些投资项目，与母公司业务存在较大差别。公司风险资本的盈利需求是利用市场化机制提升效率的需要。未来的技术创新方向需要投入很大精力去挖掘和发现，需要经过市场化的实验。只有被市场认可的技术创新，才有可能存在未来盈利的潜力。此外，公司风险投资基金的盈利要求，也是控制基金管理人代理问题的手段。例如：在 2010 年英特尔资本的投资项目中，包括老年关爱网 Caring. com 和房地产投资评估服务机构 SmartZip Analytics，以及基础设施服务供应商 Virtustream，三项投资与英特尔的主营业务存在较大差别。①

（三）投资策略

当投资目标确定之后，公司风险投资基金仍然存在着投资方向细分问题，以及什么时候投资，投后如何管理等问题。由于公司风险投资基金的一个战略目标是发现技术方向、把握技术发展动态，一般情况下倾向于选择在技术上与母公司存在互补或者替代关系的项目。投资于替代技术项目，有利于实现母公司技术的升级换代。不过，由于被投资企业担心技术泄露，加剧市场竞争，在接受公司风险资本投资时，会提出较高的报价，②因此，公司风险资本较少单独对替代技术项目进行投资。当进行互补技术项目进行投资时，公司风险资本与被投资企业之间较容易达成交易。

母公司由于拥有某些技术开发方面的经验和知识，在投资后有更强的动机和能力，对被投资企业提供帮助。例如：在公司风险资本投资后，通常在被投资企业的董事会占有席位更多，③ 有利于投资后对于被投资对象

---

① 参见英特尔资本网页：http：//www. intel. com/pressroom/archive/releases/2010/20100503corp. htm.

② 参见 Masulis, R. , R. Nahata. Financial Contracting with Strategic Investors: Evidence from Corporate Venture Capital backed IPOs [J] . Journal of Financial Intermediation, 2009, 18: 599 - 631.

③ 参见 Hellman, T. A Theory of Strategic Venture Investing [J] . Journal of Financial Economics, 2002, 64: 285 - 314.

进行管理、提供服务支持。在投资阶段选择上，由于公司风险资本在专业领域的优势，选择的被投资企业成立时间更短，选择的投资阶段更早（比如种子期投资），投资项目科技含量更高。可能由于公司风险资本短期财务业绩压力小的原因，投资后与创始人之间关系更友好，较少更换被投资企业的 CEO（Chief Executive Officer，首席执行官）。①

（四）对于标的企业的影响

公司风险投资基金尽管具有相关领域的专业知识和市场经验，在管理咨询方面更具优势，然而研究表明，与独立风险投资机构相比，公司风险投资基金所投资标的企业的经营业绩并没有什么优势。之所以出现这种情况，有如下三方面原因：第一，由于公司风险投资基金附属于母公司，存续时间取决于母公司决策，很有可能出现经营持续性差的现象。例如：戴尔公司在 2000 年互联网泡沫破灭之后，关闭了风险投资业务，但于 2012 年又重启 Dell Ventures。非持续性经营，不仅会影响正常的投资周期完整性，也有损风险投资经验的积累；第二，公司风险投资基金未必使用独立风险资本的激励方式，具体激励方式受母公司控制，使用与公司其他部门相同的激励方式，激励程度相对较低；② 第三，公司风险投资基金进行投资筛选的范围受母公司战略限制，选择面较窄。例如：选择的投资项目需要与母公司业务具有协同关系等。

虽然标的企业财务业绩一般，但公司风险投资基金通常投资于较早期企业，对失败的容忍度较高，更有利于标的企业的技术创新。由于企业有较好的创新表现，上市后，股票价格表现较独立风险投资基金支持的企业

---

① 参见 Chemmanur, T. , E. Loutskina, X. Tian. Corporate Venture Capital, Value Creation, and Innovation ［J］. Review of Financial Studies, 2014, 27：2434 – 2473. Ivanov, V. I. R. W. Masulis. Corporate Venture Capital, Strategic Alliances, and the Governance of newly Public Firms ［J］. CEI Working Paper Series 2008 – 15, Center for Economic Institutions, Institute of Economic Research, Hitotsubashi University.

② 参见 Dushnitsky, G. , Z. Shapira. Entrepreneurial Finance Meets Organizational Reality：Comparing Investment Practices and Performance of Corporate and Independent Venture Capitalists ［J］. Strategic Management Journal, 2010, 31：990 – 1017.

更好。[1] 当然，一旦上市成功，公司风险资本以及标的企业的创始人也能从中获得较好的收益，由此对于社会的技术创新活动形成较好的激励作用。

三、政府风险投资基金

政府风险投资基金，指有政府资金投入或者通过其他方式支持，或者通过政府有关机构直接成立的风险投资基金，承担着政府某些特殊任务。

（一）资金来源

政府风险投资基金是政府直接参与风险投资的途径，具体参与方式有三种，分别为政府直接建立风险投资基金、政府与私人合资和政府提供担保等。政府通过三种参与方式风险投资，相关的风险投资基金均称为政府风险投资基金。三种政府风险投资基金的资金来源不同。

政府直接建立风险投资机构，是政府出资，建立独资的风险投资公司，组织形式通常采用有限责任公司。例如：我国于 1985 年成立的“中国新技术创业投资公司（China New Technology Venture Capital Company）”，于 1999 年创立的“科技型中小企业技术创新基金（Technical Innovation Fund for Small and Medium - sized Enterprises）”，都是政府独资设立的政府风险投资机构。为促进创新创业，各地方政府也成立了地方性政府风险投资公司，例如：广州科技金融创新投资控股有限公司。

政府与私人合资设立风险投资基金，私人可以是个人，也可以是民营公司。政府在合资风险投资机构中一般作为有限合伙人，提供资金支持。例如：我国政府作为有限合伙人出资，与民营风险投资管理公司共同成立风险投资基金。又如：澳大利亚政府于 2002 年出台的种子前基金（Pre - seed Fund，PSF）计划，[2] 允许私人与政府合资设立风险投资基金。除了

① Fulghieri，P.，M. Sevilir. Organization and Financing of Innovation，and the Choice between Corporate and Independent Venture Capital［J］. Journal of Financial and Quantitative Analysis，2009，44（6）：1291 - 1321.

② 参见 Cumming，D.，S. Johan. Pre - seed Government Venture Capital Funds［J］. Journal of International Entrepreneurship，2009，7：26 - 56.

直接出资外，政府还可以为筹资提供担保。在美国，允许个人设立小企业投资公司（Small Business Investment Corporation，SBIC），[①] 在满足政府规定投资方向的条件下，政府提供担保，允许公司借入一定限额的资金。也就是，当小企业投资公司需要资本时，可以在获得政府担保的前提下，从商业机构获得信贷资本。

（二）投资目标

政府风险投资基金是在一定条件下对独立风险投资基金的替代。首先，独立风险投资基金的活动受到经济环境的影响，当经济环境较差，风险投资收益下降时，独立风险投资募集以及投资数额会下降，导致从事风险投资的资本不足。为了补充科技型创业企业发展资金，需要政府资金的投入，以补充市场资金缺口。其次，在技术扩散较快的条件下，进行科技型企业投资收益风险比降低，具有一定的公共产品属性，也就是风险较高，收益较低，独立风险投资基金缺乏投资动机，需要政府资金投入。再次，在企业的种子期和初创期，由于投资风险过高，市场化风险投资基金投资动机不足，需要政府资金投入，以弥补市场的缺陷。

政府风险投资基金有双重投资目标，其一为财务收益，其二为社会收益。追求财务收益是风险投资机构生存的需要，也是资本属性的必然要求。而且正如前文所述，追求财务收益，还存在双重好处，即有利于发现市场需求以及便于激励。所谓社会收益，指通过对科技型小企业投资，支持创新创业发展，从而提高国家或者地区经济竞争力，提升经济活力。两种目标既有冲突，又具有一致性。如果过度强调财务收益，风险投资基金未必投向有益于社会经济发展的方向。如果过分强调社会收益，可能会使风险投资基金失去必要的生存基础。政府风险投资基金的投资目标，应该是两者之间的适度权衡。

出于特殊目标，很多政府风险投资基金的投资表现出特殊性。例如：地方政府所成立的风险投资基金，以投资本地企业为主。某些行业机构或

① 小企业投资公司指满足美国政府所设定要求的一类公司，而不是指某一个公司。成为此类公司，能够享受政府的特殊政策。

者政府部门成立的风险投资基金，以行业投资为主，具有天使资本性质的政府风险投资专注于种子期企业。

（三）对于标的企业的影响

研究表明，1983—1997 年，接受美国政府 SBIR（Small Business Innovation Research）资助的小企业，具有相对更高的成长性。① 科技型小企业确实获得了更多的资金支持。在欧洲，政府风险投资基金也发挥了明显作用，在独立风险资本投资出现下降时，政府风险投资基金投入更多，为科技型小企业的发展提供必要的资金支持。② 当然，对政府风险投资也有不同的观点，认为政府风险投资存在“挤出效应”，即政府风险投资挤出了独立风险投资。也就是，政府风险投资与独立风险投资的标的企业出现重叠，而且政府风险投资的财务收益要求较低一些，从而排挤了独立风险投资的市场空间。同时，政府风险投资与独立风险投资相比，由于社会化的目标难以测量，管理团队激励较弱，或者管理团队自身存在非市场化目标，例如：职位升迁，导致运营效率较低，投资收益低。因此，政府风险投资对独立风险投资的挤出，在整体上阻碍了风险投资行业的发展。

作者在对中国 A 股上市公司中有风险资本支持的公司进行研究后发现，相对于民营和外资风险资本，政府风险投资基金在投资时更偏向于成熟企业和传统企业，而对中小企业和高科技企业的投资强度更低；政府风险投资基金支持的企业在成长速度和创新（R&D）投入上都显著少于民营和外资风险资本；政府风险投资基金在推动被投资企业在 A 股 IPO 退出的投资期限更短，投资回报更高。结果表明，在我国现阶段，政府风险投资基金在没有显著提升被投资企业创新和成长的条件下，实现了较高的投资收益，更偏重经济效益而不是社会效益，偏离了政府的设立预期。③

---

① Lerner, J. The Government as Venture Capitalist: The Long - Run Impact of the SBIR Program [J] . The Journal of Business, 1999, 72 (3): 285 - 318.

② Manigart, S. , C. Beuselinek. Supply of Venture Capital by European Government [A] . Working Paper, Faculteit Economie en Bedrijfskunde, 2001.

③ 黄福广，彭涛. 国有风险资本的有效性：基于投资偏好和投资绩效的证据 [A] . 中国财务与会计学术年会，2015.

四、银行风险投资基金

类似于公司风险投资基金，由银行等金融机构出资所成立的风险投资基金，称为银行风险投资机构。此处银行既指商业银行，也指投资银行，或者其他金融机构。这类风险投资机构附属于大的金融机构，可以是金融机构的子公司或者分公司、独立部门等。据 EVCA 统计，2011 年，BVC 的资本额占风险资本总募集资金额的 7.8%，成为风险资本市场上不可忽视的力量。①

银行风险投资基金的优势，是母公司的资金（商业银行）和在上市承销和资产重组（投资银行）方面的能力。商业银行的显著优势是资金，投资银行的显著优势是承销，两者的优势都在金融市场而不是产品市场和产品经营。为了更好地利用金融机构优势，银行风险资本偏重于企业成长的后期投资，或者称为上市前投资。此时，被投资企业的商业模式已经较为成型，有待进行规模化经营，而大规模扩张需要大量资金，银行风险投资基金经常利用联合投资（Syndication），以规避自身在产品经营方面的劣势。

金融机构成立风险投资基金，重要的目的是开展与公司风险资本类似的战略性投资，例如：拓展主业，开拓业务范围。当发现有发展潜力的新创企业后，银行风险投资基金对其进行投资，从而建立业务联系，有利于后续贷款、咨询、承销业务的开展。同时，由于较早地建立业务联系，有利于金融机构获取关于新创企业的信息，更好地评估企业价值，从而规避金融市场的缺陷，拓宽银行等金融机构的业务范围，也为新创企业拓展了融资渠道。

五、风险投资母基金

母基金（Fund of Funds，FOF），又称基金的基金，其主要投资标的是

① Croce, A., D. D' Adda, E. Ughetto. Bank – affiliated Venture Capital and the Financial Distress Risk of Portfolio Firms [A]. Working Paper, Universita Politecnica delle Marche, 2013.

风险投资基金。母基金的募集以及组织结构类型，都与风险投资基金相似。母基金通常也采用合伙制组织形式，成立管理公司作为合伙基金的普通合伙人，向投资人即有限合伙人募集资金。基金募集成功后，选择合适的风险投资基金，作为有限合伙人进行投资。

风险投资母基金的一种重要功能，是进行投资标的企业的再组合。通常，每只风险投资基金在设立时，都会确定投资聚焦策略，例如：行业聚焦、区域聚焦、阶段聚焦（种子期、初创期等）。在投资策略指导下，风险投资基金选择若干个企业进行投资，因此，风险投资基金形成一个符合某种特征的投资组合。但不论如何，由于风险投资基金的专业化投资策略，只能形成局部投资组合。当母基金选择多个基金进行投资时，相当于在风险投资基金组合的基础上，再次进行组合。同时，母基金可以跨越单只风险投资基金特性，进行更加完善的组合，能够更好地分散风险。因此，风险投资基金母基金，能够帮助投资人享受风险投资收益的同时，尽可能地分散风险。

风险投资母基金也经常作为政府促进风险投资发展的杠杆工具。政府设立风险投资母基金后，作为投资人，可以与民营资本合作，设立风险投资基金。政府使用母基金形式，一方面，能够尽可能地降低风险投资风险，提高国有资产稳定性；另一方面，可以起到使用较少资金，撬动较大社会资金的作用。近几年来，风险投资母基金成为我国政府促进风险投资的一种重要方式。例如：2009 年，北京股权投资发展基金管理有限公司成立，成为全国第一家致力于 FOF 的国有公司。2010 年 12 月 28 日，国开金融有限责任公司和苏州创业投资集团共同发起设立了我国首只国家级大型人民币母基金——国创母基金。2015 年，上海创新创业投资母基金设立。

第三章
风险投资基金中的利益协调

风险投资基金中的双方参与人，即普通合伙人（以下简称GP）和有限合伙人（以下简称LP），通过合伙协议，共同对基金进行投入，并且根据基金运行的结果进行分配，形成典型的委托代理关系。设立风险投资基金，需要考虑由于委托代理关系而产生的代理成本，采取必要的措施，减缓代理冲突。

第一节　风险投资基金的分配条款

一、管理费

通常，合伙协议规定，按期从基金资金中提取一定比例的资金，作为普通合伙人的管理费收入。普通合伙人使用通过管理费形式获得的资金，支付所有正常运营的开支，包括一般行政费用、员工薪酬、差旅费等，以及与有限合伙人互动所需的费用。在基金运行过程中，会发生各种费用，有些由基金负责支付，有些需要管理公司支付。通常在协议中应该明确基金支付部分，包括与投资交易相关的专业服务费用，例如：律师费、会计师费、基金注册托管等相关费用；在协议约定之外的部分，由管理公司支付。

管理公司收取管理费的目的，主要是保证公司正常运营，即保证各种正常开支。管理费收取比例，通常为2%左右。具体上下浮动范围大小，根据基金运行工作量和基金规模等因素而确定。例如：大规模基金收取的比例可能偏低，而小规模基金收取比例稍高。基金管理有一定的规模效应，运营费用未必与规模呈线性关系。基金规模越大，管理费用率越低。因此，管理费数额与规模也表现出非线性关系。

在同一只基金运营的不同时期，管理工作量大小不同。通常，基金运营工作量集中在基金投资期，即确定交易标的、达成交易、投后管理等，其中寻找优秀投资标的更为重要。在退出阶段，管理工作负荷减少。同时，在退出阶段，随着投资项目陆续退出，投资本金及其收益陆续返还投资人，基金管理的资本额也相应减少。例如：一只2亿元的基金，从第6年开始陆续有项目退出，第6年按照投资本金计算的退出额为2000万元。基金管理的认缴资本额由2亿元下降到1.8亿元。在以后年度，随着退出项目增加，管理的认缴资本额会继续下降。

为了反映基金管理所需费用的变化，管理费也经常发生相应变化。变化形式有两种，第一种为计算比例变化；第二种为计算基数变化。计算比例变化，指在整个基金存续期内，管理费按照变化比例，而不是固定比例提取。通常可以将基金存续期划分为投资期和退出期，投资期内按照较高比例收取，退出期按照较低比例收取。例如：投资期内按照每年2%收取管理费，在退出期按照每年1.5%收取。以10年存续期为例，如果确定投资期为5年，基金认缴资本为2亿元，则前5年，管理公司每年收取400万元管理费；在存续期的后5年，管理公司每年收取300万元管理费。

第二种基金管理费变化形式为按照管理资本额，而不是认缴资本额收取管理费，而在整个存续期内收取比例不变。管理资本额也有两种计算方法。第一，按照实际投入数额，减去已退出数额。例如：基金认缴规模为2亿元，① 但是在第1年仅要求投资人划入3000万元进行投资，管理费提取比例为2%，那么第1年的管理费即按照3000万元为基数，提取60万元（3000×2%）管理费。到第5年，投资人已经将所有认缴资本划入基金，并且没有项目退出，则第5年管理费为400万元。到第6年，按照资本金计算的退出额为2000万元，则管理资本数额变为1.8亿元，提取管理费为360万元。第二，按照认缴资本减去退出金额为基数，以固定比例计算管理费。仍假设基金认缴资本规模为2亿元，协议约定管理费比例为2%，在基金投资项目退出之前，管理费提取额每年均为400万元。如果第6年开始退出2000万元投资，则管理费计算基数变为1.8亿元，按照2%的比例计算，当年提取管理费为360万元。到第7年，如果基金仍有项目退出，退出投资额为3000万元，则管理费计算基数变为1.5亿元，当年提取管理费为300万元。

根据投中研究院发布的《2015年私募股权投资基金LP研究报告》，目前在中国（大陆）市场上，基金的管理费率情况如表3-1的分布所示。其中，固定费率是较常被采用的收费类型，最常用的比例是2%~2.4%。所谓固定费率，一般指基金整个存续期内的管理费提取比例相同，但提取时的计算基数通常为认缴资本减去退出资本。

---

① 投资人认缴总出资金额为2亿元。

表 3-1 基金提取管理费方式统计

提取方式	固定 1.5%~1.9%	固定 2%~2.4%	固定 2.5%~3%	浮动
占调查基金比例	32%	56%	8%	4%

管理费率的高低主要与如下三方面因素相关。第一，基金规模。大规模基金通常管理费率较低，小规模基金的管理费率较高。这种结果的原因在于基金管理的规模效应，基金规模越大，单位资本的管理工作量下降。第二，基金类型。不同类型的基金，投资标的不同，因此，基金工作量和工作难度也不同。例如：投资初创期公司的基金，在标的企业筛选、投后管理、风险管理等方面的工作量较大，选择优秀标的企业的难度大，因此，管理费率会高一些。当然，该类基金的平均收益率也稍高一些。对于投资上市前标的企业的基金，筛选、投后管理、风险管理的工作量大幅度下降，基金的管理费率稍低一些。第三，议价能力。管理费率高低尽管有业界的一般性标准，但具体数值还是管理公司议价能力的结果。通常，高声誉管理公司议价能力较强，会要求较高的管理费率。

二、利润提成

利润提成是对基金投资资本利得（利润）的处理方法。当基金所投资的项目退出时，如果回收资本额小于投资资本额，即没有利润，则将全部回收资本退还给出资人，此时全部回收资本小于投资资本额，即投资人出现亏损。如果回收资本额大于投资资本额，即存在资本利得，则通常情况下，首先计算年化收益率：如果年化收益率大于约定的优先收益率（Preferred Return，或者称为门槛收益率，Hurdle Rate），则 GP 获得利润提成，行业内常见的提成比例为 GP 占 20%，剩余 80% 由全体出资人分配；① 如果年化收益率小于约定优先收益率，则所有的资本利得归出资人，按照出资比例分配，GP 不参与资本利得分配。

计算实现收益率的基数可以使用认缴资本、实缴资本（Contributed

① 严格来说，出资人不等于 LP，GP 通常也是出资人。但由于 LP 是基金的主要出资人，例如：出资 99%，有时将出资人和 LP 混用。

Capital）和投资资本（Invested Capital）。实缴资本指投资人支出的含有管理费的资本额，投资资本指基金投向标的企业的资本额，两者相差数额为管理费。净实缴资本（Net Contributed Capital）指实缴资本减去管理费，再减去注销投资额（Written - off Investment）。注销投资额指已投出的资本额，但由于投资标的失败，导致不能收回部分。大约 1/4 的基金采用认缴资本计算实现收益率，3/4 采用投资资本或者实缴资本。①

确定了计算提成的资本基数后，还需要确定提成方式。利润提成有两种具体操作方式，分别为整体提成（By Fund）和逐笔提成（By Deal）。整体提成，指基金到了存续期末，所有的投资项目退出，基金进行清算，应该收回的资金全部收回；② 之后，按照步骤，计算实现收益率，③ 并计算提成数额。逐笔提成，指基金对每一笔投资，单独计算实现收益率和提成数额。

例如：基金的认缴资本规模为 2 亿元，约定的优先收益率为 8%。某项目投资额为 2000 万元。为计算方便，假设第 5 年年末退出，收回资金额为 2800 万元。按照投资资本计算，实现年化收益率为：④

$$\left(\frac{2800}{2000}\right)^{\frac{1}{5}} - 1 = 6.96\%$$

实现的年化收益率低于约定的优先收益率，800 万元的资本利得全部由出资人分配，管理公司不提成。

按照实缴资本计算，需要在 2000 万元投资资本的基础上，加上对应的管理费和其他费用。⑤ 由于管理费和投资资本很难对应，需要确定一种管理费分配方法。一种简单的方法是将每年管理费按照当年存在项目的投资资本额进行分配，直到项目退出为止。

---

① Metrick, A., A. Yasuda. Venture Capital & Finance of Innovation [M]. John Wiley & Sons, Inc., 2011: 35.

② 有些基金退出时，不分配现金，而是分配所投资标的公司的股票。在这种情况下，需要使用标的股票的市值计算。

③ 在这种情况下的实现收益率通常按照认缴资本计算。

④ 此处的项目收益率按照毛收益率的方法计算，参见第七章关于毛收益率的概念。

⑤ 除了管理费支出外，基金可能还存在着其他费用，例如：托管费、审计费等，计算实缴资本时还需要考虑这些费用。

如果基金存续期为10年，假设每年管理费率为2%，第1年的投资资本为2000万元，第5年末退出金额为5000万元。第3年投资资本额为8000万元，第9年年末退出资金额为12000元。基金没有其他投资。按照投资资本计算的第一个投资项目实现收益率为：

$$\left(\frac{5000}{2000}\right)^{\frac{1}{5}} - 1 = 20.11\%$$

实现的年化收益率高于约定的优先收益率，在3000万元的资本利得中，管理公司首先提取20%的提成，即600万元，剩余的2400万元利润由出资人按照出资比例分配。

第二个项目实现收益率为：

$$\left(\frac{12000}{8000}\right)^{\frac{1}{6}} - 1 = 6.99\%$$

低于优先收益率，管理公司对第二个项目的利润不提成。

对于第一个项目，使用实缴资本计算收益率，可以使用如下公式：

$$\frac{-400-2000}{1+r} + \frac{-400}{(1+r)^2} + \frac{-80}{(1+r)^3} + \frac{-80}{(1+r)^4} + \frac{-80+5000}{(1+r)^5} = 0$$

式中，第一项中的2000为项目初始投资额，400为第1年的管理费。第三项中的80为按照资本额分配，第一个项目应该承担的管理费。计算出的r即为按照实缴资本计算出的第一个项目的实现收益率，结果为14.49%，高于优先收益率，管理公司可提成。在5年间，项目分配管理费1040万元，投资资本2000万元，共投入3040万元，资本利得为5000－3040＝1860万元。管理公司获得提成1860×20%＝372万元。

为简便起见，可不考虑时间价值。例如：上述第一个项目实缴资本额为3040万元，退出收入5000万元，总收益率为64.47%。投资期共5年，平均每年收益率为12.89%。究竟如何计算，由普通合伙人和有限合伙人协商，并通过合伙协议形式确定。

基于认缴资本计算的实现收益率，需要基金清算时才能确定。在使用认缴资本进行计算时，投入时点按照基金成立时计算，也就是基金设立时的负现金流为认缴资本额，以后的正现金流为每个项目的净退出金额。显然，使用认缴资本计算的实现收益率，要低于使用实缴资本和投资资本计算的实现收益率。

20%的提成比例不是精确计算的结果，而是行业惯例。绝大部分基金采用了20%的比例，也有少部分基金采用高于或者低于20%的比例。提成比例与管理费率类似，也可能随着情况不同而不同。提成比例相对于管理费率而言，对风险投资家的激励作用更大，因此，在比例设置时考虑激励问题更多。激励问题主要与基金类型相关，信息不对称程度较高，业绩与努力程度相关性强的基金，提成比例稍高；而业务较为清晰，业绩与努力程度相关性弱的基金，提成比例稍低。

在利润提成中的优先收益率，通常基于长期无风险收益率而确定，即基本上基于长期国债收益率。在20世纪80年代，美国6~7年国债平均收益率达到6%~8%，因此，风险投资基金确定优先收益率为6%~8%，并成为业界的习惯性基数。尽管近年来无风险收益率大幅度下降，优先收益率改变不大。无风险收益的获得不需要付出努力，而风险收益的高低与努力程度相关，因此，作为激励条款，优先收益率基于无风险收益率确定。按照这样的原则，也可以基于股票市场指数较长期内的平均收益率，确定优先收益率。根据投中研究院发布的《2015年私募股权投资基金LP研究报告》，目前市场上50%以上投资者认为，优先收益率应该在5%~9%，也有30%的投资者认为优先收益率应该高于15%。

三、利润提成钩回与追补条款

（一）钩回条款

利润提成钩回条款（Claw Back），是基金对投资人进行补偿的一种机制。当基金进行逐笔提成时，存在着普通合伙人在总体上超额提成的可能性，需要对超额提成进行调整。

例如：基金认缴资本额为2亿元，进行了2笔投资。第1笔投资支出额为2000万元（基于投资资本计算），第5年回收5000万元资金。第2笔投资的投资资本额为8000万元，第3年投入，第9年退出收入为10000万元。按照投资资本额计算，第一个项目实现收益率20.11%，大于优先收益率，管理公司获得提成，按照20%的提成比例提成600万元。

第二个项目实现收益率为3.79%，低于优先收益率，管理公司不提成。但当两个项目综合计算，① 综合收益率为：

$$\frac{2000}{10000}\times 20.11\% + \frac{8000}{10000}\times 3.79\% = 7.05\%$$

综合实现收益率低于优先收益率，总体上管理公司不应该提成。

如果使用逐笔提成法，第一个项目退出，管理公司即获得该项目利润提成。当下一个项目退出时，需要针对所有已退出项目，包括已经进行提成的退出项目和刚刚退出尚未提成的项目，一并计算综合实现收益率。当综合实现收益率低于优先收益率时，管理公司应退还通过第一个项目已经获得的提成，否则管理公司从总体上进行了过度提成。如果管理公司已经对所获得的提成缴纳所得税，则退还部分仅为税后净额。就本例而言，对于第一个项目，管理公司已经获得600万元提成，当第二个项目退出时，管理公司需要退还该600万元。如果管理公司已经缴纳120万元所得税，则管理公司只需退还480万元。

在实践中，为保证钩回条款顺利执行，基金应建立管理公司利润提成专用账户，专用账户中应保留一定余额，或者由管理公司向基金出资人提供钩回担保。

（二）追补条款

利润提成追补条款（Catchup），指对管理公司应得而未得到的利润提成，在下一次分配时优先补偿，是对管理公司进行补偿的一种机制。该条款也称为瀑布条款（Waterfall），② 即水流总是自动平衡不同地点的水位，从高水位流向低水位。

在钩回条款的例子中，假设基金进行了第三笔投资，投入时间为第5年，退出时间为第10年，投入资本5000万元，退出收入50000万元。毫无疑问，基金从该项目上获得了丰收，收入投资比为10，项目实现收益率为58.49%，远超8%的优先收益率，管理公司也应该获得利润提成。当有

---

① 可以使用投资资本现金流和项目退出现金流，计算基金的IRR作为实现收益率。此处使用投入资本加权平均收益率方法。

② 瀑布条款是字面翻译，按照实际含义翻译成“落差条款”更准确。

追补条款时，管理公司不仅获得本项目利润提成，而且在投资人获得投资本金和优先收益前，基金需要补足所欠管理公司的全部项目利润提成。在上例中，即补足对前两个项目所欠的利润提成。

如果基金在存续期内共有三个投资项目，按照投入资本计算，加权平均综合实现收益率为：①

$$\frac{2000}{15000}\times 20.11\% + \frac{8000}{15000}\times 3.79\% + \frac{5000}{15000}\times 58.49\% = 24.20\%$$

综合实现收益率高于优先收益率，管理公司在所有收入中均应获得利润提成。但是，在第二个项目中，管理公司并未提成，而且根据钩回条款，第一个项目的提成也被追回。追补条款规定，在这种情况下，第三个项目的分配顺序为：

第一，补足投资人全部项目投资本金和优先收益。对于前两个项目，投资人已经完全获得本金，并且已经获得第一个项目利润3000万元（含管理公司退回的名义数额），第二个项目利润2000万元，第三个项目只需获得x利润，即可满足8%优先收益率要求。x满足下式：

$$\frac{2000}{15000}\times 20.11\% + \frac{8000}{15000}\times 3.79\% + \frac{5000}{15000}\times\left(\left(\frac{5000+x}{5000}\right)^{\frac{1}{5}} - 1\right) = 8\%$$

解得$x = 3014.37$万元。

在第三个项目利润中，应分配给投资人3014.37万元利润，加上5000万元本金，合计8014.37万元。另外，由于管理公司对于第一个项目的利润，少退回120万元，② 应该补足，即投资人应从第三个项目退出收入中获得8134.37万元。第三个项目的退出收入剩余41865.63万元。至此，投资人已经收回前三个项目的投资本金15000万元，获得8%的优先收益率。

第二，追补管理公司应该获得的提成。根据钩回条款，管理公司已退回600万元（税前）利润提成，该笔利润提成需要从第三个项目利润中按照税后数额重新提取，即提取480万元。从全部投资中，投资人已经获得了8014.37万元（3000万元+2000万元+3014.37万元）的利润。如果按

① 如果按照认缴资本计算，还需要考虑未投资资本的收益。

② 假设管理公司交了120万元税，对于600万元提成只退回了480万元。

照 100% 的追补原则,[①] 在利润分配中，投资人占 80%，管理公司占 20%，分配比为4∶1,投资人每获得 4 份利润，管理公司应获得 1 份利润。也就是，管理公司应获得投资人获利的 1/4，即 2003.59 万元。由于以前 600 万元的钩回利润提成已经缴税 120 万元，退还的是 480 万元，因此，对这笔名义 600 万元利润，管理公司只能获得 480 万元。即管理公司应该从前三个项目退出收益中获得利润提成 2003.59 - 120 = 1883.59 万元。至此，第三个项目的退出收入剩余 39982.04 万元。由于已经扣除了 5000 万元的投资本金，该笔收入全部为剩余利润，或者剩余投资收益。

第三，在剩余投资收益中，投资人和管理公司按照 4∶1 的比例进行分配。投资人获得 31985.63 万元，管理公司获得 7996.41 万元。至此，投资收益全部分配结束。在整个过程中，投资资本合计 15000 万元，利润合计 50000 万元。投资人共获得利润分配 40000 万元，管理公司共获得 10000 万利润提成（税前）。

如果基金收益好，优先收益率、钩回条款、追补条款只改变分配时序，不改变分配比例。当然，考虑时间价值，改变分配时序，也会改变利益分配的结果。

四、盈利分配现状

根据清科数据库，国内外部分风险投资管理机构获取收入的比例结构如表 3 - 2 所示。国际著名的投资管理机构 KKR 和黑石集团成立时间较长，经营进入相对稳定阶段，在全部收入中，利润提成比例较高。2014 年，KKR 和黑石集团私募股权部门项目退出收益分成占总营业收入的比例分别为 53.7% 和 72.8%，基金管理费收入则占比不到 20%。

国内的投资机构收入来源中基金管理费收入依然占据相当大的比例，而项目退出的利润提成占比相对不高。国内五家在新三板挂牌的 VC/PE 投资机构的收入结构中，只有九鼎投资在 2014 年项目退出收益提成达到 26.9%，其他四家机构的项目退出收益提成占比均不足 10%。同创伟业的

① 也有些基金使用非 100% 追补，即管理公司只能追补一部分未能获得的利润分成。

基金管理费收入占比更是超过95%。明石创新因为2014下半年完成对万达的投资而造成公司直接投资收益大幅上升，压低了管理费和利润提成部分比例。

表3-2 风险投资管理机构收入比例构成 单位：%

管理机构	管理费	利润提成	其 他
KKR	19.8	53.7	26.5
黑石	15.3	72.8	10.9
九鼎投资	33.5	26.9	39.6
中科招商	39.7	5.9	54.3
硅谷天堂	15.3	2.5	82.2
同创伟业	95.5	4.5	0
明石创新	3.1	0.1	96.8

第二节 风险投资基金中的利益冲突

一、风险投资基金中的利益冲突原理

（一）委托代理关系

委托代理关系是在经济活动参与人之间形成的一种关系，其中一方为委托人，另一方为代理人。通过双方签订的契约（或者口头约定），由代理人代表委托人进行决策以及从事日常经营管理活动。在风险投资基金中，投资人作为委托人，管理公司作为代理人，形成典型的委托代理关系。投资人承担出资义务，获得收益权利，将资本提交给管理公司管理。管理公司承担管理义务，享有提取管理费和利润提成的权利。

在理性经济人假设下，代理人的行为目标为个人经济利益最大化，总会与委托人目标产生差异，因此，出现代理冲突。代理冲突产生代理成本，降低交易创造的价值，影响双方收益。在完美市场中，代理成本由代理方承担,[①] 也就是由内部人或者管理者承担。代理人会在产生的代理成本，以及由于所实施行为所产生效用之间进行权衡。当市场不完美时，代理成本将由委托方和代理方共同承担。由于代理冲突导致资产价值损失，与理想状态相比较，委托方和代理方都会遭受损失。因此，理解并处理好委托代理关系，对于委托方和代理方均有好处。

（二）利益冲突根源

1. 权利义务差异

投资人和管理公司之间的权利和义务关系，不仅受到合伙协议的制约，也受到相关法律制约。合伙协议中规定了投资人的出资义务、出资额和时间，规定了投资人参与基金管理的方式、管理公司获取收益形式等；《合伙企业法》则规定了普通合伙人和有限合伙人的法律地位，明确说明有限合伙人不参与管理，不能以劳务入股等。按照法律和协议的规定，有限合伙制基金中明显存在内部人和外部人关系，管理公司作为内部人，投资人作为外部人，两者的权利和义务存在明显区别。

2. 收益来源差异

投资人的收益仅仅来源于投资绩效，与投资绩效之间表现为完全正相关关系。管理公司收益仅仅部分与基金投资绩效正相关。以 π 表示投资利润，Inv 表示投资资本，Ex 表示退出收入，α 表示管理公司利润提成比例，r_h表示优先收益率，投资人的收益S_{LP}可以表示为：

$$S_{LP}=\begin{cases}Ex, & r<r_h\\ Inv+(Ex-Inv)(1-\alpha), & r\geq r_h\end{cases}$$

以 Mg 表示管理费，管理公司的收益S_{GP}可以表示为：

$$S_{GP}=\begin{cases}Mg, & r<r_h\\ Mg+(Ex-Inv)\alpha, & r\geq r_h\end{cases}$$

两类参与人的收益如图 3－1 所示。

---

① Jensen, M. W. Meckling. Theory of the Firm, Managerial Behavior, Agency Costs, and Ownership Structure [J]. Journal of Financial Economics, 1976, 3 (4), 305－360.

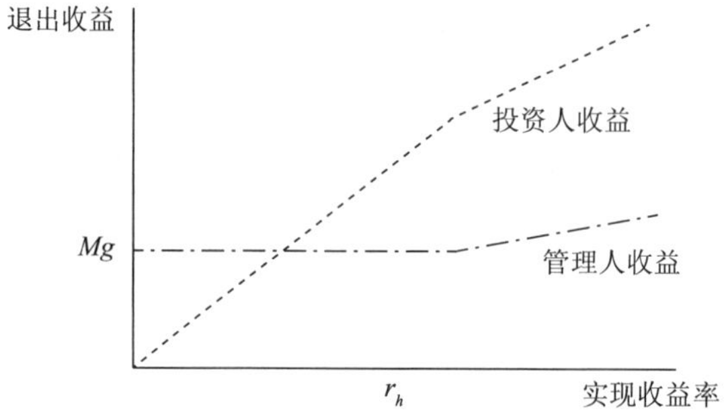

图 3－1　合伙人收益关系图

当$r \geq r_h$，投资人和管理公司的收益方向一致，均为基金业绩的增函数；当$r < r_h$，投资人收益仍然为基金业绩的增函数，但管理公司收益与基金业绩无关。管理公司的收益类似于期权组合收益，当提高投资标的风险时，管理公司期望收益提高，而提高风险，投资人的期望收益下降。

方便起见，以 1 年期基金为例，年初投入 100 万元，年末退出。管理费率 2%，利润提成 20%，优先收益率 8%，实现收益率基于投资资本计算，管理费基于认缴资本计算。基金可以投资于高风险项目，也可以选择低风险项目。不论哪类项目，投资资本额均为 98 万元，都有两种结果，即成功和失败，不同风险项目投资结果如表 3－3 所示。

表 3－3　不同风险项目投资结果

项目类型 / 项目结果	高风险项目		低风险项目	
	成功	失败	成功	失败
退出收益（万元）	196	0	147	49
实现收益率（%）	100	－100	50	－50
投资人期望收益（万元）	88.2	93.1		
管理人期望收益（万元）	11.8	6.9		

表 3－3 中，在高风险项目条件下，投资人的期望收益计算过程为：第一，计算成功条件下收益，为 98＋98×0.8＝176.4 万元。第二，计算失败条件下收益，为 0。第三，计算期望收益，为 176.4×0.5＋0×0.5＝88.2 万元。管理人的期望收益为：98×0.2×0.5＋0×0.5＝11.8 万元。表 3－3 中的计算结果表明，投资人期望收益和管理公司收益，在选择高风险和低

风险项目时有矛盾。

在实践中，管理公司的大部分收入来自于管理费。据统计，管理公司大约30%的收入来自于利润提成，60%来自于管理费，10%来自于其他。[①] 风险投资基金收益表现出右偏性，大部分基金实现收益率较低，小部分实现收益率较高。而且，在资本市场牛市期，风险投资基金收益率高于股票价格指数收益率，在资本市场熊市期，风险投资基金收益率甚至低于股票价格指数收益率。[②] 例如：1990—2007年的18年间，美国市场风险投资基金有2年的收益率为负值，有7年的收益率低于标普500指数（有1年虽然高于标普指数，但数值为负）。基于风险投资基金的高风险特性，在时间上看，管理公司并不总是能够获得利润提成。从结构上看，大多数管理公司不能获得利润提成，管理公司和投资人收益函数表现出差异性。

在有些情况下，管理公司投资低风险项目更有利，也会由于风险选择差异导致投资人受到损失。表3－3中忽略了资本市场高风险高收益的特点，当然在一定程度下，即使考虑了高风险高收益，管理公司倾向提高风险的动机仍然存在。考虑另外一种情况，如果一只基金前期项目经营好，管理公司已经获得了利润提成，但是对于后期项目把握不大，盈亏都有可能。一旦亏损，前期已经得到的利润提成需要退还给投资人。在这种情况下，风险投资家又会倾向于低风险，降低了投资人通过承担一定风险获取较高收益的可能性。

3. 市场效率

市场效率指市场是否能够正确及时地反映资产价值。市场有效性主要取决于相关信息是否能够及时、完整地传播，信息传播越及时、完整，市场效率越高。由于两方面原因，风险投资基金市场（基金投资单位交易市场）效率性较差。第一，市场相关信息不足。与风险投资基金相关的信息包括基金投资组合策略、基金投资标的企业情况、管理公司情况等，然而投资人很难获得关于这些方面较为准确的信息，尤其是难以获得同行业相

---

① Metrick, A., A. Yasuda. The Economics of Private Equity Funds [J]. Review of Financial Studies, 2010, 23 (6): 2303－2341.

② 参见“2014 National Venture Capital Association Yearbook”, p49.

关信息。第二，市场流动性较差。大部分风险投资基金没有二级市场，即使有二级市场，交易活跃程度也弱于股票。一般情况下，投资者在基金设立时投入资本，意味着按照面值买入基金份额，一直持有到基金清算。

低市场效率带来两个方面影响。第一，市场治理作用减弱。市场有效程度高，市场价格对于价值反应准确。一旦管理者经营有问题，有效的激励机制会将资产市场价格的变化反映到管理者收益中。市场价格高，管理者收益高；市场价格低，管理者收益低。同时，当投资者挖掘、加工信息，发现管理者存在的问题，通过资产市场价格变化，信息挖掘和加工成本会转嫁给管理者。管理者的道德风险行为会通过资产价格机制反馈回管理者，产生的代理成本由管理者支付。

第二，多重目标冲突。投资人成分复杂，既有实体企业，也有富裕个人，还有金融机构和政府等，每个投资者都有多重目标，各种类型投资人多重投资目标不同，容易产生不同目标冲突。至少，对于投资来说，不同的投资人的收益风险效用函数不同。相对来说，共同基金面对的是一个有效性相对较高的市场，市场有效前沿（Market Efficient Frontier）容易确定，分离定理①能够更好地发挥作用。对于相对无效市场，分离定理很难发挥作用，不同投资人之间、管理者与投资人之间的综合目标很难一致，相互之间容易就投资组合策略产生冲突。因此，风险投资基金容易产生多重目标协调的问题。

二、风险投资基金中的利益冲突表现

（一）逆向选择

逆向选择（Adverse Selection），指交易者所选择的交易对方或者交易标的，与期望值存在负向偏差。例如：在保险市场中，保险公司希望身体健康的人购买医疗险，而反过来愿意购买医疗险的人可能是感觉身体存在潜在疾病的人。由于保险公司与投保人对于投保人身体存在信息不对称，

① 关于分离定理，指投资人目标和管理人，以及投资人之间的效用函数对于投资组合没有影响。参见黄福广，李西文．投资学［M］．北京：清华大学出版社，2016：57.

并且双方参与人各自追求个人私利最大化，可能实现交易的投保人状况与保险公司期望状况存在差异。

在风险投资基金市场，每年都会有大量新基金出现，甚至新的管理公司也在不断出现。根据 NVCA 统计，① 1993 年，美国市场风险投资基金管理公司有 370 家，2003 年有 951 家，10 年间基金数量从 613 只增加到 1788 只。新的管理公司在刚刚开始基金募集时，宣传力度可能较大，罗列出管理团队各个方面的优秀纪录，同时，有可能为了募集成功，会降低管理费率和利润提成比例。尽管信息不完整，但投资人并没有更多渠道获取必要信息。有可能表面上做出了满意决策，而事实可能恰恰相反。当然，管理公司选择投资人也可能出现同样的逆向选择。优秀管理公司希望选中对基金经营干预较小的投资人，而可能恰恰是挑剔的投资人更愿意挑选优秀的管理公司。

对于现有管理公司募集新基金来说，可能存在着已经清算基金的历史纪录，也可能存在目前基金的经营状况信息，例如：在存续期间计算并公布的基金净值（Net Asset Value，NAV）。良好的历史业绩纪录是管理公司后续基金募集成功的重要支持。然而，上一期基金的业绩良好受很多因素影响，有可能赶上的年景好，也有可能运气好。风险投资基金的经营业绩好坏，运气发挥着不可忽略的作用。历史好业绩并不能保证未来业绩也好，投资人仍然可能做出低于预期的选择。根据 Braun et al. 的研究，私募股权基金业绩表现出较差的可持续性，也就是难以使用历史业绩对未来业绩做出较为准确的预测。②

对于资产交易来说，逆向选择影响交易双方的利益分配。对于价格高于预期的交易资产，买方遭受过高股价的损失。风险投资基金的逆向选择风险，不仅仅影响交易双方的利益分配，而且会引起价值下降。当投资人发现管理公司的能力不及预期，也很难结束已经形成的交易。根据合伙协议成立的基金，更换普通合伙人相当于基金解散。基金单位流动性差，投

---

① 参见“2014 National Venture Capital Association Yearbook”，p10.

② Braun，R.，T. Jenkinson，I. Stoff. How Persistent is Private Equity Performance? Evidence from Deal - level Data [J]. Journal of Financial Economics，forthcoming，2016.

资人也很难单方面结束交易。可想而知，在这种情况下继续合作，将会产生很多问题。

（二）管理公司努力程度

努力程度是委托代理关系中的常见问题。委托人和代理人收益函数存在差异，对风险偏好程度也存在差异。在有些情况下，增加劳动，而不提高收益，代理人每单位劳动的边际净效用可能为负值。如果管理公司预期很难获得利润提成，而管理费不随努力程度而改变，就有可能出现劳动负效用。净效用指有风险的收益增加带来的效用，减去劳动的负效用。面对负的边际净效用，代理人必然不愿意提高劳动付出。为了解决边际负效用问题，委托人通常会采用与业绩相关的激励机制，例如：上市公司的高管期权和股权激励，风险投资基金中的利润提成。

即使在与业绩相关激励机制下，努力不足仍然可能存在。有些工作业绩的随机程度较高，影响因素众多，致使努力程度与业绩相关性较差。代理人并不能期望通过提高努力程度，一定会提高工作业绩。利用期望值计算，仍可能会出现代理人劳动的边际负效用。在这种情况下，建立与劳动程度而不是业绩挂钩的激励机制更有效。对于劳动程度难以测量的工作，这种机制并不能见效。

风险投资基金的价值，既与管理公司对标的企业的努力筛选有关，也有事后参与标的企业增值服务有关。在风险投资从资本投入到退出的整个过程中，每个环节的劳动都与基金价值密切相关。同时，风险投资的工作性质使得劳动强度和时间都难以测量。风险投资家在阅读新闻、玩手机游戏的时候，也有可能与工作相关，并且很可能与未来某些项目的选择有关。

（三）管理公司专注性

专注性是风险投资基金特殊的委托代理问题，指管理公司不能专注于已发行基金的管理工作，而是转向发行新基金。通常每一个管理公司管理若干只基金。根据 NVCA 统计，2013 年，美国风险投资管理公司平均管理大约 2 只基金。管理公司管理多只基金是普遍现象。例如：深圳市创新投资集团有限公司先后管理 80 只基金，近五年平均每年新募集基金 5.2 只，中科招商投资管理集团股份有限公司则先后管理 92 只基金，仅 2010—2011 年两年就新募集基金 37 只。①

根据前文数据，在管理公司全部收入中，管理费占主要部分，大致平均占到 60%。对于 10 年基金，每年 2% 的管理费率，相当于 20% 的总费率。管理公司管理的基金数量越多，管理费的规模效应越明显。在上一只基金接近投资期结束时，② 通常管理公司开始募集下期基金，甚至更早开始募集下期基金。不同期基金的投资者往往不一致，管理公司在不同基金上投入的精力不同，会导致不同投资者之间的价值转移。当风险投资家预期前一期基金业绩增长幅度较小，获得利润提成的可能性较小时，会将精力投入到下一期基金。对于前一期基金投入精力少，管理公司损失不大，甚至没有损失；而集中精力经营后一期基金，有可能因为业绩大幅度提升，获得利润提成，管理公司有利可图。前一期基金投资者价值相对下降，后一期基金投资者价值相对提高。

即使前后两期基金的投资人相同，也会由于同时管理多只基金存在利益转移问题。例如：管理公司募集的两期基金总额均为 2 亿元，存续期 10 年，利润提成 20%，优先收益率为 8%。两只基金在存续期内的管理费总额均为 $2\times20\%=0.4$ 亿元，即 4000 万元。为了便于计算，假设两期基金均在募集后投入全部资本，10 年到期退出。管理公司的努力程度有三个级别：高、中、低。管理公司努力程度高，则基金在 10 年内的年化收益率为 12%；努力程度中等，年化收益率为 8%；努力程度低，年化收益率为 3%。在后两种情况下，管理公司不能获得利润提成。两个基金平均分配劳动，则努力程度均为中。在有偏分配情况下，一个基金努力程度高，另一个基金努力程度低。在不同劳动努力程度分配情况下，投资人和管理公司所获收益如表 3－4 所示。

---

① 截止到 2015 年年底，数据来自于投中数据库。

② 对于较长期基金，例如：10 年，投资期大约占到存续期的 1/2 长度。

表3－4　不同劳动分配情况下投资人与管理公司收益　单位：万元

实现收益＼劳动分配方式	平均分配		有偏分配	
	基金1	基金2	基金1	基金2
基金实现收益率（%）	8	8	3	12
基金退出收益	43178	43178	26878	62117
投资人收益	86356		80572	
管理人提成收益	0		8423	

当管理公司采用了有偏劳动分配，利润提成从0提高到8423万元。两种情况下管理费提取完全一致。对于投资人，总收益则从86356万元，下降到了80572万元。交易参与双方对于劳动分配方式产生冲突。当然，在有偏劳动分配条件下，如果基金2的收益足够高，则有偏劳动分配对于双方都有好处。

（四）管理公司关键时点操控

风险投资基金中的关键时点，主要包括资本投入时点、退出时点。管理公司对风险投资基金的时点操控，指有意改变资本投入时点和项目退出时点。首先，资本投资时点和退出时点的改变，会改变管理费提取额。如果风险投资基金在整个存续期间，不论是否投入和退出，均使用认缴资本总额作为管理费计算基数，则不存在管理费提取额的变化。有些情况下，基金管理费按照实缴资本为计算基数。如果管理公司预期获得利润提成的可能性较小，或者数额较小，会更注重管理费收入。通过提前进行资本投入，推迟项目退出时点，人为加大实缴资本额，提高管理费提取额。管理公司的管理费收入提高，但是基金投资效率下降。

改变时点会改变管理公司收入构成。例如：基金目前有项目退出，并且管理公司已经获得了利润提成。但根据各方面情况判断，后续项目退出预期效果较差，很可能会触发钩回条款。在这种情况下，管理公司有意推迟差项目退出时点，可以推迟利润提成的钩回时间，在较长时间内获得一笔无息贷款，从而获得时间价值收入。当管理费提取基数转换为认缴资本，也会产生推迟投入，或者提前退出的问题。管理公司不论是否投入，均可以获得管理费收入，而一旦资本投入不慎，会拉低整个基金的收益率，影响好项目的利润提成。对于风险高的项目，也可能出于谨慎原因，保护现有利润提成，会过早退出，损失未来可能存在的高成长。

（五）投资人过度干预

不论是根据合伙人协议，还是根据《合伙企业法》，合伙制风险投资基金的投资人均没有对基金各种事务的决策权。一般情况下，基金中所设立的投资人大会，或者各种咨询委员会，主要目的在于加强管理公司和投资人之间的沟通，传递信息，方便投资人提出各种要求和建议等。通过各种途径，管理公司接受投资人信息和建议，独立做出决策。在面临高度信息不对称和不确定条件下，保持独立性，有利于管理公司做出更科学和及时的决策。

然而，投资人出于对资金安全和收益性的担忧，产生过度关注，甚至干扰管理公司的正常经营，以至于不能按时拨付需要支付的认缴资本。过度关注和干扰，使得管理公司抽出大量时间进行解释、协调，增加了工作压力，分散了投资管理精力。例如：成立于2007年的温州东海创业投资合伙企业（基金），管理公司为北京汉能杰思资产管理公司，有限合伙人包括企业和自然人。有限合伙人评价管理公司，“北京杰思对于项目分析都是文绉绉的，没有对中国民营企业的考核，而只有书本经验，对很多项目的判断都失实，太书面化”。① 双方在观点上的分歧，使得基金经营面临困难。

投资人过度干预，在很大程度上是逆向选择的结果。投资人在签订协议之前，根据所掌握的信息，选择了管理公司所募集的基金，成为有限合伙人。当基金开始运行之后，发现管理公司的经营风格甚至经营能力与预期存在较大偏差，因此，希望通过采取行动进行自我保护。然而，在风险投资基金中，这种自我保护很可能效果不好，反而可能降低基金价值。

① 参见网页 http：//capital. cyzone. cn/article/40248/，2016 年 9 月 4 日。

第三节　风险投资基金利益协调措施

一、收益分配机制

（一）管理费调整

管理费支付的目的是保证管理公司正常运营，但是管理费的固定支付方式，容易导致激励扭曲，一种可能的调整形式是实施预算制。具体实施方法，可以大幅度降低固定管理费比例，超过固定管理费部分，由管理公司向投资人委员会定期提出预算计划，由投资人委员会批准，并且在每个预算期结束时，向投资人委员会提交实施结果。对于超出预算部分，由管理公司垫付，在期末结算时，经投资人委员会批准，补足管理费超支部分。对于究竟在多大比例上，管理费按照预算支出的问题，不同的基金应该有不同安排。

预算管理费制实施困难可能表现在几个方面。首先，来自管理公司的反对。管理费的设计本身就是支付日常运营，从平均水平来说，市场常见的管理费水平基本与日常运营开支持平。部分管理公司由于管理水平高，成本控制好，出现管理费节余。采用预算制，会降低管理公司节约成本的动机。其次，抵消管理费的激励作用。风险投资管理公司的收入结构，是长期实践的结果，已经在业界形成惯例。风险投资基金业绩好，有利于后期基金募集以及扩大基金规模，并提高管理公司提取的管理费总额，形成对管理公司的激励。当大部分基金不能获得利润提成时，管理费成为管理公司主要收入来源。因此，降低管理费，会降低激励程度。再次，错过投资机会。由于基金实施支出预算管理，管理公司自主活动安排受到一定限制，容易错过某些临时发现的投资机会。

（二）利润提成调整

对于利润提成的调整，主要指对钩回条款和优先收益率和利润提成比例进行调整。钩回条款设计缺陷，主要是钩回时间问题。如果钩回仅发生在基金到期时，当基金的前期投资获得了利润提成，预期到后期投资收益较低，发生钩回的可能性大，管理公司可能会推迟后期投资退出时间，因而推迟钩回发生时间。应该钩回而未实现钩回部分的利润提成，成为管理公司从投资者手中获得的无息贷款。

对于钩回条款形成代理问题的解决措施，可以采用利润提成监管的方法，也可以对利润提成收取贷款利息。所谓监管，指利润提成不分配给管理公司，而是进入一个第三方监管账户，直到基金清算为止。所谓收取贷款利息，指针对以后会钩回部分的利润提成，投资人对管理公司收取贷款利息。两种方法都存在资本利用率下降问题，产生资本的时间价值成本。

在风险投资实践中，优先收益率通常根据行业惯例来确定。然而每个风险投资基金投资策略不同，承担风险不同，与风险相匹配的收益率也应该不同。针对风险不同的风险投资基金，确定相同的优先收益率，容易产生代理成本。相对于匹配的收益率来说，优先收益率确定过低，管理公司很容易获得利润提成，因此，可能会降低承担风险动机，投资行为偏向保守；优先收益率确定过高，在通常情况下，管理公司不容易获得利润提成，可能会导致投资行为过于激进，承担风险过高。两种行为都会导致投资人收益下降。

优先收益率在本质上为投资者的机会成本。根据金融理论中的收益风险匹配原理，承担高风险，应该获得高收益。其一，风险投资基金的投资风险高于公开交易股票指数的投资风险，例如：ETF 指数基金，因此应获得更高的投资收益率；其二，既然为机会成本，即是指通过投资者可行投资机会获得的最大收益，需要根据投资者可实现的机会确定机会成本，通常指通过公开市场投资收益确定，例如：股票价格指数；其三，在确定优先收益率时，尽可能使用长期指数收益率作为比较基准，结合短期内的收益率预期，以及风险投资基金风险进行调整，例如：投资于高科技初创期企业的风险投资基金优先收益率应适当提高，而 Pre - IPO 基金的优先收益率可适当降低。

关于利润提成，有研究表明，[①] 风险投资基金的投资收益（IRR）与基金利润提成比例存在关系。投资收益高的基金，提取的利润提成比例也高。其原因在于能力较强的管理公司，能够确认基金的较合适规模，并且不愿意以降低收益为代价扩大规模，为了保证管理公司利润总额，会提高利润提成水平。从投资人即有限合伙人 LP 的角度，很难判断什么样的规模更合适。为了避免管理公司为追求管理费而扩大基金规模，风险投资基金可以设定累进利润提成；当基金收益超过基本优先收益率时，管理公司获得基本利润提成。当基金收益获得更高收益时，可以获得追加的补偿利润提成。例如：设定 8% 和 12% 两个优先收益率，当基金收益超过第一个优先收益率 8% 时，获取 20% 比例的利润提成；当基金收益超过 12% 时，利润提成比例从 20% 调整为 22%。

二、投资人监控机制

风险投资基金中管理公司与投资人之间的冲突，部分源自于投资人对于管理公司较弱的监控。根据合伙人协议，投资人不参与基金管理。尽管如此，在可能的条件下，尽可能发挥投资人监控作用，可以在一定程度上降低代理成本。例如：基金设立各种投资人参与的委员会，使投资人通过委员会发挥一定作用。常见的投资人参与委员会包括决策委员会、顾问委员会和投资人大会等。

（一）投资决策委员会

投资决策委员会可以由普通合伙人和有限合伙人共同组成，也可以引入部分外聘行业专家、法律专家等专业人士共同组成。在重大事务决策上，这种方式会在一定程度上限制普通合伙人的自主决策权，保护投资人的权益。同时，外聘财务、律师等专业人员参与合伙企业重大事务的决策，又能在一定程度上防止投资人权力的滥用，三方主体互相制衡，从而最大程度上保护了双方利益。缺点是需要确定有限合伙人和外聘专家在多

---

① Lerner, J., A. Shoar, W. Wongsunwai. Smart Institutions, Foolish Choices? The Limited Partner Performance Puzzle [J]. Journal of Finance, 2007, 62 (2): 731 - 764.

大程度上拥有决策权。

（二）顾问委员会

普通合伙人和有限合伙人授权代表以及聘请律师、金融财务方面的专家组成顾问委员会，其主要职责是对如下相关事项进行讨论并做出决定或向管理公司提出建议：管理公司提交顾问委员会讨论的有限合伙人与普通合伙人之间潜在利益冲突的投资事项、普通合伙人与有限合伙企业的关联交易事项、与普通合伙人共同决定基金存续期是否需要延长、与普通合伙人共同决定更换托管银行、有限合伙协议规定的其他应当由顾问委员会评议的事项、普通合伙人认为应当征求顾问委员会意见的其他事项。外聘专业人员对投资决策事宜具备特定领域的专业技能和判断水平，能在一定程度上为管理公司处理有限合伙的事宜提供合理的建议，使得有限合伙风险投资基金在规避风险的前提下最大程度上创造利益。

（三）合伙人会议

由普通合伙人和有限合伙人共同组成全体合伙人会议，对《合伙企业法》中规定由全体合伙人共同决定的事项做出规定。合伙人会议的职责主要有：审核管理公司起草的基金年度（业绩）报告；除明确授权普通合伙人独立决定事项之相关内容外，合伙协议其他内容的修订；批准普通合伙人转让所拥有的有限合伙权益和退伙事宜；批准新有限合伙人入伙及原有限合伙人退伙事宜；决定基金的结算和清算事宜；《合伙企业法》规定应当由合伙人会议决定的其他事项。合伙人大会可按照约定定期召开，并且在大会期间，普通合伙人应答复有限合伙人所提出的各种关于基金经营管理问题，对所提出的各种质疑予以解答。

三、其他机制

（一）投资人跟投

投资人跟投，指风险投资基金的有限合伙人，不仅利用基金中的份额，由管理公司运营进行标的企业的投资，还可以在管理公司做出投资决策后，通知有限合伙人，由有限合伙人利用基金投资之外的资本，对标的企业做出自主性投资。例如：管理公司决定对 A 公司进行投资，并通知 L

有限合伙人可以跟投。此时，L有限合伙人可以根据自身资金情况和投资规划情况，决定是否对标的企业进行独立投资。投资后的收益与风险，与风险投资基金无关，L投资人获得跟投的投资收益，承担由此带来的风险。

跟投主要为有限合伙人带来三方面好处。第一，可以降低投资成本。有限合伙人将资本投资于风险投资基金，需要支付管理费和利润提成，而通过跟投方式，直接进行投资，可以节约这些支出。通过跟投方式进行的直接投资，可以大幅度降低投资的代理成本。第二，有利于有限合伙人对于投资进行监控。当有限合伙人进行跟投时，由于需要完全独立做出投资决策，承担投资风险，必然对于投资项目进行严格审查，尽可能收集有关信息，对投资项目进行评估。有限合伙人利用收集的信息，得出相关评价，可以为管理公司提出更有价值的建议。第三，对于跟投的项目，投资人投资期限更为灵活，容易掌控，更容易避免管理公司对投资期限的控制。

出于三方面原因，普通合伙人会在一定程度上限制跟投。第一，削减了管理公司收入。当普通合伙人与有限合伙人签订了跟投条款后，有限合伙人会在一定程度上减少对基金的投资份额，使普通合伙人减少管理费和利润提成收入。第二，存在有限合伙人差异对待问题。通常情况下，跟投不是对每一个有限合伙人都同等对待，资金额较大的有限合伙人和长期合作合伙人更容易获得跟投待遇。管理公司通过确定有限合伙人跟投，人为设置了有限合伙人之间的不平等，容易导致有限合伙人之间的冲突。第三，过度干预。当有限合伙人获得必要信息后，容易实施对管理公司的监控。但有限合伙人通常专业知识不足，对投资决策分析片面，因此，容易造成有限合伙人过度干预问题。

（二）二级市场

二级市场指对风险投资基金份额的交易市场。目前，世界上大部分风险投资基金份额不存在二级市场，因此，对于封闭式的风险投资基金，一旦投资者投入后，需要等到基金退出时，才能有机会获得本金回收，计算投资收益。因此，相对于存在二级市场来说，不可交易的风险投资基金份额流动性差。当投资者与管理公司形成代理关系后，一直保持到基金到期为止。

如果基金份额可交易，基金的各种情况会通过市场交易价格得到反映。例如：如果基金的投资预期不好，基金份额的价格低。当管理公司希望进行第二期基金募集时，尽管第一期基金尚未到期，但市场价格已经在一定程度上反映了基金未来业绩的预期，如果价格低，则不利于第二期基金的募集。因此，可以在一定程度上降低基金的代理成本。当然，二级市场价格可能不能准确反映真实情况，也可能产生新的问题。

（三）无过错终止条款

所谓无过错终止条款，指即使管理公司没有协议规定的过错，当有限合伙人对管理公司投资结果不满意，也可以通过全体合伙人大会，投票决定与管理公司解除合约。解除合约意味着现有合伙企业解散，有限合伙人或者聘请新的管理公司，或者基金解散。无过错终止条款属于事后监督，解除合约和聘任新的管理公司均需要支付一定的成本，会给基金带来一定的损失。因此，有限合伙人在执行该条款时需要高度谨慎，可以将其作为最后的选择。

（四）持有基金份额

持有基金份额，指通过风险投资基金合伙协议，规定管理公司需要持有必要的基金份额。至于持有份额的多少，需要根据基金具体情况而定。风险投资基金的行业惯例，为管理公司投资于1%的基金份额。通常情况下，与基金规模对比，风险投资家个人财富所占比例较小，当要求投资份额较大时，可能导致风险投资家对于风险感受过高，产生投资保守心理。因此，管理公司持有份额并不是越大越好，而是根据基金投资标的、管理公司声誉等综合确定。

Venture Capital Fund

风险投资基金

第四章
风险投资基金的投资

风险投资基金的投资环节是风险资本运作的核心环节，对风险投资基金的获利和长期发展具有重要影响。与其他资产投资一样，风险投资基金在投资过程中需要对投资对象进行严格筛选，并进行尽职调查。所不同的是，风险投资可以依赖的数据信息少，需要更多的职业判断。

第一节　风险投资基金的投资对象

不同风险投资基金的投资策略不同，表现出对不同类型投资标的的偏好。掌握风险投资对象特点和类型，是进行筛选和投资的前提。

一、风险投资基金投资对象的特点

（一）投资对象经营管理存在高风险

风险投资对象经营管理中存在的高风险主要表现在技术风险、市场风险、管理风险和财务风险等方面。

1. 技术风险

技术风险指投资对象所拥有或正在开发的技术，能够开发成功，以及应用前景存在不确定性。首先，企业在技术开发的早期，存在试验失败的可能性。尽管从总体上讲，人类社会总是在不断的技术进步中前行，但每一项成功技术的应用都建立在大量失败的基础上。其次，在实验室研发成功后，技术能否实现大规模生产依然存在各种不确定性。大规模生产需要的条件设备、工艺流程、人员分工等诸多方面都与在实验室下的环境存在较大差异性。大规模生产风险还表现为成本问题，即有可能因为难以降低成本而阻碍商业化进程。风险投资基金倾向于投资具有高科技含量和良好发展前景的企业，在分析企业技术风险时应当充分分析企业拥有技术大规模生产的条件和特点。再次，现代技术进步发展和更新速度快，有些技术在出现后，可能很快被更新的技术替代，企业拥有的技术在能否引领行业发展的方向、是否具有投资价值、能否实现预期结果等方面都存在较大不确定性。除了投资对象的技术存在不确定性外，配套技术的成熟和完备情况也会影响投资对象的技术发展前景和寿命，增加了风险投资对象的技术风险。

2. 市场风险

市场风险指企业所生产的新产品，可能存在着市场销路不畅，或者由于购买价格较高市场接受程度差，无法实现预定销售规模，因此，产生企业经营风险。一般情况下，新创企业的创新性产品首先要获得足够的市场容量，之后再逐步降低产品生产成本，实现盈利。企业要获得足够的竞争力，就需要创新性强的产品，但此类产品面临较大的市场接受风险。如果企业在没有准确把握市场需求的情况下，就将新产品投放到市场，会给企业生产经营带来巨大风险，不仅难以实现预期收益，而且会损失前期投入。同时，新创企业往往经营规模小，竞争实力有限，如果出现规模较大、资金和技术实力较强的竞争对手，竞争优势很容易受到冲击。在不断追加投入、持续扩大规模的过程中，风险投资的市场风险也在不断累积。当风险资本投入到一定规模，企业市场销售规模未能随着资产额的增大而同步增长，会给企业经营带来很大挑战。

3. 管理风险

管理风险指由于新创企业管理能力不足、管理制度不完善，导致企业管理中经常出现难以预料的问题，由此造成企业经营结果的不确定性。很多企业创始人有较强的技术开发能力，当技术开发成功并发现市场机会时，新创企业的发展就会转向市场开发和内部管理阶段，很可能出现各种各样的管理问题。尤其当新创企业接受了风险资本投资，规模迅速扩张，企业在管理方面的缺陷就会逐渐暴露，例如：经营流程管理、成本管理、人事管理等。

风险投资基金经常投资具有科技创新性的企业，但是这类企业的管理方式同样需要创新性，这就对管理提出了新的要求。工业革命催生了现代化大工业层级式组织结构，伴随而来的是层级化管理模式。企业的董事会下设总经理，并下辖不同副总经理和各个职能部门、各个分厂或者车间，依此类推，层层分级。但是在创新性强、具有知识密集型特点的企业，由于产品和技术特点，导致传统管理模式难以提高企业经营效率。例如：在高科技企业中，大量的科技员工构成了企业最重要的资产，企业价值不再体现在有形资产或固定资产上，而是集中体现在员工能力上。企业提高市场价值的手段，更大程度上取决于人力资源管理的效果，而不是资产的管理。同时，互联网等技术的发展导致企业内外部沟通越来越便利，层级间隔逐渐模糊。如果管理者不能适应企业特点、改变管理方式，容易带来较高的管理风险。

4. 财务风险

财务风险指企业财务状况不稳定，导致不能偿还到期债务，致使企业破产清算的风险。新创企业的财务风险较高，主要有以下几个方面的原因：首先，新创企业，尤其是科技型新创企业，有形资产少，无形资产多，由于缺乏抵押，多数仅能从银行获得短期贷款，导致企业短期内偿债压力较大；其次，新创企业的产品市场不稳定，因而财务现金流也不稳定，甚至由于投资（包括固定资产和流动资产投资）需求较大，企业经常出现现金流赤字，需要不断获取外部融资补充。当外部融资面临困难时，企业容易陷入财务困境；再次，新创企业财务风险管理能力较弱，缺乏完善的内部控制体系，一旦出现财务困境，可采用的解决办法和措施少，具有较高的破产概率。在无形资产占比较大的情况下，企业破产损失的价值会更大。

一般情况下，为了控制投资风险，风险资本对初创企业会采用阶段性投资策略，即不会一次性提供企业全部可预期的资金需求，而是分阶段投入。分阶段投入中的阶段，通常以某些可明确判断的标志性节点为依据。如果以年报为依据，则每个投资阶段大概为 1 年期。1 年后，如果企业业绩符合预期，风险资本会进一步提供企业下个阶段发展所需资金。如果依据财务数据之外的其他节点，例如完成产品商业化制造，或者申请了某种类型的专利，则需要风险资本与被投资企业进行谈判。到了事前约定的节点，如果企业未能达成目标，就会遭遇资金短缺，形成财务风险。

（二）投资对象未来具有高成长性

风险投资基金投资对象既具有高风险特点，也存在未来高成长的潜力。只有当投资对象未来具有高成长性，风险投资基金才能为了获得较高的投资收益主动承担投资风险。

1. 产品拥有良好的市场潜力

产品是否拥有良好的市场潜力，可以从两方面来看。一方面，产品未来市场预期好，需求大，竞争力强。拥有良好市场前景的产品，应当符合消费者当下甚至是未来的消费习惯，有广泛的消费群体。企业可以是开辟了全新的市场，也就是“蓝海战略”；也可以挖掘市场潜在需求，创造消费者需求，将小众消费拓展开发成大众消费。企业利用新技术获得市场垄断性，降低产品需求的价格弹性，伴随着市场销售收入的增加，将会获得丰厚的利润。例如：苹果公司通过科技创新陆续推出 iPod、iPhone、iPad 等一系列产品，并获得消费者青睐，树立了良好的产品形象和品牌声誉，奠定了在消费电子领域的领导地位，提高了企业竞争力。

从另一方面看，企业拥有市场潜力，意味着产品能够在未来获得不断增长的市场份额和销售量。然而企业未来的市场状况受到众多因素的影响，存在较高的不确定性。1991 年，摩托罗拉投资 4 亿美元建立铱星公司，1997 年，铱星系统投入运营，被看好的铱星公司股票大涨，股票价格从发行时的每股 20 美元飙升到 1998 年 5 月的 70 美元。这个被市场看好的未来之星公司，随着铱星商业化运营失败而破产。产品的市场潜力伴随着市场风险，只有在被市场证实后，企业的价值才能在资本市场上得到确认。

2. 企业具备核心资源

企业成长的关键因素是其拥有的核心资源，Prahalad & Hamel 所倡导的核心竞争力观点并不过时。① 企业的核心能力孕育了产品竞争力，是企业实现利润的根基，对于具备潜在成长性的企业更是如此。即使一个企业发现了新技术和新商机，如果不具备核心资源，就不具备核心竞争力，竞争者一旦很快获得同样或者类似的技术和商机，企业的成长潜力就无法实现。

当然，不同企业具备的核心资源具有差异性。对于新创企业来说，好的管理团队、具有潜力的技术和产品是企业的重要资源。企业能否实现成长，在于这些资源是否能够持续发挥作用。一个具有较高成长潜力的企业，应当具备专业性较强的人才队伍，可以提高企业的创新能力和研发能力，通过不断地创新保证企业不断的成长和获利。另外，如果企业具备特殊的技术专利，通过技术垄断获得更为持久的垄断收益，企业可以保证自

① 参见 Prahalad, C. , G. Hamel. The Core Competence of the Corporation [J] . Harvard Business Review, 1990, May - June: 79 - 91.

身的不断成长。企业管理的核心任务就是经营决定企业成长的关键资源。

（三）投资对象的J型成长曲线

J型成长曲线在几何形状上如图4－1所示，指企业成长过程出现先降后升的形态，低于横轴的洼地区域称为“死亡谷”。[①]“死亡谷”用以形象地表示新创企业的成长规律，是风险投资过程中的一个常见现象。在新创企业成长过程中的“死亡谷”，指以企业利润或者企业现金流为测量标的，企业盈利总额从微盈或者微亏到大幅度亏损的过程。图4－1中曲线的最底部表示企业经历“死亡谷”阶段。当企业从亏损到反转出现盈利，再到大幅度盈利，称为跨越“死亡谷”，也可以表示为跨越J型曲线。[②]

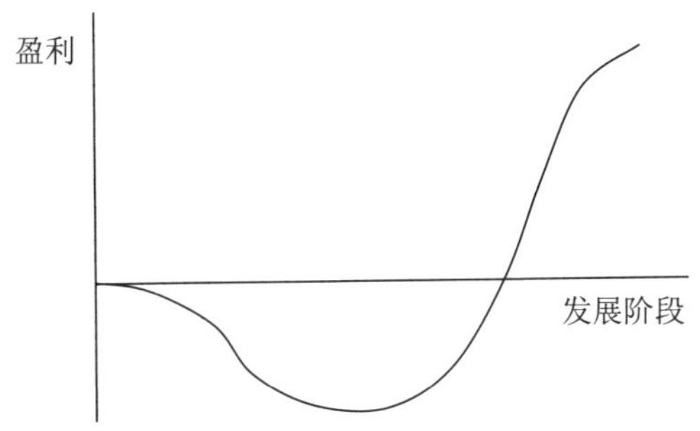

图4－1　新创企业成长过程示意图

企业成长表现出J型曲线的过程描述如下。创始人以所拥有的技术或者创意创建企业后，在初始小规模投入的条件下，企业可能出现微小的亏损，或者有微小的盈利。企业在初步获得成功的情况下，为了实现快速成长，会加大资本投入，例如：购买设备，进行技术研发，开拓市场，大量的投入在会计上形成企业成本。[③]由于新产品的市场开发存在难度，销售收入的增长慢于成本的增长，随着企业投入不断增加，亏损也在不断增加。在这个阶段，很多企业无法继续经营下去而宣布失败，企业成长“死

① 源自美国加州东部的“死亡谷”公园（Death Valley National Park），该区域处于海平面之下，气温异常高，不适合大部分动物生存。

② Meyer, T., P. Mathonet. Beyond the J－curve [M]. John Wiley & Sons, Ltd, 2005.

③ 大多数情况下，研发支出会直接形成成本。购买设备加大折旧，也会形成成本。开拓市场、劳动成本、管理费用直接形成成本。

亡谷”由此而得名。当企业规模继续扩大，亏损会逐渐减少，直至盈利，企业高速成长的潜力将变为现实，高成长价值得以证实。

J型成长曲线，意味着企业的投资者在较长的一段时间内，无法通过股息形式获得收益，甚至随着企业规模扩大，投资者还需要不断投入。风险资本对于新创企业的投资和估值，来自于对于跨越谷底之后现金流的期待。与数学上的期望不同，新创企业未来现金流很难说符合哪种类型的概率分布。企业在未来是否真的会像期待一样，产生盈利以及现金流，存在着极大不确定性。如果不能走出谷底，新创企业即告失败，风险资本难以收回投入的大部分资本。因此，对于规模增长迅速的新创企业，出于分散风险的需要，多家风险资本往往进行联合投资（Syndication）。

二、风险投资基金的投资对象类型

（一）风险投资基金的投资企业类型

1. 划分依据

根据投资企业类型不同，风险投资基金的投资对象可以分为高新技术企业和其他企业。根据国家科技部、财政部和税务总局联合颁布并于2016年1月开始实施的《高新技术企业认定管理办法》，高新技术企业指在国家重点支持的高新技术领域内，持续进行研究开发与技术成果转化，形成企业核心自主知识产权，并以此为基础开展经营活动，在中国境内（不包括港、澳、台地区）注册一年以上的居民企业。其中，国家重点支持的高新技术领域包括：电子信息、生物与新医药、航空航天、新材料、高技术服务、新能源与节能、资源与环境、先进制造与自动化。

2. 高新技术企业特点

高新技术企业首先具有技术密集和知识密集的特点，已经拥有或者正在开发的技术创新性强。高新技术企业建立竞争优势的关键在于技术是否具有创新性，技术创新性是企业未来高利润和高增长的基础。高新技术企业由于需要进行技术开发，需要长期和大量科研投入，融资需求量较大。技术创新活动面临着一系列的不确定性，技术风险和市场风险一直伴随着企业发展成长的全过程，“死亡谷”现象更为明显。一旦跨越J型曲线的底部，企业创新成果迅速占领市场，获得先动优势，风险资本的投资将会获得丰厚的回报。风险资本在投资评估时，对高新技术企业考核的重点在于技术潜力。

3. 其他企业特点

与高新技术企业相对应的就是其他企业。与高新技术企业相比，其他企业生产技术含量不高，竞争优势来自于传统配方或者地理优势等非技术因素，其创新主要来自于商业模式创新。例如：可口可乐公司的配方为公司提供了长久的竞争优势，给公司发展奠定了坚实的基础。风险投资获利来源是被投资企业的成长，现有优势的可复制性保障了企业的成长性，成长的风险主要是在复制过程中的商业风险，而非技术开发风险。风险资本针对其他类型企业的投资评估的重点在于商业模式复制。

4. 风险投资标的企业类型结构表现

根据《中国创业风险投资发展报告2014》统计，我国风险投资基金投资行业数量分布如表4－1和图4－2所示，金额分布如表4－2和图4－3所示。风险资本投资于高新技术企业的比例大致在60%左右，几年内所占数量比例基本保持稳定。从投资金额来看，高新技术企业投资所占比例有所下降。

表4－1　我国风险投资基金投资项目数量的年度行业分布　　单位:%

年份	2006	2007	2008	2009	2010	2011	2012	2013
高新技术行业	67.9	65.5	63.2	67.7	67	53.4	55.3	61.3
其他行业	32.1	34.5	36.8	32.3	33	46.6	44.7	38.7

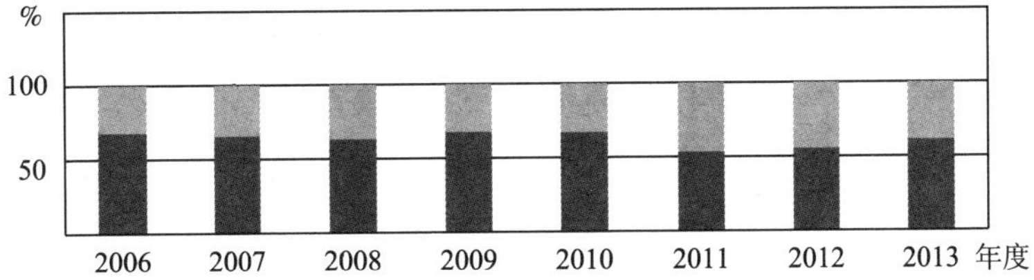

图4－2　我国风险投资基金投资项目数量的年度行业分布

注：柱状图中较深部分为高新技术投资，较浅部分为其他投资。

表4－2　我国风险投资基金投资金额的年度行业分布　　单位：%

年份	2006	2007	2008	2009	2010	2011	2012	2013
高科技行业	62.2	51.1	55.2	52.3	52.4	44.9	47.6	50.4
非高科技行业	37.8	48.9	44.8	47.7	47.6	55.1	52.4	49.6

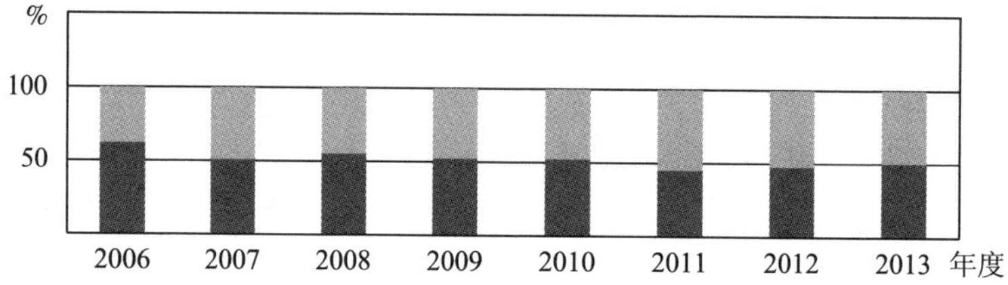

图4－3　我国风险投资基金投资金额的年度行业分布

注：柱状图中较深部分为高新技术投资，较浅部分为其他投资。

（二）风险投资基金的投资阶段类型

风险投资基金投资对象根据其成长阶段特点可以分为成长早期（Early Growth）之前企业和扩张期企业。

1. 成长早期之前企业特点

成长早期之前企业，包括初创期和成长早期企业。企业的工作重点和风险点在开发技术，进行商业化探索，构建盈利模式，规范化企业管理。由于技术和市场开发具有众多不确定性，企业对于融资的需求也具有不确定性，通常企业融资需要多轮次完成。风险资本投资初创和成长早期企业，除了提供货币资金外，还需要在制定战略、招聘员工、制定工作流程、设计管理制度等方面提供必要的帮助。风险投资家需要具备必要的管理经验和知识，从而帮助企业获得成长。

从收益风险匹配来看，初创期和成长早期企业成长潜力大，但风险较高。对于风险资本来说，单项投资的收益率高，但是失败率也高。从总体上讲，风险资本投资初创期和成长早期企业的平均收益率应该高于投资扩张期及之后企业，但是由于企业各方面因素难以确定，企业估值难以应用估值模型。估值通常根据行业对比和各项成本累计开支，通过投资方和创始人谈判而确定。企业估值在很大程度上是个谈判结果，受主观因素影响较大，例如：双方的谈判地位。

2. 扩张期企业特点

扩张期也称为成长后期。在这个时期，企业的工作重点和风险点在产品市场开发和盈利模式复制，通过融资扩大规模，从而实现销售收入和盈利的快速增长。在此阶段，企业尽可能扩大融资，并在快速扩张的同时加强内部管理。为了在销售收入快速增长的同时获得利润的同步增长，控制成本成为管理重点。

在此阶段，企业盈利模式得到确认，经历以及正在经历高速成长，在高速成长过程中，企业管理不规范问题逐步暴露。风险资本投资后，建立规范化的公司治理结构，规章建制，理顺管理流程，成为风险资本帮助企业成长的重要任务。同时，风险资本应具备必要的金融市场经验和知识，帮助企业获得成长过程中必要的资金，并为投资退出做准备。

从收益风险匹配来看，扩张期企业已经获得了一定成长，未来成长潜力在一定程度上得到证实，风险降低。相对于风险资本投资来说，单项投资的收益率下降，投资成功率提高。根据市场规律，从总体上讲，平均收益率应该低于对成长早期之前企业的投资。扩张期的企业基于已经实现的盈利，容易通过趋势外推，进行现金流预测，在估值过程中应用各种估值模型的条件逐步出现。企业估值可通过市盈率、市销率等财务指标，与类似企业对比而确定，企业估值的客观性提高。

3. 投资标的企业阶段结构表现

2006 年以来，我国风险投资业务发展迅速，在快速逐利和风险规避动机的驱动下，大量风险投资基金青睐成熟期的企业和项目，投资阶段出现后移。2006—2012 年，对成长早期前的投资项目个数比例从 58.7% 降低到 41%，2013 年有所转变，如表 4－3 和图 4－4 所示。① 从投资金额比例来看，成长早期之前企业资金需求明显小于成长后期企业。对比表 4－3 和表 4－4，以及图 4－4 和图 4－5，从项目个数来看，成长早期之前企业大致占到 50%；从投资金额来看，成长早期之前企业仅能占到大致 1/3 左右。

① 《中国创业投资发展报告 2014》中将投资阶段分为种子期、起步期、成长期、成熟期和重建期，根据不同阶段的特点，本表将种子期和起步期合并称为企业成长初期阶段，即文中的成长早期之前。成长期、成熟期和重建期合并称为企业成长后期阶段。

表 4-3　我国风险投资基金投资项目的年度阶段分布　　单位:%

	2006	2007	2008	2009	2010	2011	2012	2013
成长初期企业	58.7	45.5	49.5	52.5	47	32.4	41	50.9
成长后期企业	41.3	54.5	50.5	47.5	53	67.6	59	49.1

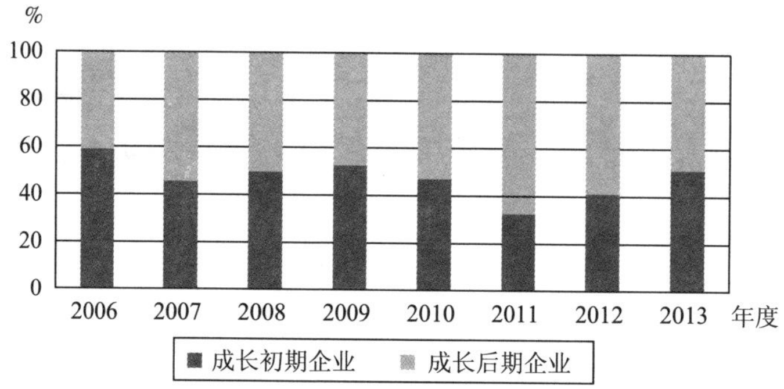

图 4-4　我国风险投资基金投资项目的年度阶段分布

注：柱状图中较深部分为成长初期投资，较浅部分为成长后期投资。

表 4-4　我国风险投资基金投资金额的年度阶段分布　　单位:%

年份	2006	2007	2008	2009	2010	2011	2012	2013
成长初期企业	41.7	21.6	28.4	32.7	27.6	19.1	25.9	34.6
成长后期企业	58.3	78.4	71.6	67.3	72.4	80.9	74.1	65.4

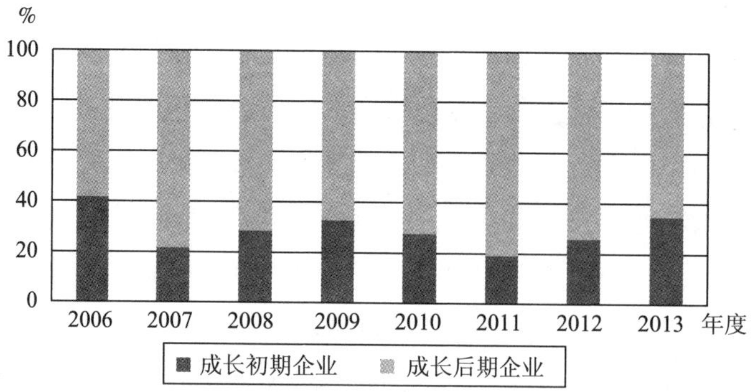

图 4-5　我国风险投资基金投资金额的年度阶段分布

注：柱状图中较深部分为成长初期投资，较浅部分为成长后期投资。

第二节 风险投资基金的投资准备

投资准备包括达成协议前的一系列工作，大致包括投资筛选、价值评估、选择投资方式和签订投资协议等。

一、风险投资对象筛选

风险投资筛选是投资活动的起点，对风险投资基金随后的一系列活动有着重要影响。通过筛选出优秀的投资项目或者企业，有助于保障风险投资基金实现预期收益，也有助于降低投资风险。在实践中，风险投资家经常面临大量的可投项目，从中筛选出具有投资价值的项目成为风险投资家最重要的工作之一。在风险投资筛选过程中，风险投资家需要确定针对什么样的项目或企业进行投资、投资筛选的具体标准有哪些、如何有效评估投资价值等问题。

风险资本的投资过程包括筛选（Screening）、达成初步意向（Term sheet）、进行尽职调查（Due Diligence）、签订协议（Closing）等几个环节。按照投资对象数量来说，在每100~1000个备选项目中，大致10个进入预调查（Preliminary Due Diligence）阶段，2~3个进入尽职调查阶段，最后平均1个签订投资协议。① 筛选就是大致将100~1000个项目缩减到1个可以签订协议项目的过程。如果风险投资家在1年之内完成一项投资，几乎平均每天至少都要筛选2~3家投资标的企业。如果投资标的企业的商业计划书没有特色，很容易被风险投资家忽略。

对风险投资家投资实践的研究表明，② 风险投资家对标的企业主要聚焦于五个方面内容的考察，称为五要素。第一，市场吸引力（Market Attractiveness），包括产品或者服务的市场容量大小、成长空间和客户来源

① Metrick, A., A Yasuda. Venture Capital and the Finance of Innovation [M]. John Wiley & Sons, Inc., 2011: 136.

② 参见Tyebjee, T., A. Bruno. A Model of Venture Capital Investment Activity [J]. Management Science, 1984, 30 (6): 1045.

等。这一条针对产品或者服务的市场，而不是针对标的企业自身状况。第二，产品异质性（Product Differentiation），包括独特品质、专利保护、技术优势、毛利率等。第三，管理能力（Managerial Capabilities），包括企业家特质、营销、经营管理、融资等方面。第二条和第三条决定标的企业的竞争力。第四，环境压力（Environmental Threat Resistance），包括技术生命周期、进入壁垒、经济环境波动时的稳健性、下行风险保护等。第五，退出前景（Cash - out Potential），IPO 和并购的可能性，即风险资本退出的便利性。在五个方面考察内容中，第一条和第二条为获利的决定性因素，第三条和第四条为获利的保障性因素，获利的决定性因素重要性强于获利的保障性因素，即可以总结为：一决定，二保障，三实现。

例如：某风投公司准备投资于一家坐落于大城市的太阳能发电企业。从产品的市场吸引力来说，尽管当前太阳能发电单位成本在 8 元左右，高于用户用电价格，但预计在未来 3 ~ 5 年内将降至和燃煤发电同等成本水平，太阳能发电将能够维持盈亏平衡。太阳能发电随着技术的发展，有望进一步降低成本，实现无政府补贴条件下的盈利，成为燃煤发电的替代品，成长空间巨大。同时，从政府产业政策方向看，太阳能发电属于政策鼓励产业方向，因此，评估市场吸引力好。但由于发电设备和其他企业没有区别，企业缺乏异质性。另外，企业的母公司在外地拥有大型太阳能发电厂，具有长期发电企业管理经验，管理水平有较好的保证。大城市的太阳能发电主要在屋顶安装发电设备。该标的企业对所在城市屋顶资源垄断性强，在本市屋顶发电的竞争压力较小。综合分析看，该标的企业决定因素一般，保障因素较好。

根据《中国创业风险投资发展报告 2014》，针对影响风险投资基金投资决策的要素重要程度进行调查并排序，结果显示，影响风险投资基金投资决策的主要筛选标准或者决策要素包括：市场前景、管理团队、盈利模式和技术因素等，见表 4 - 5。从文字表达上看，选定因素与五要素不同，但实质内容大致相同，其中市场前景类似于市场吸引力，在《报告》中重要性排名第一。五要素中第二条为产品异质，包括技术优势和盈利性等，与《报告》中的盈利模式和技术因素相关，如果两者相加，排名甚至超过市场前景。管理团队的重要性居次要位置，与在五要素中排名相似。

关于管理团队在筛选中的重要性，学术界和实务界存在争议。在股票投资领域，价值投资学派认为，好生意重于好管理。“任何傻瓜都能经营这项业务”是理想公司的一个特点。① 也就是说，如果企业自身业务非常好，只要企业管理者能力不是特别差企业就具有投资价值。在风险投资领域，对于初创企业的选择也存在类似观点。Kaplan 等人对 2004 年上市的 50 家风险资本投资企业进行跟踪研究，研究期限从商业计划书阶段开始，直到上市后 3 年。② 在商业计划书阶段，50% 的被投资企业强调他们团队的专业化能力，以便向投资者展示企业竞争力，包括团队的专业和管理能力。但在 IPO 以及之后，仅有 16% 的企业仍然强调管理团队专业化能力，侧重点发生了变化。事实上，大部分企业在上市 3 年后更换了管理团队中的重要人员，甚至创始人。③ 在关于风险投资选马（商业模式）还是选骑手（管理团队）的研究中，选马决策的结果更胜一筹。

在另一篇研究中，Gompers 等人对以美国为主的 885 家风险投资机构进行了调研，结果补充了 Kaplan et al（2009）的研究。④ 该项研究结果表明，风险投资家的选择重点根据标的企业的阶段不同而不同。对于种子期、初创期之前的企业，风险投资家更侧重于选择创始人团队；对于成长期以后的企业，风险投资家更侧重于选择产品、市场等。通俗地讲，风险投资家对于早期企业更重视选骑手（管理团队），对于后期企业更重视选马（商业模式）。出现这一结果，本质上并不是由于风险投资家对于早期企业不重视产品、市场等因素，而是因为这些因素变数过大，很难得出一个较为准确的判断结果。由于难以判断，所以转向对更容易评估的团队进

---

① ［美］彼得·林奇，约翰·罗瑟查尔德著．刘建位，徐晓杰译．彼得·林奇的成功投资［M］．北京：机械工业出版社，2009：130.

② Kaplan, S., B. Sensory, P. Stromberg. Should Investors Bet on the Jockey or the Horse? Evidence from the Evolution of Firms from Early Business Plans to Public Companies［J］. Journal of Finance, 2009, 64（1）：75－115.

③ 指创始人不再作为管理团队成员，不是清除创始人股份。

④ Gompers, P., W. Gornall, S. Kaplan, I. Strebuleav. How do Venture Capitalists Make Decisions?［J］. Working Paper, Harvard Business School, 2016.

行选择。这一研究结果并不否定风险投资家看重选马的评估方法，而是当马太小，很难判断马的未来时，才转向评估驯马师。

表 4－5 影响风险投资基金投资决策的因素排序 单位：%

年份	公司治理结构	股权价格	财务状况	盈利模式	技术因素	管理团队	市场前景	其他
2011	5.0	5.1	9.8	12.6	12.1	21.7	23.9	9.8
2012	5.2	5.4	9.2	12.4	12.6	22.5	24.3	8.4
2013	4.5	5.1	9.9	12.4	12.7	22.5	24.1	8.8

在实务中重视管理团队的主要原因在于风险控制。在风险投资筛选阶段，需要获得企业各方面信息，以及管理团队对于投资人承担信托责任的态度。通常管理团队对企业和产品的各种信息掌握比投资人更多，双方存在信息不对称性。优秀管理团队拥有责任心，更值得信赖，更愿意向投资者揭示各种关于企业和产品的信息，为二者的合作奠定良好的基础。一旦未来出现困难，交易双方也能坦诚对待，解决问题，避免冲突带来的高成本。另外，企业家在接受风险资本投资时，也可能出现逆向选择，即能力弱比能力强的企业家更愿意接受风险资本。① 对管理团队的考察，也是风险资本对逆向选择风险的规避行为。

综合各方面因素，可以将风险资本筛选关键性要素总结为市场、产品、管理团队和环境，其中环境可以包括经济、行业、资本市场和法律环境等。

二、尽职调查

（一）尽职调查的目的

确定筛选的重点后，即进入收集信息和评价阶段。尽职调查（Due Diligence）的字面含义为应尽的注意，在风险投资中，指对标的企业经营管理现状进行调查，确认标的企业管理层提供信息的准确性，收集所有有助于投资评价的信息。尽职调查的工作可以分为两项内容，第一为确认所

① Amit，R. L. Glosten，E. Muller. Entrepreneurial Ability，Venture Investments，and Risk Sharing ［J］. Management Science，1990，36（18）：1232－1245.

获得信息，第二为获取当前未知信息。

所谓确认信息，指核实所有企业提供的信息。核实的原因在于以下两个方面：第一，出于对风险投资基金委托人即有限合伙人负责任的态度，也就是对出资人履行应尽的谨慎义务；第二，标的企业与风险投资家之间经常存在信息不对称，产生信息不对称的原因，既有可能是标的企业有意隐瞒，也有可能是双方对同样事物的理解差异。确认信息有利于通过进一步沟通加强理解，确定信息的准确含义，降低信息不对称性。

所谓获取信息，指获取企业未能提供，但对于评价有重要作用的信息。例如：尽管企业提供了重要客户以及现有合同信息，但通常不提供客户未来订货预期的信息，或者即使提供也偏于乐观，在尽职调查中需要通过对客户的访谈，增加信息含量。另外，员工的工作态度、对于公司前景的预期或有负债等，也属于隐含信息，① 这些信息比员工人数和背景对于企业评估的影响更重要。再如：风险资本通过财务报表获得财务信息，对财务信息进行分析，可能发现某些问题，需要进一步增加辅助信息。

在尽职调查中，需要确认和获取的信息大致包括几方面内容：（1）标的企业基本信息，如注册文件、公司组织、会议记录、重大事项、股东及高管材料等；（2）各种资产，包括专利、设备等；（3）各种负债，包括诉讼可能产生的或有负债；（4）重大合同，包括正在执行和将要执行的合同，例如：采购合同、供货合同等；（5）员工，包括核心员工、高管情况，员工和高管激励等；（6）财务信息，即历年财务报表及附注。

（二）尽职调查的必要性

在风险投资市场中，通常标的企业创始人掌握大量内部信息，风险投资家通过企业以及其他渠道了解企业，即风险投资家间接获取信息，导致风险投资家和创始人之间可能存在严重的信息不对称。在信息不对称情况下，投资者面临逆向选择和道德风险。创始人为了获得风险资本，可能粉饰利润或者夸大预期收益、提供虚假经营信息，甚至故意隐瞒影响风险投

---

① 非指隐藏信息。隐藏信息指标的企业创始人有意掩盖的有关事实信息，而隐含信息指在表明现象背后的信息。对于隐含信息的加工，取决于加工信息者的综合知识和理解能力。

资家决策的重大事件，例如：诉讼纠纷、对外担保等。即便目标企业如实报告企业经营状况，一些可能增加投资风险的信息也是通过财务数据无法获取的。例如：企业文化的包容度、管理经营中的冲突、员工工作的积极性等因素势必影响风险投资基金进行投资过程中整合企业的风险。因此，投资者不能仅通过目标企业的财务数据对企业价值进行评估，实践中风险投资家需要对目标企业管理、市场、技术和财务进行审核验证，即尽职调查。通过尽职调查降低与被投资企业间的信息不对称问题，实现投资有效性，避免相应的风险。

另外，通过尽职调查有助于风险投资基金确定合理的股权转让价格以及其他契约条款。一般风险投资基金与目标公司签署的契约条款的具体内容，需要根据企业目前生产经营、财务数据状况、未来经营前景和市场开发情况等要素进行商议确定。这些内容的全面性和真实性都需要通过尽职调查予以确认。例如：在尽职调查过程中，如果发现目标企业存在大量不良资产或者其他影响企业价值的情况，在对各项内容进行逐一评估后，可以将其作为谈判股权转让价格和转让条件的依据，并体现在具体的投资契约条款上，确定在风险投资相关协议中是否应加入一些限制性条款等。

（三）尽职调查的内容

1. 管理团队

优秀的创业团队是企业实现高成长性的核心要素之一。企业未来发展的各种可能性在很大程度上依赖于管理团队的经验和能力，管理团队的能力大小决定了企业能否处理所面临的竞争和风险，是否能使企业在困境中成长。如果选择不当，即使风险资本能够在未来更换管理人员，也将会付出极大代价。例如：如果初创公司更换营销经理，意味着大部分潜在客户资源线索会被截断，对市场的开发可能会重新开始。

对管理团队的评估需要考虑与企业特征的适应性。处于不同成长阶段的企业对管理的要求不同。当企业处于技术开发阶段时，作为技术出身的创始人更适合处理相关的问题；当企业处于市场开发阶段，具有企业管理经验的管理人员更适合处理企业事务。在进行尽职调查时，风险投资家需要重点考察如下三个方面内容：第一，当前管理团队的优势和劣势是什么；第二，当前企业需要什么样的管理团队；第三，随着企业的成长，当前管理团队是否能够适应要求。

2. 客户与销售

风险投资家需要了解标的企业的大客户情况，以及重大合同情况。通过对大客户的访谈，获取客户对企业产品或者服务的看法，判断企业产品或服务受市场欢迎的程度、满足客户需求的程度，以及目前产品和服务的缺陷和竞争力等。在对大客户的访谈中，需要注意对访谈结果进行必要的加工和筛选。对客户的访谈，需要注意可能出现的信息失真，原因在于投资者和客户具有不同动机。客户会站在自身角度，谈论产品和服务，有可能仅仅涉及产品和服务的某一个方面，而非全面评价。其次，客户总会期望供应商之间存在竞争关系，不希望某个大供应商形成垄断，因此形成有事前观点的评价。再次，客户对于风险资本投资有可能产生顾虑，担心风险资本会改变产品，对客户形成不利影响。

在评估销售情况时，风险投资家需要关注如下问题：市场上是否存在产品需求的证据；证据的可靠性如何；本企业产品与市场需求吻合性如何；在营销中所获得的购买意愿，是否通过客户企业中正确的决策者处获得；标的企业产品和服务的市场竞争者情况如何；标的企业使用的营销策略如何，是否足以支撑企业产品和服务在市场上获得竞争地位……评估上述方面内容，既需要营销专业知识，又需要具备丰富的营销工作经验。

3. 财务数据

调查财务数据，需要注意三方面问题。第一，非上市企业尤其是新创企业，财务数据通常不规范，为了使得企业财务数据与其他企业具有可比性，需要按照会计准则对照修正。第二，调查财务数据的目的是为了估值，判断企业未来趋势。财务数据为历史的反映，应特别重视财务指标与企业历史研判状况的吻合性。例如：乐观的估计是否产生了乐观的财务指标，如果没有，原因是什么。第三，对于不同阶段的企业，应侧重关注企业不同财务指标。在种子期，应重点关注企业的成本结构，例如：办公费用、研发费用、销售费用等构成，成本构成表明企业投入精力和资金的方向，会对企业未来发展产生重要的影响；在初创期，应重点关注企业销售收入的成长性；在成长早期，在关注企业销售收入增长的同时，重视利润的形成和增长特征。

4. 产品和技术特点

标的企业的投资价值来自于产品的竞争优势。竞争优势或者通过某种技术优势获得，或者通过其他垄断因素获得。只有在技术上具有先进性，才能获得持久的市场优势。对被投企业产品技术的评价具体应该包括技术影响力、技术成熟度、技术可替代性等。技术影响力高，则创新性强，应用于商业领域，可预期的成长空间大。哈佛大学教授 Christensen 提出破坏性创新的概念，指出在如今迅猛演变的商业世界里，通过破坏性创新创建的新业务成功概率比通过维持性创新要高 10 倍以上。① 技术成熟度影响技术的可应用性，指是否易于应用到产品和服务中。技术的可替代性表明企业依靠技术可以获得的竞争优势，以及是否具有发展的可持续性。

技术创新经常与适当的商业模式相结合，才更能体现出商业价值。随着互联网技术的发展，越来越多的创业企业可以通过盈利模式创新对传统行业或者技术造成破坏性的影响，并获得风险投资基金的青睐。例如：软件行业的奇虎 360 公司利用免费网络安全平台的商业模式构建新的价值链和盈利模式，获得美国高原资本、红点投资、红杉投资、Matrix、IDG 等风险投资机构的联合投资。

5. 公司治理结构

健全的公司治理结构有助于降低企业决策风险，降低损害投资者利益的可能性。现代公司治理结构是企业所有权和经营权分离的产物，是降低代理风险的机制。企业成立初期所有权和经营权分离现象不明显，企业所有者通常参与经营决策，所以很多初创企业治理结构不规范。这样不利于保护投资者利益，投资面临被“套牢”的风险，同时也无法制约管理层的独断专行，难以保障企业健康持续的发展。所谓关注公司治理结构，更多地指建立合理治理结构的可能性。合理的治理结构的建立和实施都基于企

① 相关内容可参阅［英］弗朗西斯·麦肯纳利著．刘芳译．破坏性创新［M］．北京：东方出版社，2010. Christensen，C.，J. Bower. Disruptive Technologies：Catching the Wave［J］. Harvard Business Review，1995，73（1）：43－53.

业的股权结构。众多企业实践表明，在初创企业中，当存在多个创始合伙人时，平分股份在事后出现纠纷的可能性加大。另外，如果前期有风险投资机构进入，并且投资机构持有股份比例较大时，创始人的地位比较容易受到威胁，可能会对标的企业发展造成影响。同时，当创始人拥有的股份无法形成足够的激励时，创始人创造价值的动力就会变小。

6. 法律风险

对法律风险进行尽职调查，主要目的是确保目标企业依法成立并拥有经营其业务的营业执照，找出任何实际的和潜在的法律诉讼。尽职调查的重点内容包括，目标企业成立的相关手续和证件是否齐全，营业执照是否有效，是否按时进行年检；房产证和土地使用证是否完备；企业拥有的资产是否存在纠纷，是否对主要资产进行投保；企业所有权结构是否明确，有没有股权纠纷，是否存在股权抵押或质押的情况；企业过去签订的合同是否合法合规，是否存在对风险投资基金产生不利影响的特殊条款；是否存在知识产权、劳资关系、产品责任等方面的诉讼或者诉讼威胁；现行法律以及未来法制进展会对企业发展产生什么样的影响等。

三、投资项目价值评估

对投资项目价值的评估，是风险投资家决定是否投资，以及如何投资的关键因素。对于已经开始盈利，并且具有较为可靠财务数据的标的公司，可以采用经典折现模型方法，也可以采用比较方法，例如：市盈率、市净率等。对于缺乏可靠财务数据的初创企业，很难使用稳健的定量方法评估，通常使用定性判断，加上比较法判断价值。

（一）评估目标价值

风险投资家进行估值的第一步，是评估在若干年后退出时的价值，称为标的企业的退出价值（Terminal Value）。对退出价值的评估，需要预判退出方式，例如：IPO，并根据市场平均价值比率评估企业价值。常用的比例包括市盈率、市净率、市销率等。

例如：风险投资家根据企业当前财务数据，基于产品市场判断，预计在投资后5年可以退出，并且退出时的预期销售额和盈利分别为10亿元和

1 亿元。根据近几年或者某些年资本市场规律，同类上市公司的市盈率平均水平为 25，使用市盈率法，风险投资家可以估计出项目退出价值为 25 亿元。

对于目标价值的评估，需要考虑企业的持续融资，以及风险投资家给予企业的增值服务发挥的作用。因此，目标价值评估是个综合评估，而不是简单趋势外推。究竟标的企业在 5 年后的盈利是否能够达到 1 亿元，很难通过数据模型来预测，更多的是风险投资家凭借多年的企业经营经验、创业经验和风险投资经验进行判断。

（二）折现目标价值

所谓折现目标价值（Discounted Terminal Value），就是将目标价值折合到投资时点的价值。进行折现时，使用风险投资家所期望获得的收益率作为折现率。考虑风险投资的高风险性，风险投资家通常要求较高的收益率，如 40% ~75% 。在此区间内，收益率高低根据标的企业风险而定。对于风险较高的企业，投资成功的可能性较低，例如：10% ，也就是 10 个投资项目中 1 个成功，如果风险投资基金投资组合的期望收益率为 8% ，则对于每个项目的投资收益率应该为 80% 。

如果取折现率为 50% ，5 年期投资，目标价值为 25 亿元，则折现目标价值计算如下：

$$\text{折现目标价值} = \frac{25}{(1+50\%)^5} = 3.29\ （亿元）$$

（三）计算融资后价值

融资后价值（After－money Value）是对目标价值折现后的价值。所谓融资后，指本次融资之后的时点。如果将本次融资作为一个时点，融资的微小时间段之后称为融资后，融资的微小时间段之前称为融资前（Pre－money）。融资后价值与折现目标价值计算的时点一致，两者的区别在于是否有股权稀释。所谓股权稀释，指从本轮风险基金投资开始，到目标价值实现日为止的时期内，标的企业会接受新的投资者，从而使得原有投资者所占股份比例下降。

上述标的企业在实现目标价值之前，估计仍然会有一轮关键员工入股和一轮风险资本融资。注意，两个轮次不在同一时点，首先关键员工入股；其次，在关键员工入股基础上，风险资本再投资。关键员工入股和风险资本持股的比例均为5%，则本轮投资者所能够享有的价值，即本轮融资后价值为：

$$融资后价值 = 3.29 \times (1 - 5\%) \times (1 - 5\%) = 2.97(亿元)$$

（四）计算投资持股比例

计算出融资后价值之后，使用风险投资基金的投资额，除以融资后价值，即为投资持股比例。

如果风险投资基金准备投资5000万元，则持股比例计算如下：

$$持股比例 = \frac{0.5}{2.97} \approx 16.8\%$$

融资后价值减去风险投资基金投资额，即为融资前价值：

$$融资前价值 = 2.97 - 0.5 = 2.47\ (亿元)$$

也就是在风险投资基金进入之前，标的企业的价值为2.47亿元。在实践中，该价值的确定不仅仅需要评估，而且还要在风险投资家和创始人之间讨价还价。如果风险投资家的议价能力强，则融资前价值会降低；如果创始人议价能力强，则融资前价值会提高。因此，对标的企业估值，不仅仅是风险投资家评估过程，也是与企业家讨价还价的过程。

（五）设立对赌

如果讨价还价过程出现争议，通常的解决方法是签订对赌协议（Valuation Adjustment Mechanism）。对赌内容根据争议而定，如果在业绩评估方面有争议，则对赌内容针对业绩评估而确定；如果在上市时间方面有争议，则对赌内容针对上市时间而确定。在上述计算中，如果创始人认为融资前估值过低，投资人5000万元投资所占股份比例过高，应该仅占12%股份比例。风险投资家利用12%的持股比例，根据上述过程，倒算上市时的财务业绩，例如：销售收入和利润。

在5年内风险投资基金希望获得年化50%的收益率，则对应的上市时稀释前目标价值为：

$$\frac{0.5 \times (1 + 50\%)^5}{12\%} = 31.64\ (亿元)$$

考虑稀释效果，上市时的目标价值应该为：

$$\frac{31.64}{(1-5\%)\times(1-5\%)}=35.06(\text{亿元})$$

按照25倍的市盈率，利润需要达到1.40亿元。

根据计算，风险投资家即可设定对赌协议。风险投资家同意当前持有12%的股份比例，并要求企业利润在5年内达到1.40亿元。如不能达到利润指标，则创始人需要向投资人无偿转移4.8%的股份，使得投资人的持股比例达到16.8%水平。上述计算仅仅是个示例，实践中的数据需要根据实际情况而定。

投资者也可以将上述对赌协议中的利润区间进一步细化，例如：将利润划分为三个区间。

（1）在企业上市日，如果标的企业上年度利润大于1.40亿元（含等于），则风险投资基金持股为12%；

（2）在企业上市日，如果标的企业上年度利润大于1.17亿元（含等于），小于1.40亿元，则风险投资基金持股为14.4%；

（3）在企业上市日，如果标的企业上年度利润大于1亿元（含等于），小于1.17亿元，则风险投资基金持股为16.8%。

依此类推，可以将标的企业的盈利水平进一步细化。当然，契约条款越细，签订协议、证实企业经营状况以及执行对赌协议的成本越高。

第三节　风险投资基金的投资方式

一、风险投资工具

（一）风险投资工具特点

风险投资工具指风险投资基金对标的企业进行投资的证券工具，例如：股票或者债券。

根据风险投资标的企业特点，风险投资工具需要具备如下几个特点：

1. 对投资者的损失保护

投资工具的使用目的在于减轻投资人对代理风险的担忧，保护风险资本利益不受损害。风险资本对代理风险的担忧与对企业客观前景的担忧不同。风险投资家投资于初创期或种子期企业，就已经准备承担企业发展中的高风险，并且会通过投资组合以及其他方式控制由于客观原因产生的投资风险。

对投资者的损失保护，主要源自于风险资本以下两种担忧：

首先，对初创期或者种子期企业进行投资，创始人经常使用创意或者技术抵充一部分入股资金，风险投资基金投资货币资金远超过创始人所投入货币资金，因此，一旦企业失败，如果不考虑机会成本，风险投资基金货币损失大于创始人。标的企业的信息不对称程度高，投资人难以判断创始人的努力程度和企业状况，容易产生对道德风险和逆向选择的担忧。企业失败后，风险资本与企业之间损失的不对称性会进一步加剧投资人的担忧。

其次，对初创期或者种子期企业来说，在未来经营过程中，经常会出现预料之外的情况，需要创始人根据所出现的情况酌情处理，随机应变，企业的决策需要较大的灵活性。投资人对于所出现的情况，可能不太了解，过度干预会阻碍企业的正常经营。然而，企业未来增值能否实现，无论是在投资期初，还是在投资期内，风险资本都很难判断。在大多数情况下，对企业价值的判断取决于对未来状态的憧憬，而不是对现状外推式的线性预期。在不掌握内部信息的情况下，投资人无法根据企业所提供的财务信息和其他信息准确判断企业价值，容易引起投资人对于企业状态的担忧。

2. 对双方努力的激励

被投资企业是否能够成功，既取决于创始人的努力，也取决于投资人的努力。因此，投资工具的设计要使投资人和创始人双方都受到足够的激励。即当企业价值提高时，投资人和创始人都能获得足够的收益。根据不完全契约理论，[①] 对于高成长企业，在正常情况下，控制权应更多归属于

① 可参见 Hart，O.，S. Grossman. The Costs and Benefits of Ownership：A Theory of Vertical and Lateral Integration［J］. Journal of Political Economy，1986，94（4）：691－719.

对企业成长贡献较大的一方。在风险投资企业中，创始人对企业成长的作用更大，应当拥有更多控制权以便于激励创始人促进企业价值的增加。对于风险资本来说，由于投资人需要承担高风险，当被投资企业获得成功时，也需要足够的高收益进行补偿。另外，为使风险投资家投入足够精力参与投后管理，为企业提供增值服务，也需要对投资人提供足够的激励。

（二）可转换投资工具

符合上述两种特点的投资工具为可转换投资工具（Convertible Securities），主要包括可转换债券（Convertible Bond）和可转换优先股（Convertible Preferred Stock）。[①] 所谓可转换，指投资者在约定条件下，可以将所持有的债券或者优先股，按照约定数量转换成证券发行者的普通股票。普通的可转换工资工具，指投资者在约定条件下拥有可转换权利，可以选择是否转换。在转换前，投资者所持有的是普通债券或者普通优先股。一旦投资者决定转换，原来所持有的普通债券或者普通优先股将被注销，投资者可获得公司新发行的普通股票。与普通债券相比，优先股具有两方面特点：其一，优先股没有约定到期期限，而债券有期限；其二，优先股的股息支付有一定的可变性，而债券票息具有刚性兑付特点。

可转换投资工具综合了固定收益和剩余收益两类证券的特点，其中固定收益证券指普通债券或者优先股票，剩余收益证券指普通股票。因此，可转换投资工具对投资者既具有损失保护性，又具有增长收益性。以可转换债券为例，其价值如图4－6所示。当发行公司价值下降时，投资者获得债券价值。当发行公司价值上升时，投资者获得升值的一部分。与普通债券相比，可转换债券增加了升值好处。与普通股票相比，可转换债券有助于保护风险资本的损失不会扩散。

---

① 可转换投资工具种类繁多，可参阅埃兹·内尔肯著．齐寅峰，黄福广译．混合金融工具手册［M］．北京：机械工业出版社，2002.

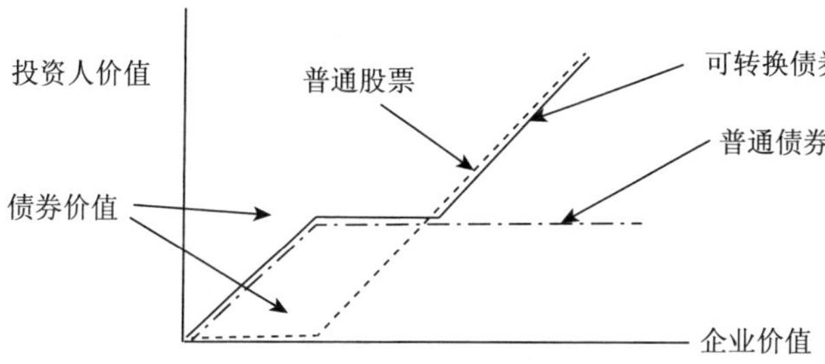

图4－6　投资人价值与企业价值关系

在图4－6中，实折线所表示的价值为投资人持有可转换债券的价值，点划折线为持有普通债券的价值，虚折线为持有普通的价值。在虚线与实线交点的左侧，可转换债券的价值等于普通债券的价值，高于普通股的价值。在虚线与实线交点的右侧，可转换债券的价值等于普通股的价值，高于普通债券的价值。交点位置的价值称为可转换债券的转换价值。转换价值是个关键点。当企业价值低于转换价值时，可转换债券可以实现保护。当企业价值高于转换价值时，可转换债券可以实现升值。当然，当企业价值低于债券面值时，无论什么证券，投资者都会遭受损失。

可转换债券对于投资者的保护或者升值特点，随着可转换债券价值特性，即债性和股性的大小而改变。债性，指可转换债券价值变化类似于普通债券的特性；股性，指可转换债券价值变化类似于普通股票的特性。可转换债券价值特性依据票息高低和转换价格高低而确定。转换价格指投资者将可转换投资工具转换成普通股时的约定价格。其他条件不变时，可转换债券票息越高，其债性越强，价值变化越类似于普通债券；其他条件不变时，可转换债券转换价格越低，其股性越强，价值变化越类似于普通股票。风险资本在投资时如果对可能的损失担忧较大，可以通过提高可转换债券债性的方式保护投资收益；反之，则可以提高股性，增加投资收益增值的可能。

（三）我国实践中的投资工具

在我国风险投资实践中，尽管名义上没有采用可转换优先股或者可转换债，但从融资契约条款看，仍然具有可转换工具的性质。① 风险投资机构经常使用普通股进行投资，辅之以必要的有关条款，例如：回购条款，从而形成具有可转换工具的性质。这种工具类似于可转换债券或者可转换优先股。

虚拟例子：2016 年 11 月 1 日，V 投资公司对 C 创业企业进行投资，投资工具为普通股，投资资本金为 5000 万元。双方商定，4 年后，即 2020 年底，如果 C 企业不能实现被溢价收购或者上市，则全体创始人有义务收购 V 投资公司的全部股票，收购价格计算如下：

$$P = 5000 \times (1 + 25\%)^4 = 12207.03 \text{（万元）}$$

此例中的投资工具，实际上相当于使用了可转换债券，债券面值为 12207.03 万元。如果 V 投资公司所持有股份价值低于债券面值，则投资方获得债券面值。如果投资方所持有股份价值高于债券面值，则延续持有普通股票。因此，该投资工具实现了新创企业状况不好时对投资方的损失保护，在企业状况好时投资方获得升值好处。公式中的 25% 为投融资双方约定的债券固定收益率。如果未触发回购，则此固定收益率失效。

乐视公司在 2016 年 9 月 19 日公布，公司实现首轮融资。② 根据搜狐财经报道，此次融资所采用的融资工具为债券，约定利率为 12%。如果乐视汽车在此次融资后 18 个月内顺利完成下轮融资，债券将按 A 轮折扣价转为普通股份。债权人转变为股东后，可在后续融资轮次或 IPO 时退出。如果乐视汽车在 18 个月内未完成合格的 A 轮融资，那么将按照约定的本息对债券进行回购，并由实际控制人承担无限连带责任担保。

乐视汽车融资所使用的工具与上文中虚拟例子所使用的融资工具类似，都实现了损失条件下对投资者的保护，以及成长条件下投资者享受升值的效果。

（四）融资工具的变化形式

典型的风险投资工具为优先股，在此基础上产生多种变化形式。除了

① 我国当前法律缺乏对风险投资使用可转换债券和可转换优先股必要的保护。

② 参见搜狐财经 http：//business. sohu. com/20161111/n472882634. shtml.

可转换优先股之外，还有以下几种主要变化形式。

1. 可赎回优先股

可赎回优先股（Redeemable Bond）指在一定条件下，优先股会变为普通债，在到期日必须由发行企业按照本息全额赎回，不是发行企业可选择赎回。通常情况下，赎回的触发条件为确定的时间或者规定的事件。可赎回优先股触发赎回的时间根据交易双方情况而定，考虑风险投资基金的寿命期大约为 10 年，赎回期限一般在 5 ~ 8 年。触发的事件可以为企业被收购或者股票上市。

可赎回优先股的优点是存在对投资者的损失保护，缺点是未能对投资者提供升值好处。为了增加对投资者的激励，可赎回优先股通常与认股权（Warrant）同时使用。认股权与普通股票期权（Stock Option）① 都为投资者提供购买普通股票的选择权，但投资者没有义务购买。两者的不同是股票期权的交易和执行，与发行公司无关，但当投资者执行认股权时，需要发行公司提供新发股票以满足投资者购买的需要。

当可赎回优先股与认股权同时使用时，认股权的购买股票执行价格的确定，可以使用模拟方法。所谓模拟方法，即假设风险投资家直接使用普通股投资，而不是使用可赎回优先股。当风险投资家与创始人进行交易谈判时，双方能够确认，对应一定金额的投资，投资者可以获得多少股份。例如：双方同意，投资者出资 5000 万元，获得 20% 股份。如果双方预期，在标的企业上市之前，不会进行其他权益融资，并且此次融资前企业股权估值为 2 亿元，股份数为 2000 万股，每股 10 元。投资者直接进行股权投资的价格为每股 10 元，5000 万元获得 500 万股。不考虑时间价值和在认股前的优先股息，转股价格可以直接确定为 10 元。至此，到了赎回触发时点，如果标的企业价值低于 2.5 亿元，投资者实施认股权，获得 20% 的股份，最多只能获得 5000 万元价值，因此会放弃认股，实施赎回，获得 5000 万元的投资本金，以及适当的优先股息收益。如果标的企业价值远高

① 有关期权知识，可参考黄福广，李西文．投资学［M］．北京：清华大学出版社，2016：211.

于2.5亿元，则优先股赎回，投资者实施认股权，获得了企业升值的好处。

如果创始人个人对企业赎回优先股承担连带责任，则风险投资家的资本拥有完全保护。如果创始人不承担连带责任，则风险投资家的资本拥有部分保护。以上一段的数据为例，风险投资基金的价值随着企业价值变化结果如图4－7所示。

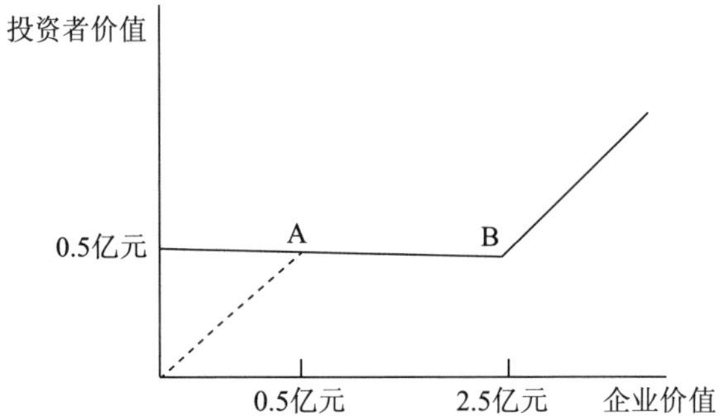

图4－7 投资者价值随企业价值变化关系

在赎回时点，当企业价值高于2.5亿元时，投资者所持有的优先股按照5000万元面值被赎回，① 同时执行认股权，获得20%普通股。投资者的价值随着企业价值提高而同步提高。当企业价值低于2.5亿元时，分两种情况分析：第一种情况，创始人对投资者承担完全保护义务，② 则从B点向左形成一条直线，直到企业价值为0，投资者均能获得5000万元偿还；第二种情况，创始人对企业债务不承担连带责任，则从B点开始向左至A点，即企业价值在5000万元至2.5亿元之间时，投资者获得5000万元。如果企业价值低于5000万元，即从A点向左，则投资者价值等于企业价值，低于5000万元，如A点至原点的虚线所示。

可赎回优先股加上认股权的一种变化形式，是可赎回优先股加上普通股。例如：2500万元投资于可赎回优先股，2500万元购买250万股普通股。在这种情况下，相对于图4－7情况，投资者受到较弱的保护。由于企

① 为简化篇幅，此处忽略了优先股股息，加上股息后分析方法相同，只是数据不同。
② 完全保护基本上是形式保护，如果创始人个人资产不足以承担义务，则保护失效。

业价值由投资者和创始人共同拥有，投资者受到的保护越弱，创始人的价值越高。所以，投资工具的选用，也涉及双方利益分配问题。

2. 参与性可转换优先股

参与性可转换优先股（Participating Convertible Preferred Stock），在普通优先股的基础上，增加两个特征，即参与性和可转换。所谓参与性，指持有参与性优先股的投资者，在正常获得股息之外，如果发行公司分配剩余收益，优先股的投资者与普通股的股东共同享有分配权，如果发行公司实施清算、收购等，优先股的投资者与普通股的股东共同享有剩余价值的分配权。所谓可转换，指优先股可转换成普通股。通常情况下，这种金融工具带有在 IPO 的强制转换条款。这种条款主要考虑在企业上市时所融得的资本，应用于企业长期发展，而不是用于对原有股东投资的赎回。

与可转换优先股相比，参与性可转换优先股对于投资者更有利。当投资者持有可转换优先股时，即使企业价值高于可转换优先股的面值，投资者有可能只能获得优先股的收益，投资者持股的价值低于普通股价值。而当投资者持有参与性可转换优先股时，只要企业价值高于可转换优先股的面值，投资者持股的价值与普通股等值。当企业价值下降时，两者对于投资者的保护相同。因此，参与性可转换优先股更有利于投资者，而不是创始人。当然，参与性可转换优先股的参与性程度，可以根据双方商定调整。其中，100% 的参与性，指优先股收益与普通股等值，在 100% 以下参与性依次递减，优先股的收益会逐渐低于普通股。

例如：创始人投资 2 亿元，持有 2000 万普通股，风险投资基金投资 5000 万元，持有 500 万优先股，优先股息约定为每年 10%，即每年 500 万元股息。如果公司盈利 1000 万元，则风险投资基金优先获得 500 万元股息。剩余的 500 万元，用于支付普通股东股息，直至追平优先股息为止。所谓追平优先股息，指对普通股东的股息实际支付，也要达到优先股息率水平。在收益追平后，如果是 100% 参与，则双方按照持股比例分配剩余数额。如果 50% 参与，则对于剩余收益的分配，按照 2∶1 的原则，即普通股东每获得 2 份收益，优先股东获得 1 份收益。

二、分阶段投资

(一) 分阶段投资的特点

1. 分阶段投资的概念

分阶段投资（Staged Investment）是风险投资中常用的一种风险管理措施和投资策略，指风险投资家针对融资企业的全部资本需求，不是一次性投入，而是分几次投入。① 分阶段投资分为两种形式，分别为分次投入和分轮投入。分次投入指在契约中规定总金额，但总金额不是一次性转入企业账户，而是分多次转入。每次是否转入遵循事先约定的条件，例如：利润或者收入、专利等指标。分轮投入指每轮融资重新签订协议，每次投入的金额，根据当时情况确定。在每轮投资后，投资者对于下一轮次投资不负有任何义务，但双方可以签订一个备忘录。尽管分阶段投资有两种形式，但通常情况下，分阶段投资即指分轮次投资。

IDG 资本对华灿光电公司和奇虎 360 公司的投资，使用的就是分阶段投资方法，见表 4 -6 所示。其中，对华灿光电共进行 4 轮投资，对奇虎 360 进行了 3 轮投资。在 IDG 投资案例中，每个轮次之间的时间间隔不尽相同。华灿光电于 2012 年 6 月上市，奇虎 360 则于 2011 年 3 月在纽约上市。

表 4 -6　分阶段投资事件案例

投资基金名称	企业简称	CV 行业分类	地区	投资时间	投资性质	投资金额
IDG - Accel 中国成长基金二期	华灿光电	硬件产业	湖北	2008/4/7	VC - Series A	100 万美元
IDG - Accel 中国成长基金二期	华灿光电	硬件产业	湖北	2008/6/20	VC - Series B	300 万美元
IDG - Accel 中国成长基金二期	华灿光电	硬件产业	湖北	2009/8/10	VC - Series C	600 万美元
IDG - Accel 中国成长基金二期	华灿光电	硬件产业	湖北	2010/5/9	VC - Series D	3495. 38 万美元

① 对于企业来说，这种方式称为分阶段融资（Stage Financing），参见第一章第二节。

续表

投资基金名称	企业简称	CV 行业分类	地区	投资时间	投资性质	投资金额
IDG 技术创业投资基金四期	奇虎 360	互联网其他	北京	2006/3/1	VC – Series A	105.71 万美元
IDG 技术创业投资基金四期	奇虎 360	互联网其他	北京	2006/11/1	VC – Series B	50 万美元
IDG 技术创业投资基金四期	奇虎 360	互联网其他	北京	2010/4/26	VC – Series D	40 万美元

注：根据 CVsource 投中数据库资料整理。

2. 分阶段投资的收益与成本

首先，风险投资基金分阶段投资的投资策略有助于降低信息不对称程度，降低逆向选择和道德风险。尽管企业承担定期传递信息的义务，风险投资家也会定期参与企业经营事务，例如：参加董事会等，但仍存在严重的信息不对称问题。分阶段投资相当于对投资项目的不断筛查，每个阶段投资都需要重新评估企业状态和前景，从而有利于更好地获取有关信息。从风险投资基金来说，这也是有限合伙人对于基金控制风险的要求。分阶段投资策略相当于赋予风险投资家一项选择，即是否继续投资的期权，只有发展前景良好的项目才能继续获得资金支持。一旦发现投资失误，风险投资基金有权拒绝继续提供资金，有助于减少早期投资失误带来的损失，缓解了企业家对风险投资家的套牢问题。①

其次，分阶段投资能够对企业形成有效的监督激励机制。② 阶段投资的轮数越多，每轮之间的时间间隔越短，则风险投资基金对企业的监督和审查越频繁，企业代理问题或企业家的自利动机减弱。如果企业经营不善，风险投资基金可以在后续投资中占有强势地位，要求以更高的比率和较低的价格占有企业股份。如果风险投资基金放弃投资，会向其他投资者传递企业经营不佳的信号，企业很难再获得其他风险资金支持，甚至会面

① Tian, X. The Causes and Consequences of Venture Capital Stage Financing [J]. Journal of Financial Economics, 2011, 101 (1): 132 – 159.

② Dahiya, S., K. Ray. Staged Investments in Entrepreneurial Financing [J]. Journal of Corporate Finance, 2012, 18 (5): 1193 – 1216.

临清算风险。因此，分阶段投资能够对企业经营行为产生激励约束效应。

再次，分阶段投资的实施需要付出较高的成本和代价。风险投资基金在每一轮投资前都要重新谈判和拟定新的契约，因此，会产生大量谈判成本，也容易导致资金投入不及时或者不充足，进而影响项目的进展。① 另外，风险投资基金是否继续投资的依据是企业项目的进展能否实现预期的绩效目标，可能导致企业家过分的追求短期绩效，忽视企业长期发展所需要的投入，对企业成长产生不利影响。②

（二）分阶段投资的运作程序

分阶段投资的运作程序主要有三个方面的内容，是否实行分阶段投资、什么时候投资以及每次投资的金额。在分阶段投资项目启动阶段，风险投资基金在投资企业前需要进行必要的风险收益评估以及尽职调查，投资经理以及投资委员会会根据企业信息不对称程度以及企业发展需要，决定是否采取分阶段投资的投资策略。一般信息不对称程度越高、投资金额越大、投资期限越长时，风险投资基金越需要利用分阶段投资的方式控制投资风险，监督企业家的机会主义行为。

在决定采取分阶段投资后，风险投资基金需要研究的问题就是什么时候或者什么情况下对企业进行后续投资。首轮投资是项目运作的起点，对后续各轮的投资时间的确定是分段投资的关键与难点，这依赖于企业经营发展的状态，例如：实现营业利润的额度、产品技术的突破或者某个市场的开发等。具体投资时间的确定需要双方充分沟通和谈判，能够对企业发展状况的判断取得一致的意见。投资间隔时间从半年到 2 年不等，甚至需要更长时间。如果以会计业绩为标准分阶段，则通常为 1 年，如果以事件节点分阶段，则每个阶段时间长度不确定。分阶段投资的投资轮次最少 2 轮，根据企业发展状况风险投资基金甚至可以采用 5 ~ 6 轮，完成对被投资

---

① Kaplan, S. N., P. Strömberg. Financial Contracting Theory Meets the Real World: An Empirical Analysis of Venture Capital Contracts [J]. The Review of Economic Studies, 2003, 70 (2): 281 - 315.

② Wang, S., H. Zhou. Staged Financing in Venture Capital: Moral Hazard and Risks [J]. Journal of Corporate Finance, 2004, 10 (1): 131 - 155.

企业的投资。

当企业经营发展满足协议规定的目标，风险投资基金要对企业进行新一轮投资，这时需要确定投资具体金额。后续投资金额的确定伴随着对企业价值评价的动态调整过程，需要风险投资基金积极跟进企业产品或技术进展情况，多与企业家沟通交流，及时更新对目标企业价值的评价。根据企业发展需要以及企业投资风险的变化，适时地调整分阶段投资的投资金额。当企业发展超额完成经营目标，风险投资基金会在后续的投资中给予其更高的估值；反之，风险投资基金会减少资金投入或者要求更多的股份。

（三）分阶段投资实践

对我国中小板和创业板上市退出的风险投资事件统计发现，风险投资基金采用分阶段投资的比例仅占9%。①根据《中国创业风险投资发展报告2014》统计，2013年我国风险投资项目首轮投资和后续投资分别占比77.5%和22.5%，分别如表4－7和图4－8所示。虽然后续投资的比例逐年上升，但是仍与欧美发达国家的风险资本后续投资占主导的格局有着巨大差别。美国2013年首轮投资金额占比仅为17.28%。②可能的解释是中国的风险资本倾向于对成长期以及成熟期企业进行投资，投资期限较短，存在通过短期投资实现快速套利的投资动机。③

表4－7　我国风险投资基金不同投资轮次金额的年度分布　单位:%

年份	2006	2007	2008	2009	2010	2011	2012	2013
首轮投资	77	83.1	84.5	82.7	86.2	83.4	80.1	77.5
后续投资	23	16.9	15.5	17.3	13.8	16.6	19.9	22.5

① 作者选取的样本仅为在中国创业板和中小板上市退出的投资事件，可能存在样本选取偏差。

② 《中国创业风险投资发展报告2014》统计显示。

③ 黄福广，彭涛，邵艳．地理距离如何影响风险资本对新企业的投资［J］．南开管理评论，2014，(6)：83－94.

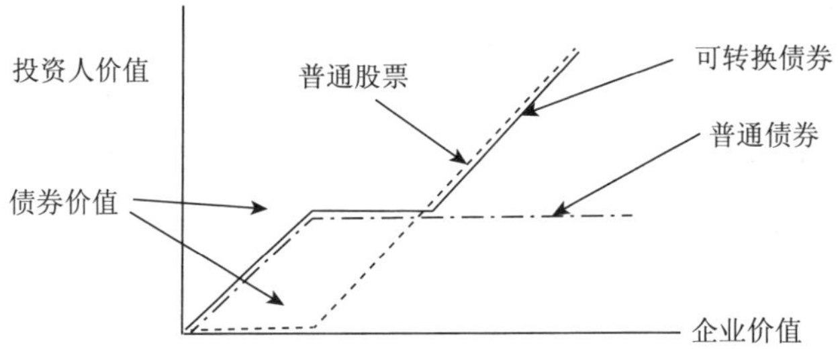

图 4-8　我国风险投资基金不同投资轮次金额的年度分布

三、联合投资

（一）联合投资的特点

1. 联合投资的概念

风险资本联合投资（Syndication），指在某一个轮次对某家标的企业的投资中，有 2 家以上风险投资基金参与，并且这些风险投资基金与标的企业共同签署同一份投资协议，共同承担投资义务，享有投资收益。可以将联合投资形象地比喻成风险投资基金使用标的企业将各自利益捆绑在一起。

进行联合投资，需要有一只风险投资基金承担主投资人（Lead Investor）角色。主投资人在股权比例中通常较大，投资后通常在标的企业董事会中占有席位，参与企业公司治理。其他各风险投资机构按约定对风险企业实施投资管理，待企业发展到一定的阶段后，各投资主体通过转让或出售占有企业的股份而获得收益。尽管投资人有主次之分，但是各自按照所持股份比例享有收益。

2. 联合投资的收益与成本

首先，联合投资有助于风险投资基金分担投资风险。风险投资基金需要采取联合投资策略的目标企业一般具有投资金额巨大、投资风险较大的特点。风险投资基金出于控制风险的目的，不会过度投资某个标的企业。例如：在某家企业中所占股份比例过大，或者投资某家企业股份在基金总投资金额中所占比例过大。风险资本采用联合投资方式，可以有效规避投资过于集中的问题。

其次，联合投资有助于风险投资基金利用其他成员的资源优势弥补自身不足，更好地实现预期的投资目标。① 风险投资过程中需要多方面的资源供给，包括资金资源、专业知识资源、社会关系资源、信息资源等，例如提供第二种企业评估的意见。联合投资便于风险投资机构之间实现资源共享和技能互补，有助于增加风险投资的增值服务能力，从而提高投资项目价值，保证投资收益。

第三，联合投资有助于风险投资基金共享投资机会。迫于行业内竞争和资金收益的压力，风险投资基金急需众多且质量稳定的项目资源，获得更多投资机会。通过参与联合投资，风险投资基金可以得到许多不能单独获得的投资项目。另外，联合投资可以使风险投资基金获得合作伙伴对项目的重新评估和估值，改善项目的选择过程，避免了由于单个风险投资基金时间和能力不足导致的投资机会缺失的风险。②

联合投资中的投资伙伴对项目的收益索取权和控制权要求存在差异，对项目风险和发展前景的认识也难以达成一致。参与主体投入的精力和资源可能与投资金额呈现不严格的比例关系。风险投资家都希望以尽可能少的成本获得更多的利润分配，容易存在搭便车的行为，产生风险投资机构之间的道德风险问题。当各种可能产生的问题导致联合投资的收益和风险分摊出现不对称的情况，联合的激励和约束就会失效，无法认同利益分配的风险投资机构容易出现撤资，导致联合投资失败。③

（二）联合投资的运作程序

1. 投资伙伴的选择

决定联合投资后，风险投资基金需要选择与什么样的合作伙伴一起开展投资活动。影响投资合作伙伴选择的因素主要包括机构的经济实力、资源状况和声誉状况等方面。选择联合投资伙伴是个权衡的过程。如果选择

---

① 刘伟，程俊杰，敬佳琪．联合创业投资中领投机构的特质、合作模式、成员异质性与投资绩效——基于我国上市企业的实证研究［J］．南开管理评论，2013，16（06）：136－148.

② Lerner, J. The Syndication of Venture Capital Investments［J］. Financial Management，1994，23（3）：16－27.

③ Wright，M.，A. Lockett. The Structure and Management of Alliances：Syndication in the Venture Capital Industry［J］. Journal of Management Studies，2003，40（8）：2073－2102.

资源较为丰富以及资本实力较强的投资机构，无疑有助于投资项目的筛选以及投后管理活动的开展。但是，机构实力越强，对于投资协议、投后管理等事项要求的话语权就会越大。如果两家投资机构势均力敌，则可能容易产生冲突。

2. 分工协作

作为联合投资中的主投资者，通常需要承担如下工作：第一，对所投资企业进行精心筛选和调查，在确定被投资企业投资价值和投资风险可控的前提下，再去寻找合适的跟投者；第二，尽可能地多出资占有股份，能够为联合投资过程承担更多的责任；第三，派出有投资经验的投资经理参与被投资企业董事会，参与企业决策制定，切实保护所有代表人的利益；第四，在管理的过程中需要发挥主导的作用，合理地对各投资者进行分工和利益协调。

联合投资中的跟投者需要在经过自己的谨慎评估之后，决定是否参与联合投资。一旦参与联合投资，跟投机构应当积极配合主导者的各项行动与决策，使联合投资各方形成合力。在必要的情况下，跟投机构也可派出在增值服务上有最佳互补性的投资经理进驻所投资企业的董事会或者监事会。

（三）联合投资实践

联合投资是风险投资中的常见现象。在我国上市退出的风险投资事件中，风险投资基金采用联合投资的比例占53%，也就是大部分投资是通过联合投资完成。① 表4－8列举了深圳创新投资集团有限公司在2015年与其他投资机构进行联合投资的案例。

表4－8　2015年深圳创新投资集团有限公司联合投资案例

联合投资机构	投资时间	联合投资标的企业
天鹰资本	2015－12－18	必虎
朗玛峰创投、凤凰资本	2015－12－15	阿凡题
西藏瑞华	2015－12－14	聚飞光电

① 作者选取的样本仅为在中国创业板和中小板上市退出的投资事件，可能存在样本选取偏差。

续表

联合投资机构	投资时间	联合投资标的企业
广西铁投	2015-12-07	中山公用
北广文资、中移国投创新	2015-12-03	品友互动
深圳高新投、国信弘盛、远致投资、架桥资本、凯富基金	2015-12-02	天健集团
建信资本	2015-09-07	康方生物
奥瑞金投资	2015-08-21	欢校信息
深圳中信资本	2015-08-18	柔宇科技
东方富海、丰利财富	2015-08-12	云汉芯城
顺为资本	2015-07-13	奇矩互动
创享投资	2015-07-10	马可孛罗科技
中兴合创	2015-06-15	压寨网络
联创策源	2015-04-23	玉米网络
亚商资本	2015-03-30	慧动创想
萃竹投资、融汇资本	2015-02-26	必康制药
澳银资本	2015-01-21	锦瑞生物

第五章
风险投资基金的投后管理

风险投资基金的投后管理，是风险投资循环中的重要阶段，是风险投资基金提高收益的重要手段。投后管理是区别风险投资与股票投资的重要特征，因此，风险投资家经常被称为积极投资者。

第一节　投后管理的目的与手段

一、投后管理的目的

风险投资基金进行筛选并完成投资，进入风险投资循环的下一个阶段，即投后管理。进行投后管理是区别风险投资和其他金融投资的重要特征，是积极投资者的标志。风险投资家参与投后管理的根本目的，是控制风险和提高收益，并且在投资过程中提高自身能力。

（一）控制风险

在筛选并进行投资之后，风险投资的风险主要表现为企业未来的不确定性和道德风险。企业未来的不确定性，来源于创业企业性质。一场暴雨、骄阳曝晒、人畜踩踏或者虫咬等，都可能使幼苗消失。创业企业的生命状态与田地中的幼苗类似，缺乏足够的生命力抵抗来自内外部的不确定性。例如：经过研发试验，产品不成功，或者商业化的过程失败，出现有竞争力的替代品，都会导致创业企业失败。

在创业企业中的道德风险，既有与成熟企业类似的特点，也有独特之处。例如：资本滥用，即创始团队未按照商业计划书使用资本，而是挪为他用；过度投资，即创始团队盲目地扩大投资，而不注重投资规模是否最优；贪污、腐败，即创始团队将企业资金转移为个人财产，或者资金用于个人消费等。创业企业较为独特的道德风险可能表现为创始团队可能会丧失进取心和冒险精神，对工作失去原有的热情，遇到困难后对企业前景担忧。

在事前控制可能的风险，优于事后出现损失后采取行动。也就是说，要将问题消灭在萌芽中，而不是等候其发生。由于风险投资标的企业的变化大，管理机动性强，单纯利用指标、契约进行风险控制的效果往往并不好。标的企业未来状态往往隐藏在软信息中，而不能通过类似于财务报表的硬信息揭示。获得软信息的最佳渠道，就是进行投后管理，参与公司治理和日常经营管理活动。①

（二）创造价值

风险投资的盈利，既有来自于筛选的结果，也有投后管理的贡献。创业者渴望成功，但很可能缺乏必要的资源。例如：科技创业者拥有技术优势，但缺乏企业管理经验和能力。研究表明，采用专业化投资策略的风险投资机构，对于投资标的企业创新的作用更强。② 风险投资机构的增值作用如图5－1所示。在企业生命周期的每一个阶段，有增值作用的企业价值均高于没有增值作用的企业价值。风险投资家发挥价值增值作用，必然要求参与标的企业的经营管理等事务。

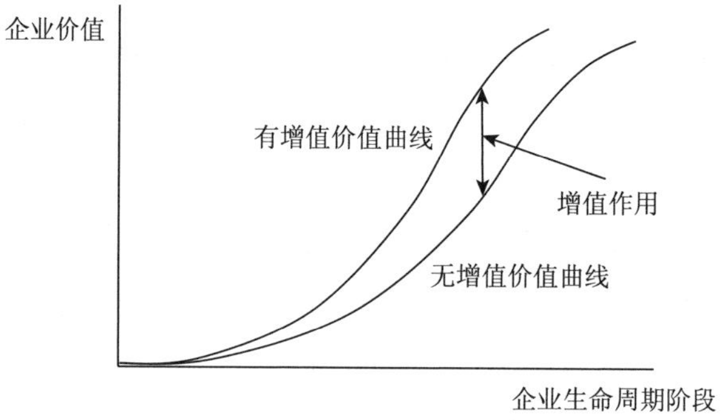

图5－1　风险投资价值增值示意图

风险投资机构的增值作用，可以划分为内部管理增值和外部网络增值。③ 内部管理增值包括帮助企业制定经营战略规划、培训员工、情感支持等。创业者是孤独的，在他们遇到精神低谷的时候，风险投资家在情感上的支持非常重要，有助于企业和创业者渡过难关。外部网络增值包括帮助标的企业进行后续融资、引进重要的战略合作伙伴、介绍供应商和客户

① 软信息指不能通过报表、研究报告传递的信息，例如企业经营状况的感觉。对初创期企业发展的判断，在很大程度上取决于软信息。

② 黄福广，王建业，朱桂龙．风险资本专业化对被投资企业技术创新的影响［J］．科学学研究，2016，34（12）：1975－1885。

③ 关于风险资本的增值作用，可参见黄福广，张晓，彭涛，田利辉．创业投资对中国未上市中小企业的管理提升和企业成长的影响［J］．管理学报，2015，12（2）：207－214。

等。例如：帮助标的企业引入后轮融资的风险资本，提高企业融资能力。

（三）提高能力

风险投资机构进行投后管理，不仅能够提升标的企业价值，也是提升自身能力的一种方式。不同风险投资家具有不同的能力和资源，例如：具有金融从业经验和知识的风险投资家，具有较强的金融市场能力，但可能缺乏企业管理经验。而具有企业管理经验的风险投资家，能够更好地给标的企业提供指导和分享创业企业的管理经验，但在后续融资的能力则相对缺乏竞争力。

风险投资家通过参与投后管理，有助于提高风险投资经验，提高投后管理能力。首先，可以在实践中弥补不足的知识和经验，提高管理水平、增强对行业的了解；其次，在进行投后管理的过程中，在与创始团队不断沟通和配合中，学习与创始团队处理关系的技巧，促进创始团队之间的信任和默契。

二、投后管理的能力要求

（一）专业化能力

与其他任何行业一样，风险投资专业化同样有利于专注精力，产生在某一领域中所拥有的竞争力。风险投资专业化主要包括阶段专业化、行业专业化和地域专业化。三个专业化有相互交叉性，例如：地域专业化与另外两项专业化可以同时存在，行业专业化与阶段专业化也可以同时存在。相对来说，地域专业化是一种约束，而不是一种能力要求，以下讨论的专业化能力仅涉及阶段和行业专业化。

1. 阶段专业化

阶段专业化指风险投资基金专注于某个阶段企业投资，较少投资于其他阶段企业。例如：风险投资基金专注于种子期企业、初创期企业，成长早期或者成长后期企业。例如：真格基金的介绍为“真格基金专注于 TMT 行业，包括物联网、移动互联、游戏、企业软件、O2O、电子商务及教育培训等领域的种子期投资”。① 阶段专业化的风险资本有利于积累某一特定阶段的投资经验，获得该阶段关于投资和增值服务的深度知识，为阶段匹配的标的企业提供更有利的增值服务，进而推动企业创新和成长。当然，从企业角度看，处于匹配阶段的企业更容易接受阶段专业化风险资本的支持，匹配性有利于风险资本与企业之间顺畅交流和合作。

标的企业处在不同的阶段，投资风险不同。处在比较靠前阶段的标的企业，特别是种子期、初创期的企业，产品还没有成型或者没有投向市场，盈利模式和商业模式没有得到验证，这类企业具有较高的不确定性。同时，由于企业规模小，组织结构不健全，还没有完善的公司治理结构，甚至是创始人独掌整个企业，企业决策缺乏制约。阶段越靠后，相对而言标的企业风险不断降低。随着企业的不断发展，产品或服务逐渐被市场认可，商业模式开始成熟，逐渐形成稳定的盈利能力，不确定性逐渐减小。不仅风险大小不同，风险类型也不同。我们在第一章中提到，初创期企业面临着突变式风险，而较为成熟的企业面临的是程度更高的可测性风险。对于两种不同类型风险，处理方式不同。

处在不同阶段的标的企业需要不同的管理技巧和关注点。正如第四章所述，投资者在对不同阶段企业进行筛选判断时，关注点不同：对于偏早期企业，更关注创始人团队；对于偏后期企业，更关注产品和市场。处在阶段靠前的标的企业，失败风险较高，风险投资基金更关注企业是否能够生存，能否顺利进入下一个阶段。风险投资基金投后管理需要更多的时间和精力，需要随时了解企业的信息，以便在企业出现危机迹象时，及时采取处理措施。阶段越靠后，标的企业生命力越来越强，各方面管理逐渐成熟，风险投资基金介入减少，凭借财务指标已经能够较好地判断企业状况。此时，风险投资基金更关注帮助企业筹划上市或者是出售，实现风险投资的顺利退出。

2. 行业专业化

类似于阶段专业化，风险投资基金也可以专注于某一个行业企业的投

---

① 参见真格基金网页 http：//www. zhenfund. com/cn/about.

资，较少投资于其他行业企业。例如：传媒梦工场就是一个专注于传媒业投资的风险投资机构。传媒梦工场已经投资了10个新媒体项目，募集了中国第一个专门针对传媒的基金，传媒梦工场CEO蒋纯介绍，传媒梦工场未来会一直沿着媒体产业链来进行投资。①

不同行业的标的企业具有不同的特征，尤其是技术型企业，不同行业差异明显。不仅技术基础不同，而且营销模式也可能不同，例如：有的依赖确定性大客户，有的依赖市场上不确定客户。不同行业的竞争特点也有所不同，有的行业竞争性强，有的行业则竞争性弱。风险投资家在某一细分领域内不断进行投资，并参与到标的企业的投后管理，对某一特定行业的产品、技术和市场精通，形成在专业领域内的竞争优势，成为行业专家，从而能够更好地判断所投资行业的发展前景，把握创新趋势，处理不确定性。

（二）网络能力

网络能力是借用战略管理的一个概念，指企业通过发展和运用网络和网络关系，来更有效地获取资源、创造价值，提升企业竞争力。② 网络能力是网络中组织所具有的获取和利用网络伙伴资源，并通过协同组织内部资源来提高组织绩效并获取竞争优势的能力。风险资本不仅在获得交易项目信息、筛选项目、联合投资时，需要网络能力，在投后管理中仍需要网络能力。

投后管理中对于网络能力的要求，主要源自于三个方面，分别为后续融资、供应链整合和投资退出。风险资本投入后，企业经历了一个阶段的发展，需要继续融资，并且往往后续融资规模大于前期融资。出于投资约束和风险控制，每一只基金对于单一企业投资受限，需要寻找其他风险资本或者贷款。供应链整理有助于沟通企业上下游关系，提升企业在业内竞争力，提升盈利能力，这就需要风险投资家具有较强的网络能力。③

网络能力的来源分为内部和外部。风险投资家们在社会上都具备一定

---

① 参见 http：//www. vcinchina. com/c/33/61542. html.

② 邢小强，仝允恒. 网络能力：概念、结构与影响因素分析［J］. 科学学研究，2006，12：558 -563.

③ Ritter，T.，H. Gemünden. Network Competence：Its Impact on Innovation Success and its Antecedents［J］. Journal of Business Research，2003，56（9）：745 -755.

的网络关系，风险投资基金可以利用自身的禀赋获取资源。投资银行家出身的风险投资家自然会在金融业拥有比较广泛的网络资源；来自大企业高管的风险投资家则具有行业内的网络资源，认识较多企业所需的关键性人才。除内部资源之外，风险投资基金通过外部的网络也能获取更多的网络资源。很多风险投资基金存在联合投资的情况，将风险投资基金连接成一个网络，风险投资基金可以通过这个风险投资网络获取资源。此外，利用所投资的标的企业，风险投资基金也能扩展网络资源，比如：通过标的企业的供应商、合作伙伴、顾客，等等。

测量网络能力的一种方法为网络“中心度”。以风险资本之间的网络为例，每一个风险资本均和其他风险资本有联系，其中和其他风险资本联结关系最多的风险资本，为“中心度”最高的风险资本。“中心度”越高，意味着相连的节点越多，在网络中的位置越重要，其能获得的信息就越多，通过网络获取资源的能力越强。投后管理既是风险资本网络能力的应用，也是获取并增强网络能力的渠道。

三、投后管理的手段

按照工作方式和内容，风险资本投后管理的手段大致分为两种形式，即参与型和控制型。参与型指参与标的企业的战略制定、日常管理等，控制型指确定指标监控标的企业状况。通常情况下，两类手段同时采用。但针对不同特征的标的企业，两类手段侧重不同，投后管理所支付的成本也不同。参与型管理的成本较高，较适合于早期、高科技类企业；而控制型管理的成本较低，较适合于后期、非高科技类企业。

两类投后管理手段的具体工作内容大致如下。

（一）参与型管理

1. 帮助企业设定经营目标

一般情况下，风险投资基金对风险企业进行投资后，会与创始人共同制定经营目标。经营目标可能是对赌协议规定的结果，也可能是协商的结果。制定切实可行的经营目标，要求风险投资家掌握标的企业的基本情况，与企业的管理团队达成一致，并相应地制定出关键指标。

经营目标的制定不仅基于企业经营管理需要，也基于风险投资基金对企业成长状况考察、监控的需要。出于企业经营管理需要，要求经营目标可分解，可具体分解到每个员工。还要求目标容易测量，客观性强。当然，客观性强可能会牺牲准确性。例如：外部环境不确定性导致企业业绩下降，但分析表明，企业并未失去竞争力，这样使用盈利指标会产生对企业状况的误判。因此，在很多情况下，准确性与客观性是权衡取舍的结果。考虑风险投资基金监控需要，经营目标需要尽量反映企业实际状况。因此，经营目标要根据企业具体情况而设定。例如：初创期企业通常不能以盈利作为经营目标，而是较适合以研发或者商业化过程中的某个节点性事件为目标。

2. 为企业设定经营发展的里程碑

与设定经营目标的目的一样，设定里程碑也出于双重目的，即有助于企业经营管理和风险资本判断企业状况。里程碑的设定可以使用关键性事件节点，也可以使用收入或者盈利指标，例如：产品研发成功、产品第一笔订单、实现收支平衡、第一笔盈利、销售或者盈利超过某一个数值等。里程碑为企业创始人确立了奋斗目标，也为风险投资基金确定了后期融资标准，为阶段性投资奠定了基础。通常，风险投资家以里程碑为标志，确定后期是否继续投资。

3. 参与董事会

风险投资家参与董事会，是参与型管理的典型标志。风险投资家是否参与董事会，也是个权衡利弊的过程。参与董事会需要支付各种成本，例如人员成本、办公成本等。同时，参与董事会，但能够更好地了解企业状况，掌握必要的软信息，从而为企业提供各种必要的增值服务。参与董事会，有助于更准确地考核企业业绩，分析与经营目标产生偏差的原因，制定必要的应对措施。参与董事会，不仅有利于为企业制定经营目标和里程碑，更有利于参与企业日常经营管理，例如：聘用关键员工、拓展客户等增值性服务工作。

（二）控制型管理

控制型管理的目的主要在于控制风险。一旦企业进入快速成长轨道，对于风险投资机构的资源依赖减少，风险投资家的工作重点转向控制型管理。控制型管理的主要手段是契约，风险投资基金与创始人签订契约，约定双方的权利和义务。无论如何，契约的执行依赖于对企业状况的证实，需要掌握反映企业状况的基本数据资料。

1. 帮助企业建立健全会计审计制度

控制型管理的重要工作是指标监控。由于单纯的控制型管理主要发生在企业成长后期，主要控制指标为财务指标。因此，这种形式的管理也称为指标管理。进行指标管理，需要所依赖的指标准确，反映企业真实情况，因此，需要建立健全的会计和审计制度。审计包括内部审计和外部审计。内部审计即董事会设立审计委员会，对各项制度、制度执行以及财务报表数据进行审查；外部审计即聘请独立会计师事务所，对企业会计报表进行第三方审计。

2. 定期对企业经营情况进行回顾分析

无论企业处于发展的哪一阶段，定期的战略制定和经营回顾，对于企业的发展及价值创造，以及风险投资家风险控制，都有着重要的意义。定期回顾以财务数据考察为主，辅以其他指标。以财务指标判断对经营目标的完成情况，以其他指标作为解释出现状况的方式。定期回顾是对日常监控的替代，安排多长期限进行回顾，取决于企业状况和风险投资家的态度。通常，企业早期阶段期限稍短，后期阶段稍长。定期回顾不仅意在发现问题，控制风险，也为企业的未来发展提供参考。

3. 对企业进行绩效评估

定期回顾的目的，是为了评估，以判断企业的状况，是否值得进一步投资，还是需要采用必要的手段退出。当企业业绩优于预期时，需要判断是否进行下一轮投资。当企业业绩未达到预期时，需要进行原因分析，判断企业未来是否仍具有高成长性，由此决定是执行契约，由创始人回购退出，还是等候企业业绩实现好转。不仅如此，对企业绩效进行评估，也是进行创始人和高管团队激励的基础。

第二节 契约管理

契约管理是控制型管理的表现形式。风险资本家在投资时，事前考虑标的企业和创始人的各种情况，有针对性地制定投资契约条款，并根据契约进行投后管理。

一、风险投资契约概述

风险投资契约是风险投资基金和标的企业创始人团队之间签订的，关于未来若干事项，具有法律效力的约定。企业首轮融资时，风险投资家作为风险投资基金的代表和创始人团队签订契约，创始人团队中的每一个人均作为契约签订人。在次轮以后，所有的风险投资基金和所有的创始人股东均作为契约签订人。

当风险投资家和创始人通过谈判，达成了初步投资意向后，将会向创始人提供风险投资条款协议清单（Term Sheet）。协议清单是就可能达成的投资交易做出的原则性规定，包括了双方未来将签订的正式股份认购契约（Agreement）的主要条款。创始人一旦接受接受了风险投资条款契约清单，意味着双方就投资条件达成一致意见，构成对双方均有约束力的法律文件。

一般情况下，除了估值和投资额条款外，风险投资契约主要包括的其他条款有：清算优先权条款、结构性防稀释条款、优先购买权、股份兑现条款、强制回购性条款、领售权条款、价值调整条款和参与公司治理条款等。从风险投资基金的角度来看，运用这些条款的主要目的有三个：其一，在保证风险投资基金利益的前提下，最大程度激励创始人团队，提高企业价值，实现投资收益最大化；其二，保证即使风险投资无法按照预期实现退出时，风险投资基金仍然能够获得基本投资收益；其三，参与性条款，约定风险投资基金对董事会和监事会的参与权利，掌握处理企业业务的主动权。按照三个目的，风险投资契约中的条款，基本上也可以划分为三类，即提高收益性条款、控制风险性条款和参与治理性条款。①

在实践中，不同投资交易的投资契约宽严程度不同，控制风险的条款越多，契约越趋向于严格，否则更偏向于宽松。究竟风险投资基金选择严格还是宽松契约，与风险投资家对风险的感受有关。当风险投资家评估风险较高时，会选择严格契约，即增加保护性条款。对于同一个标的企业，如果企业家要求估值较高，只有当未来业绩充分高时，风险投资基金才能实现预期投资收益。对未来业绩预期越高，不确定性越高，风险越大。因此，标的企业估值高低与契约宽严密切相关。当然，契约宽严程度，也是风险投资家和创始人谈判的结果，风险投资家的谈判力越强，契约越偏向有利于风险投资基金。双方的谈判力对比受到多种因素影响，例如：风险投资市场的热度、退出的难易程度、双方个体的竞争力等。

二、股份兑现条款

（一）股份兑现基本条款

股份兑现（Vesting）条款，为带有保护性的激励条款，主要目的是稳定管理团队。为了实现激励，风险投资基金愿意以商定的方式，赋予管理团队一定比例的股份，例如：无偿支付，或者以商定价格购买。但为避免获得股份后离职，承诺支付的股份分多次兑现，而不是在承诺时完全支付。只有在兑现后（Vested），承诺股份才完全由受让者支配，否则为未兑现股份（Unvested Shares），或者称为受限股份。对于创始人所拥有的原始股份，也可以在风险投资基金入股时，对一定比例股份签订兑现条款。

对于未兑现股份，当创始人或其他重要管理人员离职时，将按照事前约定价格购回，例如：按照成本价或者当前市价之中较低者。例如：某创业企业有两个创始人甲和乙，在引入风险投资基金之前分别持股 60% 和 40% 。引入风险投资基金后，风险投资基金占有 20% 股份，甲乙持股比例将为 48% 和 32% 。风险投资基金入股时的股票评估价格为 10 元。风险投资基金可以和两个创始人对一定股份签订兑现条款，例如：对两个创始人

① 出于参与治理的重要性，有关内容独立成一节，见本章第三节。

持有企业的20%股份签订兑现条款，即对甲所持有企业的12%股份和乙所持有的8%企业股份签订兑现条款，兑现期为1年。在兑现前，如果1年内，甲乙中的任何一个人离职，对企业股价进行评估时，企业股价高于10元，则未兑现股份按照10元的价格由企业回购。如果未兑现股票需要到风险投资期满1整年后才能兑现，称为1年隔断期（One Year Cliff）。隔断期内不能进行任何股份兑现。

不仅在风险投资中，上市公司也有采用受限股份案例。阿里巴巴在2014年IPO的招股说明书中公布，公司保留了2660万股股票，为已经赠送员工但没有兑现的股份。如果员工离职，则取消未兑现股份，留给那些继续在阿里巴巴工作的人。招股书还披露，自2011年以来，公司已经取消未兑现股份共1880万股。加上以前丧失兑现权的股份，阿里巴巴赠送的股票数量达到4500万股，占上市后总股本的1.8%。招股说明书还表明，从2015年4月1日开始，董事会有权每年以期权和受限制股份的形式发行2500万股新股，用于每年的授股行动。阿里巴巴的受限股票隔断期为1年，之后分4年逐步兑现，每年兑现25%。①

（二）加速兑现

加速兑现，指在某种约定事项出现的情况下，未兑现股份可以一次性兑现，或者按照超过原规定的速度兑现。大多数情况下，约束事项为并购或者上市。一旦发生上市或者并购事件，可以允许管理团队全部或者大部分兑现股份。例如：在并购前，管理团队尚有75%的股份未兑现，发生并购时，风险投资基金允许将未兑现的75%的股份进行兑现。

股份加速兑现有一些不足之处。首先，加速兑现与收购公司的意愿可以相悖。收购公司为了继续激励，希望仍留有未兑现的股份，或者将未兑现股份转变成期权。加速兑现后，收购公司需要重新安排激励。其次，加速兑现使得股票在短期内增加，对每股收益造成稀释，影响其他股东利益。未兑现股份与兑现股份相比价值不同，由于存在回购权空头，未兑现股份价值低。也就是，未兑现股份等于兑现股份价值，减去发行企业对股

① 参见百度文库中刊登的阿里巴巴招股说明书，http：//wenku. baidu. com.

份回购期权的价值。提前兑现，等于其他股东所享有的回购期权价值消失了，产生了财富转移。因此，股份加速兑现通常仅指对关键员工的部分股份。

三、反稀释条款

（一）反稀释条款的概念

反稀释条款（Anti – Dilution Provision），指风险投资基金为避免标的企业在后轮次融资中对其所拥有股份比例以及股权价值形成降低或者损失，与创始人团队所签订的协议条款。① 反稀释条款的内容同时为，风险投资基金有权以原入股价格或者约定价格，按比例参与购买标的企业未来所有发行的股票。如果未获得风险投资基金同意，标的企业新发行的股价不能低于原投资者购买时股价，或者不能低于风险投资基金约定的价格。

产生稀释源自于标的企业发行新股。如果按照低于评估价值的价格对风险投资基金以外的股东发行，会造成对风险投资基金持股权的稀释，包括股份比例和股权价值都会受到影响。例如：风险投资基金在标的企业首轮融资中持股2000股，占总股份的20%，入股价格10元。1年后，如果标的企业准备第二轮融资，如果按照10元价格出售新股，风险投资基金不按比例入股，在企业正常成长情况下，会产生稀释投票权和损失价值两种结果。出售新股份，风险投资基金占股比例会降低到20%之下。按照10元价格出售，即使不考虑标的企业价值提升，风险投资基金也损失了时间价值，即过去1年的投资没有获得收益，与现在入股的股东股份等值。如果考虑标的企业价值提升，损失就更多了。

2011年8月9日，在浦东创投与上讯信息股东签署的《增资协议》中规定，自该协议签署后至上讯信息完成上市前，如上讯信息向除现有股东和浦东创投之外的第三方投资者增发股份，该增资应满足以下前提条件：（1）新投资者通过增资获得的上讯信息股权的比例应为：增资额/（公司

---

① 参见上讯信息（新三板交易代码834255）在2015年11月5日发布的“上讯信息公开转让说明书”，东方财务网发布，http：//data. eastmoney. com，本书对原协议做了简单修改，实质内容无变化。

整体价值+增资额)，其中公司整体价值不得低于人民币3亿元;[①] (2)浦东创投有权利优先按照新增资的价格购买新增股份，以保证浦东创投持有的公司股份比例不被稀释;(3)如前款所述，新投资者根据某种协议约定，其最终投资价格低于该协议约定的投资价格，则原股东应将其间的差价返还给浦东创投;(4)在该协议签署后至公司完成上市前，公司给予任何一个其他股东享有的权利不能优于浦东创投所享有的权利，否则浦东创投将自动享有该等权利。

(二)反稀释条款的种类

反稀释条款基本上可归为两类，即结构型反稀释条款和价格型反稀释条款。

结构型反稀释条款，即反对股权比例被摊薄的条款。该条款主要针对投资者面临的送股、股份分拆、合并等股份重组等情况时，股份比例被降低的风险。例如：在风险投资基金投资后，公司无偿授予某个关键员工一定比例的股份。按照结构型反稀释条款，风险投资基金持股比例应该同比例增加，使得各种股份变化事件发生后，风险投资基金最终持股比例与变化前相同。

价格型反稀释条款，即反对股权价值被摊薄的条款。该条款主要针对投资者所持股权价值被降低的风险。如果标的企业再融资时，股票发行价格没有足够高，甚至比风险投资基金原投资时的价格还低，就会导致投资者手中的股权贬值。例如：在上讯信息中的最低再发股票价格规定，即通过价格型反稀释条款，防止股权价值被稀释。价格反稀释主要关注股权价值损失，可能忽略持股比例下降。

(三)价格确定

在价格型反稀释条款中，最重要的约定为后轮次再发股票时的价格约定。价格约定通常有两种形式，即“完全棘轮”(Full Ratchet)和“加权平均”(Weighted Average)调整。

---

① 此条款意味着向其他投资者融资时，公司融资前应该按照3亿元估值。按此估值，浦东创投投入的1500万元所占8.1%的股份，将达到2432.4万元价值，产生了投资收益。

1. 完全棘轮

完全棘轮条款指标的企业在后续发行中，价格应至少不低于上轮次风险投资基金的入股价格。如果新发股票低于原入股价格，则风险投资基金原持有股份比例要发生相应变化，实际上相当于调低风险投资基金原入股价格。在标的企业正常增长情况下，通常不会出现后轮次发行价格比前轮次发行价格低，但当标的企业发展状况变差时，按照当时市场状况确定的发行价格会变低。完全棘轮指即使出现这种情况，仍然不能降低发行价格。因此，完全棘轮意味着企业经营不善的风险，大部分由创始人承担，而不是风险投资基金承担。

例如：如果标的企业第一轮融资 100 万元，按 1 元/股的价格共发行 100 万股。由于企业后续发展状况不佳，在后续融资时，股票只能按照 0.5 元/股的价格发行。根据完全棘轮条款规定，上轮次投资的风险投资基金所持股份，也应该调整入股价格，调为 0.5 元/股。调整后，原投资的风险投资基金持股数由 100 万股变化为 200 万股。因此，按照完全棘轮条款，调整原入股价格，实际上就是调整占股比例。

相对来说，完全棘轮条款比较严厉。为了使得条款更加缓和，创始人更容易接受，有几种修正方式：其一，只在后续相邻的融资才适用；其二，在本轮投资后的某个时间期限内再融资时适用，过了该时间段后失效；其三，可以采用部分调整方式，也就是不按 100% 新入股价格调整原入股价格。在上述例子中，当新入股价格为 0.5 元时，原入股价格可以不调整为 0.5 元，而是调整为 0.6 元或者其他高于 0.5 元但低于 1 元的价格。

2. 加权平均

加权平均指标的企业在后续发行中，发行价格应不低于上轮次入股价格和本轮次入股价格的加权平均值。如果低于该平均值，则上轮入股价格做相应调整，即相当于调整原入股风险投资基金的持股比例。加权时使用的权重，为本轮次发行前的股份数量（已发股数量）占发行后总股数比例，以及本轮次发行股份数量（新发股数量）占发行后总股数比例。

例如：已发股数量为 2000 股（含所有原股东持股），新发股数量为 500 股，则发行后总股数为 2500 股。已发股数和新发股数占比分别为 80%

和20%，即为已发股价格权重和新发股价格权重。如果已发股价格为1元，新发股价格为0.5元，则加权平均价格为 $1\times0.8+0.5\times0.2=0.81$（元）。也就是发行新股后，风险投资基金的持股比例要按照0.81元的入股价格进行调整。显然，调整价格相对于完全棘轮大幅度降低了。当然，权重究竟如何取，可以由投资交易的双方协商决定。

在实践中较为常见的确定权重的方法为广义加权平均和狭义加权平均，两者的区别在于如何确定已发股份数量。在广义加权平均法中，已发股份采用广义股份概念，既包括已发股份，也包括将来转换成股份的可转换债券、优先股转换后的股份，以及激励期权行权后所增加的股份等。在狭义加权平均法中，已发股份只包括当前存在的股份。

四、其他条款

（一）领售权

领售权（Drag－Along Right）指当按照某种规则，风险投资基金准备向第三方出售标的企业股权时，原有股东（主要是指创始人和管理团队）不得限制出售，而且风险投资基金有权强制原有股东，按照风险投资基金与第三方达成的价格和其他条件，出售所持有股份。简单说，这个条款就是赋予风险投资基金权利，当有第三方愿意收购时，强制原有股东与其一同向第三方出售股份。① 所谓某种规则，例如：多数原始股东之外的投资人（主要指风险投资基金）同意原则，就是一种领售权触发规则，即触发条件。当然，触发规则也可以是所有股东中的大多数同意，而不是原始股东之外的投资人大多数同意。

有些标的企业创始人较多，还有一些天使投资人，多年之后，有些原始股东已经较少与企业有联系，对企业情况不甚了解，甚至有些原始股东，因为和其他股东产生矛盾而离开。在这些情况下，当部分股东准备出售企业股权时，可能会受到其他股东反对。当设立了领售权条款后，出售

① 领售权不仅指向第三方出售，也可以指清算，也就是投资人大多数同意清算时，原始股东需要接受。

股权的股东就可以避免其他股东反对而实现出售目的。有时，风险投资基金也担心大部分创始股东反对。例如：当标的企业成长不能满足风险投资基金收益要求时，恰好有第三方出价，风险投资基金倾向于出售手中股权，为避免创始大股东反对，而设立此条款。

（二）估值调整协议

估值调整协议（Valuation Adjustment Mechanism），指针对当前交易所确定的价值，如果未来某个时期内不能实现，需要对交易时所评估价值进行调整。因为投资额已经确定，所谓估值调整，也就是对各个参与方所占股份进行调整。估值调整协议在我国实践中也常被称为对赌协议。

常见的估值调整标准为业绩或者事件（主要是并购或者 IPO）。如果业绩达标，或者按期实现了 IPO 或者并购，则对原始估值不做调整。如果业绩不达标，或者没有按期实现 IPO 或者并购，则需要降低原有估值，调低原始股东所持有股份比例，提高风险投资基金持股比例。有时，如果触发估值调整，处理措施可以由原始股东回购风险投资基金所持有股权，而不是调整股份所占比例。

例如：在浦东创投投资上讯信息的交易中，存在如下估值调整条款。上讯信息原有股东向浦东创投承诺，确保上讯有限在 2011 年和 2012 年净利润之和不低于 4200 万元。如果上讯信息未能实现前述利润目标的 90%，即触发估值调整，原始股东对浦东创投进行现金补偿，补偿金额为：$\frac{4200-\text{2011 年与 2012 年净利润之和}}{4200}\times 1500$（万元）。另外，如上讯信息不能在 2015 年 12 月 31 日之前改制为股份公司公开发行股票并在证券市场上市，浦东创投有权按如下两种方式中回购价款高者要求原始股东回购浦东创投持有的公司股份：（1）保证浦东创投应获得每年 10% 的收益率；（2）浦东创投持股对应之企业账面净资产价格。①

① 参见上讯信息（新三板交易代码 834255）在 2015 年 11 月 5 日发布的“上讯信息公开转让说明书”，东方财务网发布，http：//data. eastmoney. com，本书对原协议做了简单修改，实质内容无变化。实际情况是标的企业触发了两个估值调整标准，原始股东也对风险投资基金做了相应补偿，具体情况参见“上讯信息公开转让说明书”。

（三）优先清算权

优先清算权（Liquidation Preference）指当标的企业清算时，尽管所有股东有可能持有相同类型股票，例如：普通股，风险投资基金仍有权优于其他股东获得清算分配，并且分配的数额按照事先约定数执行。仍以上讯信息为例，[①] 该公司的风险投资基金，包括天悦创投、南通万丰、金鑫、浦东创投、万丰投资，与原始股东签订“优先清算权”条款，依据该条款，当公司拟发生清算或视同清算情形时，所有风险投资基金有权优先于其他（即原始股东）股东按照一定比例优先从上讯信息公司剩余资产中获得分配。

优先清算权无疑是对风险投资基金的保护。同时，优先清算权也是对创始人清算标的企业的一种负激励。有些创始人由于经营困难，不愿意继续经营，可能会选择中途清算企业。存在优先清算权条款，创始人对于清算会存在顾虑。毕竟相对来说，清算很可能什么也得不到，不清算至少还有成功的可能性。

（四）行为约束性条款

行为约束性条款指交易双方所达成的，对标的企业创始人和管理团队应该做什么，不应该做什么的有关约定。行为约束性条款大致可分为肯定性条款和否定性条款。该类条款相对于上述条款较为吻合，不仅在风险投资中，在其他投融资协议中也属于常见条款。

肯定性条款（Affirmative or Positive），指对标的企业在投资期内应该从事哪些行为的约定，例如：提供审计报告、定期提交财务报表、做必要的信息披露、定期召开董事会，维持一定的流动资金额、净资产额和流动比率，承担债务偿付与税款支付责任，提供年度预算等。否定性条款（Negative）指对标的企业不能在投资期内从事哪些行为的约定，否定性条款可以通过明示禁止某些行为来限制管理层做出对投资者有害的行为，例如：禁止变更公司的控制权，禁止管理人员向第三者转让股份，禁止更改公司主营业务，禁止出售追加的普通股、可转换债券或优先股等。

---

① 资料来源同上一个脚注。

第三节　参与董事会

一、董事会席位

董事会是标的企业经营管理的重要组成部分，也是风险投资公司对标的企业进行监管、提供专业支持以及实现价值增值的重要方式。风险投资公司一般会在标的公司的董事会中占有席位，是否占有席位、席位类别以及席位数量或源于偏好，或依据持有股份的比例而确定。一般情况下，是风险投资公司和标的企业双方博弈的结果。

（一）席位类别

董事会的席位类别主要有董事长、内部董事、外部董事以及观察员。通常，风险投资基金持股比例较低，大多数在20%之内，据统计，风险投资基金持股样本均值为9.6%，① 尽管不能决定董事长人选，但对外部董事和观察员的人事任免及数量有较大影响力。为更好地监管和评价标的企业管理层的决策过程和结果，对企业战略及重大事项施加影响，评估创始人团队的行为和决策能力，风险投资机构在持股达到一定比例时会要求占有一定的董事会席位，派遣风险投资家作为外部董事成员。在特殊情况下，也可能会推荐专业管理人员出任董事长。在风险投资机构持股比例不足的情况下，倾向于派遣人员作为观察员或董事会列席人员参与董事会。以汉柏科技为例，接受风险投资后，公司依法完善了董事会和监事会，在由8名董事构成的董事会中，有3名由风投公司委派。未委派董事的风投公司也有权利至少每年1次委派1名代表列席公司董事会。公司监事会共有8名监事，其中三家风投公司各委派1名。②

标的企业的董事长一般由创始人团队成员担任。在汉柏科技案例中，董事长即由创始人担任。首先，创始人对所创立的企业有着深厚的感情，

---

① 参见黄福广，王建业，朱桂龙．风险资本专业化对被投资企业技术创新的影响［J］．科学学研究，2016，34（12）：1975－1885.

② 黄福广等，2016，风险 资本与创业企业成长，工作论文。

精心培育企业，期望使之成长壮大，成就一番事业。其次，创始人团队拥有较多的股权，拥有较大的选举权，在决定董事长任选中具有优势。再次，创始人一般是专业性人员，具有某方面的专业知识，例如：技术专家、销售专家等，其才能对于企业未来发展起到至关重要作用。当然，在创始人无法履行董事长职责、造成重大失误的情况下，风险投资机构可能会申请重新任命董事长，并推荐专业管理人员担任。例如：根据投资潮网站报道，2014 年 8 月 8 日，创始人吴长江被雷士照明董事会罢免 CEO 职务。2014 年 8 月 29 日，雷士照明召开临时股东大会，占投票股东所有持股数的 95.84% 均赞成罢免吴长江董事及董事会下属委员会的所有职务。①

当风险投资机构持股较少时，风险投资家可能作为观察员加入董事会，或者增加独立董事人数。设置观察员的做法在国际上已存在很久，起源于西方国家，是具有一定规模中小股东参与董事会的重要方式。观察员通常没有投票权，即无决策权，但有权旁听董事会的各种会议，拥有充分获取信息的权利，也可以就董事会决策事项发表意见。风险投资在持股份额较小情况下（如低于 5%），为及时获取标的企业决策信息，准确评估企业状况，会采取观察员席位的做法。除了亲自担任董事和观察员之外，风险投资机构还倾向于提高独立董事的数量。一方面，提高独立董事的数量和比例能够提高决策的独立性，削弱大股东对董事会的控制权；另一方面，企业可以寻找有专业知识背景、有经营经验的专业人员担任独立董事，从而通过发表独立意见对公司决策提供支持。

风险投资家还可能担任监事。监事可以作为董事会列席人员，对董事会决议事项提出质询或者建议，负责监察公司财务和董事、高管的行为，防止公司董事会和管理层滥用职权。

（二）董事会规模

处于不同生命周期阶段的企业的董事会规模大小有所不同，董事会成员数量往往随着时间推移，随企业规模扩大而增加。对于种子期和初创期企业，董事会成员可能只有 2 ~ 3 人，在这一阶段决策的效率和权威更为重

---

① 参见 http：//www. investide. cn/news/332447。

要，此时席位分配一般是创始人一席，风险投资家和其他股东各占一席。对于成长早期和扩张期企业，董事会规模一般为5～7人，企业规模随着企业发展而扩大，此时一般会引入新的投资人作为董事，并且引入独立董事。对于成长后期企业，可能有7～9个董事会成员，此时董事会中可能包括创始人、其他高管、投资人、外部董事等。

除企业发展外，风险投资机构的数量、持股、背景属性都会影响董事会规模。当多个风险投资机构联合投资时，如果各方的持股都达到一定比例，会要求派各自代表进入董事会，从而导致董事会规模扩大。当风险投资机构的持股达到较大比例（例如20%）时，可能会要求持有多个董事会席位，也会导致董事会规模的扩大。风险投资机构的背景属性也会对董事会规模产生影响，张学勇和廖理研究发现外资背景风险投资支持的企业董事会规模最大，其次是政府背景风险投资支持的企业，私营背景风险投资支持企业的董事会规模最小。① 此外，鉴于外部独立董事的服务功能，风险投资机构在增加独立外部董事的意见上，更易于与标的企业和其他股东达成一致，也会进一步扩大董事会规模。

董事会规模应保持在适当水平，不宜过大也不宜过小。一个过大的董事会显得臃肿、笨拙，组织和协调的成本过高，且容易产生“搭便车”现象，不利于提升决策的效率。一个过小的董事会则容易缺少专业领域人才，导致决策的失误，也不利于对管理层的监管。同时，在创业初期不宜建立过大的董事会，以便于未来引入新投资者的时候，董事会有增加的空间。对于各方面投资者而言，增加一个董事会成员比减少一个董事会成员要容易得多。

（三）董事会席位的分配

为减少投资后双方合作间的摩擦和矛盾，风险投资机构通常和标的企业创始人在风险投资合同中规定董事会席位在各方之间的分配。一般来说，协议中规定在本次投资后，风险投资基金所拥有的董事会席位数，以

---

① 张学勇，廖理．风险投资背景与公司IPO：市场表现与内在机理［J］．经济研究，2011（6）：118－132.

及在监事会中的席位数和观察员人数。同时，也会做出在后续增加投资者时，董事会、监事会席位如何处理的决定。各方持有席位的多寡与各方持股份额多少并无必然联系，需要依据各方意愿以及后续融资需要加以变化调整。

在进行投资时，为了对标的企业进行较好的增值服务和监控，毫无疑问，风险投资家愿意在标的企业董事会中占有席位，而且倾向于多占有席位。服从于惯例和资合企业规则,① 董事会成员由股东按照持股比例进行选举决定。当在风险投资基金进行投资时，往往在投资协议中做出关于董事会构成的特殊约定。例如：在 2011 年浦东创投对上讯信息的投资协议中规定，自成交日起，上讯有限董事会由 5 名董事组成，浦东创投有权提名 2 名董事，董事长由原股东提名的董事担任；浦东创投同意在公司引入第三方投资者（员工持股除外）或者上讯信息股份制改造时，将保留只拥有 1 名董事提名权。②

至于风险投资基金是否愿意拥有董事会席位，是多因素考虑和多方博弈的结果。风险投资基金拥有董事会席位，需要支付必要的成本，风险投资基金总会进行收益成本权衡。当多个风险投资基金同时持有一家标的企业股权时，还存在搭便车的可能。当然，当多个风险投资基金同时持有一家标的企业股权，通常有领投（Leading）风险投资基金，董事会席位由领投风险投资基金拥有。基于时间和经济成本因素，投资交易的地理临近是决定参与董事会的一个重要因素。③ 一方面，地理邻近能够提升风险投资对企业的投资金额，而风险投资的投资金额与风险投资参与公司治理显著正相关，地理邻近通过提高风险投资的投资金额正向影响风险投资参与公司治理；另一方面，根据交易成本理论，地理距离较近时，风险资本参与

① 所谓资合企业，指以出资额为标志所设立的企业，有了必要的资本，即可以成立企业。在资合企业中，对每个出资人按照出资额的大小确定所拥有的权利。

② 参见第二节估值调整协议中关于上讯信息的脚注。

③ 彭涛，黄福广，熊凌云．地理邻近对风险资本参与公司治理的影响［J］．管理科学，2015，28（4）：46－58.

公司治理的成本小，风险投资机构倾向于委任风险投资家担任企业董事。①

并非所有风险投资机构都能或愿意派遣人员进入标的企业董事会。正如前文提到的，持股没有达到一定比例的风险投资机构通常不能占有董事会席位。当风险投资基金持股比例达不到占有席位的最低比例时，可以采用派观察员的方法。一些天使投资和政府背景的风险投资机构，由于机构特征，经常并不占有董事会席位。一些投资于创业企业成熟前期，或者成Pre－IPO投资，纯粹等待标的企业上市，从而出售股权获利，这样的风险投资机构也通常并不介入董事会。经统计，在2004—2013年在中国A股上市并且上市前有风险资本投资的529家企业中形成的1134个风险资本—企业间的投资交易中（主板投资交易有113个，中小板556个，创业板465个），通过委任董事参与标的企业公司治理的比例为0.438。②

二、董事会的结构和职责

（一）董事会的结构

董事会结构指董事会的组成以及内部的合作制衡关系，主要包括董事会规模、董事会的独立性以及董事会领导结构。董事会规模如前文所述。董事会的独立性主要指独立董事占全部董事的比例，独立董事占比越高，董事会独立性越强。Baker and Gompers（2003）③ 研究发现，有风险投资支持的企业董事会中独立董事占比更高，同时，风险投资机构的声誉越高，独立董事占比越多。国内学者许承明等人④研究发现，有风险投资支持企业的独立董事和关联外部董事占比均较高，因此独立性较好。

董事会领导结构主要指董事长和总经理的两职合一情况，两职合一不

① Williamson, O. The Economics of Organization: The Transaction Cost Approach [J]. American Journal of Sociology, 1981, 87 (3), 548－577.

② 彭涛，黄福广，熊凌云．地理邻近对风险资本参与公司治理的影响［J］．管理科学，2015，28（4）：46－58.

③ Baker, M., P. Gompers. The Determinants of Board Structure at the Initial Public Offering [J]. Journal of Law and Economics, 2003, 46 (2): 569－598.

④ 许承明，孙杨，夏锐．风险投资对企业公司治理结构的影响：基于内生性视角的研究［J］. 21世纪数量经济学，2013，13（00）：533－546.

利于董事会的独立性。管家理论认为，两职合一有利于企业对外界变化快速做出反应，从而节省运营成本，而代理理论认为两职合一导致权力过于集中，进而会产生较高的代理成本。许承明、孙杨等人（2013）研究发现，有风险投资支持的企业中两职合一情况较少。说明风险投资机构的介入能够通过提高独立董事占比和减少两职合一来提高董事会独立性，加强董事会的监管作用。

董事会的成员构成随融资轮数的增加而变化。董事会成员构成主要有风险投资家、独立董事、内部董事、灰色董事四类。随着企业融资轮数增加，董事会成员数量会增加，增加的成员主要是风险投资家、独立董事和内部董事这三类，因为新的投资者会要求加入董事会，董事会想要引入领域专家提供指导和建议，而标的企业希望保持话语权。在标的企业上市前的最后一轮融资中，企业会期望引入外部领域专家，反映出企业的焦点从早期生存和成长问题转变为迎接特定行业的挑战。

董事会结构还会发生动态变化。当风险投资基金发现标的企业业绩不及预期时，可能会选择替换创始人所担任的重要职务，例如：董事长、CEO 等。在 CEO 替换前后，董事会结构不一样。一旦风险投资基金准备替换 CEO 以及替换之后，会要求较多的董事会权力。例如：当 CEO 在融资轮的间隔被替换时，相比较 CEO 保持不变时而言，会有更多风险投资家要求介入下一轮董事会。此时，标的企业的不稳定或业绩的不理想，需要风险投资机构积极介入以提高公司治理水平。而以何种方式消除 CEO 替换带来的负面影响，是通过扩大董事会规模和引入领域专家以增加专业知识，还是通过引入新的风险投资机构到该轮融资中以增加能够支持企业发展的金额数，需要经过多方和多轮次的讨价还价，结果可能会使企业经历痛苦的过程，甚至改变原来的发展方向。

当然，董事会结构也会随着后轮次融资导致资本结构变化而变化。随着企业的发展，企业对资本需求越来越大，新投资者包括其他风险投资基金会进行投资。不论新发股票是否会稀释原风险投资基金的股份，当新的投资人加入时，都会改变董事会构成。当然，预期到这种结果，风险投资基金会与创始人达成有关约定。例如：在上讯信息案例中，浦东创投在投资期初保有两个董事会人选提名权。双方商定，在引入新投资者后，浦东创投的董事会人选提名权将降低为 1 位。

董事会的结构还受创始人能力和风险投资机构声誉的影响。一般而言，当标的企业创始人具有丰富的运营管理经验且有较长的任职时间时，能够减少风险投资机构占有董事会席位的比例。其中的原理在于，标的企业需要的增值服务减少，风险投资基金对于标的企业业绩有较大的信心。而风险投资机构的声誉提高，议价能力提高，对控制企业并提高其价值的自信也提高，控制的董事会席位数量会增加，创始人所拥有的董事会席位会下降，甚至创始人担任企业重要职务的可能性会下降。高声誉的风险投资机构在以往的投资经历中，容易结识优秀的经营管理人才，有丰富的企业管理候选人资源，为避免治理机制弱化，风险投资机构更愿意任用有丰富管理经验的专业经理人而不是创始人。

（二）董事会的职责

董事会的职责主要是战略决策和管理监督，风险投资机构参与董事会，也意在发挥这两方面的作用。具体来说，所谓战略职责包括面向公司外部的资源获取和面向公司内部的战略参与。资源获取包括利用风险投资机构的社会网络，获得必要的资本支持，寻找下轮投资者，沟通产品客户，整合供应链等。战略参与包括建议和咨询、战略制定和评价、参与预算和计划、参与审议各种提案、审批财务目标、批准重要项目、监督和评价重大计划的执行等。通过履行战略职责促进决策的科学性，提高战略执行程度，推动标的实现价值增值。

监督职责指董事会代表股东监督管理层的行为、评价管理层的能力以促进标的成长并维护股东利益，具体包括雇佣和解雇高管、评价高管和企业业绩、激励并提升高管薪酬、执行财务审计工作、监督信息披露过程、监督重大决策和重组活动等，通过履行监管职责能够有效抑制管理层的自利行为，降低道德风险和代理成本。

风险投资机构的介入，有助于董事会的监督和战略职责的发挥。共同的战略目标，即提升企业价值，对风险资本参与董事会提供了激励。研究表明，风险投资机构参与董事会能够帮助标的企业制定更合理的发展战略；Fried et al.（1998）① 研究发现，有风险投资机构支持的企业，董事会对战略的参与度和标的企业对战略的执行度要远高于无风险投资机构支持的企业。Baker & Gompers 认为，风险投资机构支持的公司会更容易形成具备有力监督的治理结构。②

尽管风险投资机构作为董事会成员提供了服务，承担了职责，但是当标的企业出现困难时，容易对标的企业形成不利影响。企业一旦出现失败的情况，风险投资家容易把失败的原因归咎于标的企业高管人员身上。即使并非如此，也会因为创始人与高管和风险投资基金对待企业失败的态度不同，而发生冲突。当标的企业陷入困境，创始人和高管希望能够获得时间和资源，挽救企业。而风险投资机构的做法通常是降低损失，从而利用各种条款和董事会权利，将尚有潜力的企业进行清算。

三、董事会权力

为保障自身的合法权益，避免或减少来自创始人团队的道德风险，风险投资机构通常会同席位分配一样，和创始人在风险投资合同中约定自身享有的权利。

（一）投票权

投票权是董事会成员的基本权利，也是风险投资机构控制董事会的方式之一。投票权主要有以下几类：（1）一人一票，即一名董事享有一票表决权，这也是多数董事会采取的方式，因此，风险投资机构往往要求占有尽可能多的董事会席位；（2）一股一票，即按持股比例享有表决权，这种方式就不需要尽可能多占有席位，只需要一个席位即可，而如果风险投资机构的持股比例较多，即有可能控制董事会，因此，标的企业一般不采取此种投票权；（3）类别投票权，即将普通股划分为 A/B 股，不同类别的普通股持有不同的投票权，例如，Facebook 的扎克伯格、百度的李彦宏持有

① Fried，V.，G. Bruton，R. Hisrich. Strategy and the Board of Directors in Venture Capital - Backed Firms [J]. Journal of Business Venturing，1998，6（6）：493 - 503.

② Baker，M.，P. Gompers. The Determinants of Board Structure at the Initial Public Offering [J]. Journal of Law and Economics，2003，46（2）：569 - 598.

的投票权通常为1股相当于其他股东的10股，京东集团总裁刘强东设计的投票权比例为1∶20，他持有的B类普通股的投票权相当于其他股东的20股，而其引入的私募股权机构尽管持有大量股权但只有少量投票权；(4) 特别投票权，在某些特定情况下某些董事会成员拥有比其他成员更多的投票权，例如：批准预算计划、对章程条款的修订、聘用高管等，当事情不按计划发展或企业资金耗尽时，特殊投票权可能会造成争议性局面。

不同融资轮次发行的股票所拥有的投票权可能会不一样。当标的企业从种子期发展进入后期阶段，企业的价值提高，在新一轮融资进入的投资者所购买股票的价格必然会高于在之前融资轮次进入的投资者，由此产生了一个由购买了不同价格股票的投资者组成的董事会。在此种情况下，后期进入的投资者要确保早期进入的投资者不能批准对自身不利的被收购价格，这一价格对于早期进入的持有较低价格股票的投资者会有一个较高回报，但是后期进入的持有高价股票的投资者可能会亏损。因此，后期进入的投资者可能要求他们所持有的股票有批准权或否决权。

（二）一票否决权

一票否决权是风险投资机构拥有的一项特殊权力，是风险投资机构保障投资有效的手段之一。一票否决权是指风险投资董事对于董事会审议的某些决议仅以其一票反对票就能否决该决议，而不论其他多数董事是否已通过了该决议。一票否决权实质上赋予了风险投资董事超越“一人一票”的额外表决权，打破了董事会原来的权利分配格局和内部治理结构，使股东与管理层之间的代理问题转变为风险投资机构与其他股东之间的代理问题。设立一票否决权的目的是保证风险投资机构自身资本不受侵害，使其自身利益得到保障。

风险投资机构和创始人在风险投资合同中约定，董事会通过特定事项的决议必须取得风险投资董事的同意，否则风险投资董事可以行使一票否决权以否决该决议。这些特定事项通常是风险投资机构认为可能会对标的企业产生重大影响的事项，例如：重大资产变更、重大业务方向变更及重大投资决策的制定等。一票否决权仅仅具有“否决”的权力，在赞成某项决议方面，风险投资董事的表决权与其他董事一致。因此，一票否决权可以看作是一种额外的监管与审查力量。当然，为防止一票否决权的滥用与寻租行为的产生，必须遵守一定的规则，也必须受到额外的监管。

绝对多数表决权是一票否决权的一种类型。董事会的绝对多数表决权是指风险投资机构与标的企业约定，对于某些特定事项，例如：设立子公司或发行公司债券等，必须获得企业董事会绝对多数成员的同意，甚至全体董事的一致同意。这一表决权事实上表明特定事项必须取得风险投资董事的同意，从而形成特殊的一票否决权。

第六章 风险投资基金的投资退出

风险投资基金退出是将投资成果变现，即实现投资收益的环节。尽管投资筛选与投后管理决定了投资项目价值，但投资退出（Exit）也会影响投资收益。本章主要内容包括风险投资基金退出时机、退出市场择时、退出方式的种类、退出方式的比较与选择、国内外IPO退出市场等。

第一节　风险投资基金的退出方式

一、退出方式的种类

风险资本退出，指风险投资基金将投资项目变现的过程。所谓变现，通常指将持有的标的企业股权出售，从而获得现金。风险投资退出后，将出售股权所获现金分配给基金投资人，实现风险投资循环（Venture Capital Cycle）① 的最后一步。退出方式是风险投资家退出决策的一部分，常见的退出的方式主要有以下几类。

（一）IPO 退出

1. IPO 退出过程

首次公开发行股票（Initial Public Offerings，简称为 IPO），指当创业企业发展到一定程度时，在相关中介机构（如投资银行、律师及会计事务所等）的协助下，进行上市前准备工作，在证券市场首次向社会公众公开发行股票，从而使该风险投资标的企业转变为公众持股公司（Public Company）。风险投资基金通过首次公开发行将其所持有的不可流通的股份转变为可流通的股票，实现资本增值和投资收益。

风险投资基金在创业企业上市后，所持有的股票通常具有一定的锁定期（Lockup Period）。② 在锁定期内，风险投资基金不能出售所持有的股票。只有在锁定期后，风险投资基金才能自由卖出股票。有时，根据基金有限合伙人的要求，也可以将上市后标的企业的股票分配给基金投资人，基金投资人可以根据个人意愿，在具有流动性的市场随时出售手中股票。在这种情况下，风险投资基金分配上市股票的时刻即为退出。

企业实现 IPO，股票从非公开交易变为公开交易，加大了流动性，降低了流动性风险，从而提高了股票价值。相对来说，IPO 是风险投资基金

---

① 风险投资循环指风险投资基金的募集、投资、管理和退出，简称为募、投、管、退。

② 大多数锁定期在半年以上。

所期望的重要退出方式。根据《中国创业风险投资发展报告 2015》的统计，在 2014 年，IPO 退出占比为 20.72%。在全部退出案例中，回购和并购分别占 36.02%，清算占 4.83%。2008—2014 年，IPO 退出所占比例大致保持稳定，稍有下降，而并购和回购比例有所上升，清算比例稍有下降。① 关于不同退出方式所占比例，不同统计渠道数据不同。根据投中数据库统计，2010—2013 年我国风险投资基金 IPO 退出规模和数量整体上都呈下降趋势，2014 年伴随 IPO 重启，IPO 退出规模和数量都又大幅上升，但由于受到 2015 年 IPO 一度停摆的影响，IPO 退出规模从 2014 年的 957 亿美元，锐减到 2015 年的 45 亿美元，降幅达到 95%，如图 6－1 所示。

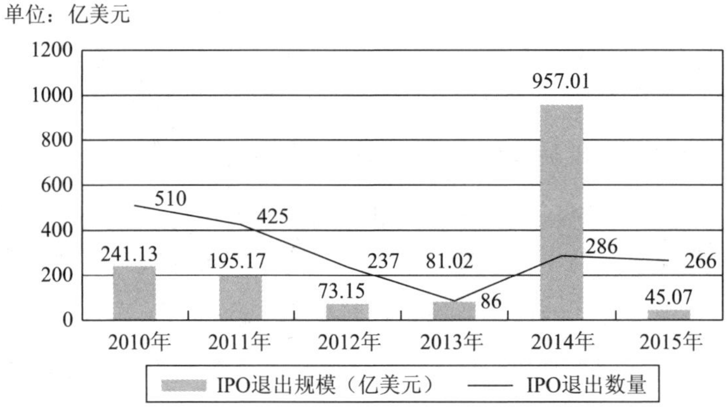

图 6－1　2010—2015 年风险投资基金 IPO 退出情况

数据来源：www. ChinaVenture. com. cn.

2. IPO 退出特点

从风险投资基金的角度看，IPO 退出具有以下三方面的优点。

（1）IPO 退出风险投资基金能够获得较高收益。IPO 退出通常在四种退出方式中收益最高，因而最受风险投资家甚至创业企业家欢迎。与投资金额相比，公开上市一般会使企业市场价值有十倍或者百倍的增加。企业股票上市后，风险投资家可以在公开市场逐步卖出股票，获得巨额投资收益。即使上市后股票价格仍有上升空间，但通常情况下，风险投资基金也

① 王元等. 中国创业风险投资发展报告 2015［M］. 北京：经济管理出版社，2015：29－39.

会卖出股票，以便于继续开展新的风险投资循环周期。

（2）IPO 退出有助于风险投资管理公司在市场上树立声誉。相对于并购退出，IPO 退出所受市场关注更多，退出时的收益也成为资本市场获利的翘楚。以今日资本投资京东为例，大约 8 年的投资时间，持股价值达到投资额的大约 100 倍,[①] 年化收益率 77.83%。Gompers 在研究 IPO 抑价时，提出缺乏经验的风险资本更倾向于促进被投资企业早上市，以便在资本市场上博得声誉（Grandstanding）,[②] 有利于下一次基金募集。

（3）受到标的企业创始人团队的阻力小。在被投资企业 IPO 时，市场上的新投资者大多数不会达到控股地位，被投资企业控制权结构所受影响小，原有控制人地位基本不发生变化。同时，企业家因为企业上市提升个人声誉和成就感，个人财富获得了增长，更使企业提升了后续融资能力。因此，通常情况下，企业家也愿意选择 IPO 而不是被收购。

虽然 IPO 退出有以上优点，但也存在着无法忽视的缺点。

（1）对于标的企业要求条件较高。不论在主板还是创业板上市，对于企业均有规模和稳定盈利的基本要求，满足资产和收入规模的必要条件。因此，只有当企业发展到一定程度才能选择上市。在我国实施审核制的情况下，还要承担申请是否能够获批的风险。

（2）IPO 退出的成本高。企业公开上市不仅需要耗费大量的精力，而且还要花费较高的费用，例如：保荐费、律师费、审计费、资产评估费、各种出版印刷费以及承销费等。一般来说，我国上海和深圳交易所股票上市的总成本占到融资金额的大约 6% 以上。除了直接成本之外，IPO 还需要承担抑价（Underpricing）成本。[③]

① 参见：今日资本总裁徐新：京东是我投的最成功的案子，2016 年 11 月 26 日摘，http：//www.qianzhan.com/people/detail/271/140611 - a078c57c_ 2.html。其中的收益为估计值。

② 参见 Gompers，P. Grandstanding in the Venture Capital Industry ［J］. Journal of Financial Economics，1996，42：133 - 156. Grandstanding 经常被翻译成“逐名”，即有意通过某种行为获得声誉。

③ 参见 Huang，Fuguang，Lingxia Sun，Steven Jordan，Xiwen Li. Venture Capital - backed IPOs Underpricing：Based on Adverse Selection ［A］. The 5th International Conference on Asian Financial Markets，2009，Nagasaki，Japan. 抑价使得公司按照低于估计价值的价格发行股票。

（3）IPO 后风险投资基金不能立即出售股票。各国证券监管当局出于稳定股价的考虑，通常对各类机构投资者在 IPO 前所购股票规定一定期限的禁售期。禁售期通常为 6 个月以上，被禁售的股票在此期间内不能出售，如果出现市场波动，退出收益会受到一定影响。

（二）并购退出

1. 并购退出过程

并购（Merger and Acquisition，简称为 M&A）包括兼并（Merger）和收购（Acquisition）。在风险投资实践中，并购主要为其他实业公司收购风险投资的标的企业，其他实业公司称为主并公司。主并公司收购标的公司有两种形式，分别为收购标的企业原有股东的股份和收购标的企业的资产。收购股份为整体收购，即主并公司获得标的企业的股份，并承担可能的负债，标的企业成为主并公司的一个部门、子公司，或者完全融入主并公司。收购资产是指主并公司首先对标的企业进行剥离，仅收购标的企业的一部分资产。在风险投资实践中，由于主要资产剥离后，企业基本上没有生存价值，所以并购主要指整体收购。

在风险投资基金寻求并购退出的过程中，首先要寻找主并公司。主并公司主要是寻求依靠并购获得成长的公司，例如：希望通过并购获得技术、产品、市场、品牌、分销渠道等。在有些并购中，主并公司可以通过收购实现业务转型。例如：在 2016 年 4 月份，中国证监会批准哈尔滨工大高新技术产业开发有限公司（股票代码 600701）并购汉柏科技有限公司，并购使得工大高新业务从商业商品销售为主的业务结构发生很大变化，汉柏科技的云计算业务成为工大高新的主营业务之一。① 当基本确定主并公司后，需要洽谈交易定价和支付方式。支付方式可以使用现金，也可以使用主并公司股票。在汉柏科技并购中，支付方式为工大高新的股票，并购后汉柏科技的股东成为工大高新的股东。如果主并公司为非上市公司，使用股票支付要涉及双边估值问题，即同时评估主并公司和标的公司的价值。

---

① 参见工大高新于 2016 年 5 月 4 日发布的公告。

较为典型的并购发生在 CVC 所支持的标的企业中。① CVC 母公司进行风险投资，大多基于战略目标。母公司成立风险投资部门，选择与原有业务领域相关的标的企业进行投资。一旦发现 CVC 所支持的企业符合母公司未来发展需求，即对标的企业实施并购。当然，如果发现 CVC 所支持企业不符合母公司战略需要，可能通过 IPO 退出，或者寻找其他主并公司退出。母公司进行风险投资，类似于“先尝后买”的过程，在并购前有足够的时间进行考察。根据 Benson & Ziedonis 的研究，② 在 CVC 母公司购买的全部初创企业中，大约有 5% 的企业接受过该母公司 CVC 的投资。但他们在研究过程发现了一个有趣的现象，母公司收购 CVC 未投资过的标的企业市场反应积极，收购 CVC 投资过的标的企业市场反应消极。他们认为，可能母公司对 CVC 投资的标的企业形成了“情感偏好（fallen in love)”，在评估上产生主观偏差。即在客观上评估属于不进行投资的项目，由于“情感偏好”，仍然实施了并购。

一般来说，对比 IPO 退出，通过并购退出的标的企业规模相对较小，创立年限较短，企业所处的生命周期阶段较早，并且并购相对来说受资本市场变化影响较小。③ 有些标的企业的规模和盈利性特征不满足上市要求，但可以通过并购实现退出。IPO 对于企业的要求，客观上限制了某些企业通过 IPO 退出。对比图 6 - 1 和图 6 - 2 中的数据发现，根据图 6 - 2 中数据显示，2010—2014 年我国风险投资基金并购退出的规模先下降后上升，但并购退出数量却整体保持上升趋势，2015 年风险投资基金并购退出的规模和数量相比于 2014 年大幅下降，但均超过当年风险投资基金 IPO 退出的规模和数量。通过对比发现，IPO 退出的数量和规模对资本市场变化更敏感，波动周期更明显。IPO 退出数量和规模平均值大于并购退出，也主要源自于繁荣市时期的高数值贡献，例如：2014 年突增的 IPO 数量和总退出规模。

---

① 关于 CVC，请参考第二章第四节，风险投资基金类型。

② Benson，D.，R. Ziedonis. Corporate Venture Capital and the Returns to Acquiring Portfolio Companies［J］. Journal of Financial Economics，2010，98（3）：478 - 499.

③ 关于 IPO 与并购对比情况，参见 Poulsen，A. M. Stegemoller. Moving from Private to Public Ownership［J］. Financial Management，2008，90：81 - 101.

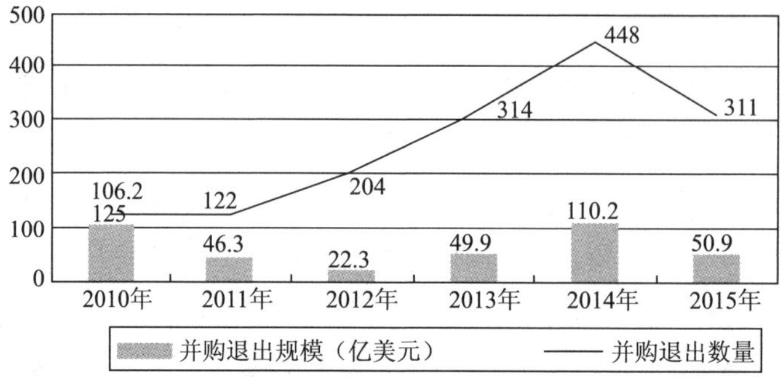

图 6－2　2010—2015 年我国风险投资基金并购退出情况

数据来源：www. ChinaVenture. com. cn.

与 IPO 退出不同，利用并购退出，主并方有时会要求标的企业股东签订盈利兑付条款（Earn－out），即标的企业股东需要保证所预期的盈利能够实现，否则将降低收购对价。该条款属于对赌条款中的一种类型。对赌条款的设立，源自于交易双方对标的企业估值的意见偏差。① 例如：在工大高新收购汉柏科技的并购案中，在双方的交易协议中包括《盈利预测补偿协议》，规定汉柏科技如未能实现预测盈利，汉柏科技大股东将对其他股东使用工大高新股份予以补偿。②

2. **并购退出特点**

与 IPO 退出相比，并购退出仅涉及交易各参与方协商，具有程序较简单、速度较快、确定性较高等优点，但也具有如下缺点：

（1）一般地讲，通过并购退出实现的收益低于 IPO。研究表明，通过 IPO 退出实现的价值比并购高出 22%。举例来说，同一个企业如果通过 IPO 退出，与并购退出相比，在退出时的价值评估高 22%。③

（2）并购影响标的企业的独立性，容易遭到创业企业家和管理团队的反对。标的企业被并购后，或者成为主并公司一个独立部门，或者与主并

① 参见第四章第二节，“投资项目价值评估”部分中的对赌设立。

② 参见工大高新 2016 年 5 月 13 日的公告“发行股份购买资产并募集配套资金暨关联交易报告书摘要”，http：//www. sse. com. cn。

③ 参见 Brau，J.，B. Francis，N. Kohers. The Choice of IPO Versus Takeover［J］. Journal of Busiess，2003，76（4）：583－612.

公司完全整合，不论哪种情况，创始人均会失去原有的独立决策地位，创立的企业也不复存在。对于追求控制权，以创立一个成功企业而自豪的企业家，往往不愿意接受并购，给风险投资基金通过并购退出造成困难。

（3）在有些情况下，并购退出实现收益的流动性较差。并购退出实现收益的方式包括现金、上市主并公司的股票和非上市主并公司的股票。如果使用现金支付进行并购，风险投资基金可以实现完全退出。如果使用上市主并公司股票进行并购支付，风险投资基金也可以获得流动性较好的收益。如果使用非上市主并公司股票作为支付手段，通过并购，风险投资基金所获得的收益流动性较差，需要找到下一个股票购买者，才能真正实现退出。

（三）其他退出

其他退出包括转售、部分退出、回售和清算。尽管几种方式的特点不同，但与 IPO 和并购退出相比，在大多数情况下不属于风险资本家的期望退出方式，因此一并归入其他退出方式。

1. 转售

转售（Secondary Buyout）指风险投资基金将所持有的标的企业股权，转售给另外一家风险投资基金或者其他机构投资者。转售与并购的区别表现在两个方面：其一转售的购买方不是实业公司，而是进行金融投资的机构投资者；其二，在转售时的标的企业尚未达到金融投资者完全退出的程度，例如：规模、盈利性等指标未达到并购或者 IPO 要求。

风险投资基金转售持有股权的动机主要可以归纳为三个方面。第一，风险投资基金存在投资阶段专业化策略，有些基金仅投资标的企业初创期，初创期后将所持标的企业股权转售给专注于成长早期投资的基金，有些基金擅长生产管理，有些基金擅长资本市场等；第二，投资标的企业发展未达计划水平，但仍有发展前景，基金面临到期清算问题，为了避免基金清算时不必要的麻烦，需要提前转售。当然，风险投资管理公司也可以募集新基金，收购原有基金持有的股权。当新募集基金与原有基金投资者不一致时，容易出现代理冲突;① 第三，风险投资基金与标的企业管理团队产生较大冲突，不便于继续合作。在这种情况下，风险投资基金会将所持股权转售给另外一家风险投资机构所管理的基金。

转售定价类似于标的企业后轮融资定价。有些专注于早期投资的风险投资基金，在发现投资标的后进行投资。在后续标的企业的融资轮次中，早期投资基金可能不再投资，此时即涉及前轮次和后轮次基金如何分割收益问题，定价需要保证前后轮次投资基金均能获得期望的收益，也就是实现双赢（Win - Win Transaction）。考虑到如下问题，转售时定价会稍低一些。第一，转售容易被人误解成在出售“难摘的桃子”，通常情况下，即使基金存在投资阶段专业化问题，仍然可以采取不参与后轮次投资，但仍不退出策略。一旦退出，即容易传递标的企业后期发展潜力小的信号；第二，转售后标的企业通常要支付一些终止费（Termination Fees），作为对终止预期收费类服务的补偿。

2. 部分退出

部分退出（Partial Exit），指风险投资基金将所投资金额的一部分变现，而继续保留部分在标的企业中的投资。部分退出常用的方式是利用红利支付。尽管红利支付对于成熟上市公司不是新鲜事，但对于高速成长企业来说并不常见。企业在高速成长期，由于投资需求大于经营创造现金流的能力，基本上处于负现金流状态。另外，获取红利支付，不属于风险投资基金的盈利模式。在正常情况下，支付红利会影响企业进一步发展，标的企业并不向风险投资基金支付红利。只有当风险投资基金认为投资风险提高时，为了保障自身利益，才会提前退出一部分资本。因此，通过红利部分退出被看作最小化损失退出的一种手段。

3. 回售

回售（Selling Back）指风险投资基金将所持有标的企业股权，出售给标的企业的创始人团队或者员工。回售分为两种情况，分别为约定回售和协商回售。约定回售指回售属于投资契约中的一个条款，在风险投资基金

---

① 参见第三章第二节。

投资时就已经做了约定，不属于主动退出方式，而是风险控制的一种措施。在契约中，回售价格为投资本金，加上一定的投资收益。例如：确定每年的收益率为15%，投资本金为500万元，投资期为3年，则3年后回售的价格为 $500\times(1+15\%)^3=760.44$（万元）。回售达到触发点时才发生，触发点可以是会计业绩，也可以是某个事件（如上市或者并购）。大多数回售触发点为事件，例如：事前约定3年上市，如未能按照计划上市，则创始人需要回购风险投资基金所持有股权。

在没有契约规定的情况下，也可以通过投资人与创始人协商实施回售。在协商回售中，回售价格以及回售的股权比例，在决定回售时通过协商决定，而不是事先约定。协商回售就可以由风险投资基金为了退出投资而主动提出，也可以当初创企业发展到一定阶段由创始人提出。因此，协商回售属于主动退出的一种方式。使用协商回售方式退出，标的企业在退出后保持独立法人地位，创始人的控制地位不受影响，容易受到创始人支持。

4. 清算

清算（Shutdown）指初创企业由于某种原因需要终止时，对其财产、债权和债务进行清理与处置的行为。清算后，风险投资基金按照约定从清算后的资产中获得补偿。大多数清算发生在标的企业经营状况与预期相差较大、无力偿还到期债务、与原定目标发生偏离的情况下，因此投资人通常会遭受损失。如果风险投资基金所持有的投资工具为股权，除非事先约定，否则无法主动提出清算，只能在无力偿还到期债务时才能进行清算。据统计，通过清算退出，风险投资基金平均只能收回投资本金的64%。①因此，清算基本上属于被动退出。

二、退出方式的比较与选择

（一）退出方式的比较

近几年，我国风险投资基金退出方式统计如表6-1所示。2006—2013

① 参见于博. 风险投资与企业价值创造研究［C］. 杭州：浙江大学，2014.

年，我国风险投资基金退出方式呈现出以下几个特征。第一，在各种退出方式中，回售退出所占比例较大，平均为35.4%，特别是受2012年下半年、2013年IPO暂停的影响，股份回购占比均达到45%左右；第二，IPO比例有所上升，但在2013年占比下降。IPO比例上升可能得益于2004年设立的中小板和2009年设立的创业板为风险投资退出提供了有利条件，也得益于2009年后的一段时间表现较好的资本市场。随着风险投资事件的增加，出于风险投资低成功率的特点，预计IPO占比不会发生较大增长。根据前文描述，回售可能是风险投资失败的表现，也可能是创始人避免外部控制的手段。如果以IPO和并购作为风险投资成功标志，成功率大约维持在25%左右。

表6-1　2006—2013年我国风险投资基金退出方式统计　　单位:%

年份	IPO	并购	回售	清算	其他
2006	12.7	28.4	30.4	7.8	20.6
2007	24.2	29.0	27.4	5.6	13.7
2008	22.7	23.2	34.8	9.2	10.1
2009	25.3	33.0	35.3	6.3	0.0
2010	29.8	28.6	32.8	6.9	0.0
2011	29.4	30.0	32.3	3.2	0.0
2012	29.4	18.9	45.0	6.7	0.0
2013	24.3	26.3	44.8	4.6	0.0

数据来源：《中国创业风险投资发展报告2014》。

在表6-1中所示风险投资的四种主要退出方式各有利弊。IPO退出所获收益率较高，并购方式退出实施过程较简单、便捷。另外两种退出方式，可以归类为规避损失型退出，可以通过事先约定，也可以通过风险投资家与创始人双方商定，或者通过法律手段判决破产清算。从投资收益高低来看，无疑风险投资家选择的顺序为IPO、并购、回售、清算。从退出便捷的角度，选择的顺序则为并购和回售。

（二）退出方式的选择

很多因素决定了风险投资退出方式选择，主要因素有四种，分别为标的企业业绩、标的企业行业前景、资本市场状况和风险投资基金自身状况。

由于 IPO 退出需要达到监管部门对于标的企业财务指标的要求，所以实现 IPO 退出要求企业业绩较好。较好的企业业绩以及未来良好的发展前景，能够被资本市场认可，以便能够获得较高的发行价格，并且在 IPO 后股票价格维持在较高水平。当标的企业所在行业集中度越高，标的企业竞争力越强，资本市场对于企业发展前景预期越好，越适合通过 IPO 退出。如果标的企业发展前景不易被资本市场认可，缺乏将企业前景信息传递给市场的必要通道，而标的企业价值容易被特殊主并公司认可，则通过并购退出更合适。

资本市场状况在很大程度上影响了风险投资退出选择。公开上市股票价格更容易受到市场情绪影响，价格波动较大，过度反应是股票市场的常态。[①] 过度反应，指资本市场上的股票价格不反映发行股票公司的真实经营状况。例如：在股票市场熊市期间，10 以下的市盈率比比皆是；而在股票市场牛市期间，几十甚至 100 以上的市盈率并不少见。在熊市期间，经常发现价格被低估的股票，而风险投资基金所投资的企业通常处在高成长阶段。在资本市场熊市期间，由于投资者寻找安全边际，当前会计业绩而不是未来会计业绩更受欢迎，高成长公司股票所受冲击更大；而在并购交易双方的谈判，相对来说受资本市场情绪影响要小得多。相对来说，在熊市期间，并购退出优势较明显；在牛市期间，IPO 退出会享受高估值好处。

资本市场特点对风险投资退出方式选择也有影响。例如：以证券市场为中心的美国资本市场和以商业银行为中心的德国资本市场，各自对应着不同的退出方式；美国的金融体系以证券市场为中心，资本市场层次完善，IPO 为风险投资的首选退出方式。而德国的金融体系以商业银行为主，股票市场不够发达，风险投资退出更多地采用股权转让方式。

风险投资基金增值能力和退出要求影响退出选择。风险投资基金投入

---

① 可参见乔治·索罗斯. 金融炼金术 [M]. 海口：海南出版社，1999. 在本书中，索罗斯论证了反身性理论，指出资本市场经常出现的过度反应现象。

后，不仅给标的企业带来货币资本，通常还提供增值服务。[①] 如果选用并购方式退出，风险投资基金在标的企业中的作用减弱，甚至由于出售股权而完全失去作用。当风险投资基金对标的企业增值作用较大时，应尽量避免并购退出，而是选用 IPO 退出。另外，风险投资基金在选择退出方式时，还要考虑基金存续年限、有限合伙人的要求等因素。如果基金存续期已经快到期，则应倾向于选择手续简便的并购方式退出。

第二节　风险投资基金的退出时机

一、风险投资基金退出时机影响因素

风险投资基金退出时机受多种因素影响。风险投资的内部因素（包括风险投资基金及企业特点）对退出时机的影响显而易见，但外部因素（例如：相关的行业特点、市场环境等）对退出时机也有非常重要的影响。

（一）风险投资基金的因素

1. 风险投资基金存续期

有限合伙制基金存在有限的存续期。在国外实践中，多数有限合伙风险投资基金的存在期为 10 +2 年，其中的 10 年为基本存续期，+2 年为延长期。我国目前风险投资基金的存续期稍短一些。到了存续期末，基金解散清算，所有的现金和证券需在所有合伙人之间分配。按照基金募集契约规定，风险投资项目需要在清算之前退出。当基金到期日即将来临时，风险资本家面临如何退出的压力，可能导致所谓的“紧急销售”（Fire Sale）问题，因而影响退出时机选择。

2. 风险投资基金经营状况

当风险投资基金自身经营状况与预期存在差异，即未达预期，但又面临下一期基金募集时，需要退出项目证实风险投资公司的能力，产生尽快

---

① 参见黄福广，张晓，彭涛，田利辉．创业投资对中国未上市中小企业的管理提升和企业成长的影响［J］．管理学报，2015，12（2）：207 -214.

退出的要求。Gompers① 的研究指出，年轻的风险资本为了募集下一期基金，证实风险投资公司管理能力，会促使标的企业提前上市。所谓提前，指相对于业界习惯上市标准而言，不存在明确门槛值。一般来说，当企业销售收入和盈利已经形成明显趋势性，未来成长空间容易被市场认可，估值空间被充分打开之时，即达到了风险投资家眼光中的上市标准。此时上市，风险投资基金能够较为充分地享有成长带来的升值收益，在此之前上市，则会丧失一部分升值收益。当基金经营状况良好时，管理人预期外的退出压力相对较小，对退出时机的选择比较慎重。

3. 风险投资协议

在风险投资家和创业企业家之间签订的风险投资协议，有些条款直接影响风险投资退出时机选择，例如：退股权和购回权条款、上市登记权条款等。

退股权指风险资本家在创业企业的业绩达不到预期的水平时，有权要求创业企业退股，收回初始的投资并加上一定水平的利润。退股权的实质是风险投资基金所持有的一种卖出期权（Put Option），是风险投资家进行风险管理、保护投资本金的一种措施。购回权指创业企业管理层有权在某一时间从风险资本家手中购回创业企业股票。购回权的实质是一种创业企业家所拥有的买入期权（Call Option），是创业企业家进行自我保护的一种措施。例如：当签订协议时，创业企业家感觉价值被低估，则可以要求加入该条款。一旦企业实际发展状况远超投资协议预期，企业家可以行使购回权，避免过大的价值损失。退股权和购回权条款的具体安排限制了风险投资项目退出时机选择。

上市登记权分为要求登记权和附属登记权。要求登记权允许风险资本家随时可要求创业企业申请上市而不受其他股东意愿的影响。附属登记权是指当创业企业登记上市时，风险资本家有权按照发行价出售所持有股票。

---

① Gompers, P. Grandstanding in the Venture Capital Industry [J]. Journal of Financial Economics, 1996, 42: 133-156.

（二）创业企业的因素

1. 信息不对称程度

信息不对称指创始人与市场之间对企业竞争力和未来成长空间认识的偏差。信息不对称因素从两个方面影响退出选择。其一为估值结果。市场与创始人之间对企业竞争力和成长空间认识偏差越大，双方对估值的认识偏差越大，越不容易达成交易。其二为退出后预期。如果企业发展前景不被认可，在风险投资基金退出后，企业会受到市场较大压力，例如：股价低迷，对员工和客户吸引力下降。如果通过并购方式退出，有可能直接进行公司业务转型。不论预期上述哪种情况出现，都容易受到创始人反对。

信息不对称程度受到企业发展阶段和行业性质影响。越是早期企业，信息不对称程度越高。其一，市场关于早期企业信息较少。其二，为了避免过度竞争，早期企业在有些方面会有意隐瞒信息。科技含量高的企业也容易产生信息不对称。有些科技企业，即使将其产品和技术向市场详细解释，投资者也未必能透彻理解企业竞争力的来源。例如：从事云计算业务的公司之间，如何辨别竞争力高低，不是件容易的事情。

市场与创始人或者风险投资家之间的估值偏差可以表示为图 6－3 中的两条曲线。图中的内部人指创始人和风险投资家，市场指潜在投资者。内部人估值如图中虚线所示，[①] 市场估值如实线所示，两者之间存在估值偏差，偏差缺口随着企业状态变化而变化。估值偏差产生的原因包括对不确定性、道德风险等因素的认识偏差。只有当缺口变小闭合后，才是风险投资较好的退出时机。

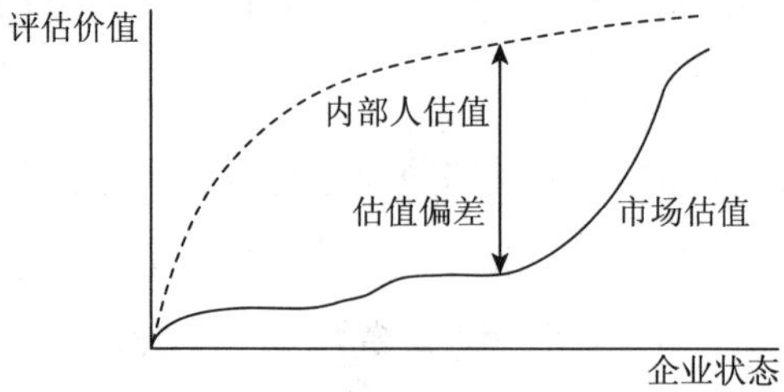

图 6－3　内部人与市场估值偏差

① 忽略风险投资家和企业家之间的估值偏差。

2. 创业企业家作用

创业企业家无疑是创业企业成长的关键人物。很多科技型创业企业的创始人为科研人员，缺乏企业经营管理全过程的知识和经验。但在企业创立初期，技术开发能否成功决定企业成败。技术开发成功，则企业存在继续发展机会，否则企业面临失败。随着技术开发成功，生产工艺流程日渐成熟，对于技术的依赖程度逐渐降低。Gompers 等人的研究表明,① 在对较早期企业的评估中，相对于企业产品和市场等因素，风险投资家更重视考察创始人，说明创始人对于企业成长的重要性。随着企业成长，尽管企业家的作用仍然重要，但重要程度逐渐下降，可替代程度逐渐提高。到了企业 IPO 之后，为数不少的企业家已经不再管理他们所创建的企业。②

不论通过哪种方式退出，创始企业家的工作所受激励都会下降。通过并购退出后，创始人不再是企业的决策者，很可能是部门负责人，甚至直接离开企业。IPO 后，尽管创始人的地位得以保留，但持股比例下降，股权稀释。无论是两种退出中的哪一种，创始人每付出一份努力，所得到的个人经济报酬下降。退出前企业家几乎在为个人工作，而退出后变成受雇佣者。即使拥有上市公司高达 30% ~40% 的股份，在股东积极主义盛行的现在，也未必对公司具有绝对的控制权。因此，会降低企业家对于企业的归属感，从而降低企业家努力程度。

确定两个边际值，其一为特定企业的企业家努力边际贡献，其二为市场上成熟企业的企业家平均边际贡献。当前一个边际贡献减去后一个边际贡献的差额较大时，退出所遭受的损失可能较大；而当边际贡献差接近于 0 时，退出对于企业价值的影响不大。

① Gompers, P., W. Cornall, S. Kaplan, H. Strebulaev. How do Venture Capitalists Make Decisions [J]. Working Paper, University of Chicago, 2016.

② Kaplan, S., B. Sensory, P. Stromberg. Should Investors Bet on the Jockey or the Horse? Evidence from the Evolution of Firms from Early Business Plans to Public Companies [J]. Journal of Finance, 2009, 64 (1): 75 -115.

（三）外部因素

1. 经济发展周期

经济发展存在周期性，在不同周期阶段，经济活动表现出不同特点。

从整体上看，经济发展速度快，经济活动活跃，带动风险投资退出市场活跃。一个国家或者区域的经济发展速度，通常使用GDP增速表示，GDP增速越高，发展速度越快。经济发展速度快，从两个方面影响着微观经济活动。首先，经济发展速度快，表明市场需求不断增长，给企业带来的发展机会多，每个企业都在追求成长机会并且得以成长。其次，快速发展的市场需求给不同的企业带来的影响不同，企业在市场动态变化过程中的竞争优势会发生变化，企业也会不断寻求各种方式提高市场竞争力，以便在发展的市场中获得更大的机会。

不同行业在不同周期阶段表现出不同特性。强周期行业的周期特征表现最明显，在经济繁荣期，行业内企业经营活动活跃，而在经济萧条期，则表现出鲜明的反向特征；弱周期行业则周期性表现不明显。有些科技企业还有可能表现出与整体周期性不同的特点，甚至表现出逆周期性。

2. 资本市场周期性

通常资本市场与经济活动表现出同周期性，但有时也表现出不同特点。在资本市场繁荣期，从数量和规模上，并购和IPO都大幅度增加。企业为了实现快速规模成长，或者进入新市场、实现业务转型等，在快速经济增长环境下，更愿意采用并购方式实现，而不是通过新建方式。活跃的并购活动增加了并购市场上的买家，从而有利于提高并购资产的价值。IPO定价以及二级市场交易也随着资本市场繁荣而提高，资本市场繁荣为风险资本退出提供了良好条件。

（四）风险投资基金退出时机的决策标准

风险投资是一种经济活动，其决策也必然符合经济规律。风险投资活动的目的，主要是获取投资收益。① 要获取投资收益，要求风险投资活动的边际收益大于边际成本，退出时机的决定也是如此。当风险资本投入企

① 当然，不同类型风险投资基金的投资目的可能不同，参见本书第二章。

业后，由于风险投资家的增值作用和企业高成长结果，随着时间的延续，企业价值得以提升，风险投资基金获得收益。当然，风险投资活动能否创造价值，需要将风险投资收益与风险资本成本进行比较。风险资本成本即风险投资基金所要求的收益，例如：2014 年风险投资平均收益率为 23.46%，① 当预期持股时间所获得的边际收益率低于该水平，即到了应该退出的时候。

企业在发展的早期阶段，面临研发、制造、市场、财务、人事等各种管理问题，风险投资家能为企业提供较多的增值服务，企业价值得以迅速提升。随着企业逐渐成熟，企业家的管理经验越来越丰富，制约企业发展的产品开发和市场营销等问题逐步得到解决，与各类服务机构，例如：银行、会计师等也建立了联系。因此，风险投资家的增值作用逐渐下降，与此同时，标的企业价值增长速度也在下降，表现为风险投资基金持有企业股权的边际收益递减。

二、风险投资基金退出市场择时

出于两个原因，本部分仅讨论 IPO 择时。其一，并购择时与 IPO 择时具有类似特点；其二，IPO 择时效果更明显，影响更大，更受市场关注，研究文献也较多。

（一）风险投资基金 IPO 退出择时行为

研究发现，在资本市场非完全有效的假设下，由股票错误定价（Mispricing）所导致的资本市场融资条件变化显著影响企业的融资选择。首次公开发行股票及增发新股（SEO）的大量实证研究都表明，由于股票价格的波动以及趋势性变化，企业会做出融资时机的选择。很多公司都在其股票被高估或股票市场价格整体上涨时发行股票；相反，在其股票价格被低估时选择回购。

风险资本通过 IPO 退出同样存在择时行为。Lerner 研究发现，风险投

① 数据来源于王元等．中国创业风险投资发展报告 2015［M］．北京：经济管理出版社，2015：35.

资基金支持的创业企业的 IPO 时间刚好和市场价格高潮吻合性较好。① Barry 等人②的研究发现，风险投资基金利用市场择时，尽量选择资本市场繁荣期退出，从而提高投资回报。除此之外，Welch③ 研究发现，在繁荣市场时期发行股票，利用较高的市场估值，风险投资公司有余地实行较高抑价发行，会给投资者留下良好的印象，使得投资者也会更倾向于在今后购买该风险投资公司参与发行的股份。

相对来说，能力强、经验丰富的风险投资家的择时能力更强。Lerner④研究表明，经验丰富的风险投资机构更能够在股价处于峰值时，将企业成功推向资本市场，进行 IPO。将能力强和经验丰富界定为声誉高。高声誉风险投资机构可能由于更能够把握市场时机进行投资，从而为 IPO 择时创造条件。Gompers 等人⑤具的研究表明，有行业经验的风险投资家可以更有效地利用公开市场信号，在适当的时机募集风险资本，进行投资。同时，在投资时设计出合适的契约，对被投资企业实施更加有效的监控，提供更好的增值服务。另外，高声誉风险投资机构在发审经验、社会资源、公关能力等方面也要强于低声誉风险投资机构，可以给被投资企业的 IPO 带来更多的便利。因此，择时不仅仅涉及 IPO 时机选择，而且涉及整个风险投资循环。

当然，企业进行 IPO 不可能由风险投资公司单方面决定，而是创始人和投资人协商的结果。在实践中，风险投资基金在 IPO 择时上也确实有一定的决策权。例如：风险投资基金一般会在创业企业中拥有一定的董事会

---

① Lerner J. Venture Capitalists and the Oversight of Private Firms [J] . The Journal of Finance, 1995, 50 (1): 301 -318.

② Barry C. , C. Muscarella, J. Peavy. The Role of Venture Capital in the Creation of Public Companies: Evidence from the Going - public Process [J] . Journal of Financial Economics, 1990, 27 (2): 447 -471.

③ Welch I. Seasoned Offerings, Imitation Costs, and the Underpricing of Initial Public Offerings [J]. The Journal of Finance, 1989, 44 (2): 421 -449.

④ Lerner J. Venture Capitalists and the Decision to Go Public [J] . Journal of Financial Economics, 1994, 35 (3): 293 -316.

⑤ Gompers P, A. Kovner, J. Lerner J. Venture Capital Investment Cycles: The Impact of Public Markets [J] . Journal of Financial Economics, 2008, 87 (1): 1 -23.

席位及控制权，甚至可以更换 CEO，从而影响企业决策。① 此外，风险资本投资时，经常与企业家签订有退出协议，例如：当企业发展达到某一阶段时即进行 IPO 或者并购。在股票价格较高时进行 IPO，对于创始人来说，也可能存在多方面好处。例如：创始人的财富水平上升，从而获得自豪感；再如：创始人通过股权质押，可以获得更高的银行贷款，等等。更重要的是，在股价高时上市，可以避免财富被稀释的威胁。

（二）风险投资基金 IPO 退出择时动机

毫无疑问，风险投资基金退出择时的目的是盈利。其他条件不变，在 IPO 退出时的发行价格越高，资本市场越活跃，风险投资基金出售股票能够获得的收益越高，从而提高投资收益率，② 但仅仅考虑当前收益最大化会掩盖某些事实真相。Gompers③ 的研究表明，低声誉风险投资机构有推动不成熟企业 IPO 的行为，也就是提前退出。这种择时动机，主要源于以下原因：①风险投资基金在管理多个项目的同时，仍会积极需寻找新的投资项目，一旦发现更好的投资机会，就会考虑尽快从现有投资项目退出；②风险投资基金为了美化投资业绩，往往会在绩效考核前期推动所投资的企业 IPO；③风险投资基金有限的存续期使得风险投资家需要不停地去筹集资金设立新基金，而能否顺利筹集到资金以及筹集资金的多少与风险投资家的声誉、以往投资业绩等密切相关，因而风险投资家更可能在筹集新的资金时会将现有的投资标的企业推向 IPO，以增加业绩表现积累，并提升业界影响力。

当源于上述动机进行 IPO 时，会出现较高的发行抑价。所谓 IPO 抑价，指股票发行价格低于评估的内在价值。④ 更进一步解释，表面上看发

---

① Kaplan S., P. Strömberg. Characteristics, Contracts, and Actions: Evidence from Venture Capitalist Analyses [J]. The Journal of Finance, 2004, 59 (5): 2177-2210.

② 严格地说，应该是在锁定期之后股票价格越高，风险投资基金卖出股票能够获得收益越高。在 IPO 后，风险投资基金做持有股票被锁定一个时期，在此时期内不能出售股票。

③ Gompers, P. Grandstanding in the Venture Capital Industry [J]. Journal of Financial Economics, 1996, 42: 133-156.

④ 此处评估，可以采用折现评估法，也可以采用比较评估法，但谈到 IPO 抑价时，多数指按照比较评估法得出的内在价值。例如：使用当时股票市场上可比市盈率进行价值评估。

行人可以将发行价定高一些，却有意定得较低，其结果必然导致上市后股票价格上涨，使得新股申购者获得收益。西方学界将 IPO 抑价比喻为“Leaving Money on the Table”，即故意将钱遗留在桌上不带走，留给别人。IPO 抑价是个很普遍的市场现象，也是金融学家们研究的重要问题。研究认为，表面上降低发行价会使发行人产生损失，实际上这是个理性行为的结果。

提前退出容易产生代理冲突。首先，高发行抑价对于创始人来说是损失，稀释了创始人的价值。假设发行前企业的总股权估值为 1 亿元，拟募集资本 2000 万元，发行后价值为 12000 万元，新股东投资 2000 万元，占股 16.67%。如果发行前资产定价下降，降为 8000 万元，则新股东同样投资 2000 万元，占股达到 20%。因此，提前退出的高发行抑价，容易遭到创始人反对。其次，提前退出与适当时机退出相比，退出收益下降，风险投资基金的投资收益下降，有限合伙人的投资收益下降，产生现有风险投资基金有限合伙人与风险投资机构之间的矛盾。

（三）风险资本与 IPO 抑价程度

有风险资本支持的企业公开发行股票，IPO 抑价具有特殊表现，值得风险投资机构和市场其他参与者关注。除了逐名效应外，关于风险资本对 IPO 抑价的影响主要有四类解释：认证作用（Certification）、监督作用（Monitoring）、逆向选择（Adverse Selection）、声誉（Reputation）。

认证作用指有风险资本参与，会向市场传递关于发行企业资产质量的信息，也就是风险资本起到了证明企业资产质量的作用。风险投资机构属于在风险投资领域的专业投资者，有筛选企业的经验和能力。监督作用指风险资本投资后，对企业进行增值服务，同时为保证自身利益，设计规范的治理结构，降低代理成本。通常情况下，在可对标企业中，风险资本支持的企业平均质量更高。因此，有风险资本支持的企业发行股票抑价率较低。声誉效应加强了认证和监督效应，高声誉风险投资机构相对于低声誉风险投资机构认证作用更强，抑价率更低。①

逆向选择可能存在于两个环节，分别为筛选和 IPO 定价。在筛选环节，风险投资家和企业家之间可能存在逆向选择，即风险投资家所选择的企业并不是希望选择的企业。由此，有风险资本支持的企业，并不见得高于市场平均水平。在 IPO 环节，由于风险投资家通常具有较广泛的社会网络关系，具有一定的金融市场知识，对于所投资企业具有较强的理解，有可能利用知识和信息优势追逐市场热点，将符合市场热点但质量未必高的企业推向市场。尽管当时资本市场的可比价值高，但当市场热点退潮后，此类企业价值可能大幅度下降。因此，逆向选择效应的存在将导致风险投资基金支持的企业有更高的 IPO 抑价率。

第三节　风险投资基金的 IPO 退出市场

一、市场发行条件

（一）主板市场发行条件

1. 中国大陆主板市场

主板市场又叫一板市场，指传统意义上的证券市场，是一个国家或地区证券发行、上市及交易的主要场所。主板市场对发行者的盈利水平、营业期限、最低市值、股本大小等方面有着较高的要求，上市企业大多为大型成熟企业，具有较大的资本规模及稳定的盈利能力。

目前，我国主板市场主要有上海证券交易所和深圳证券交易所两个。主板市场对企业的上市标准要求比较高。

盈利方面要求：①最近 3 个会计年度净利润均为正数且累计超过 3000 万元，净利润以扣除非经常性损益前后较低者为计算依据；②最近 3 个会计年度经营活动产生的现金流量净额累计超过 5000 万元，或者最近 3 个会

---

① Chemmanur T. , P. Fulghieri. Investment Bank Reputation, Information Production, and Financial Intermediation ［J］. The Journal of Finance, 1994, 49 (1): 57 – 79.

计年度营业收入累计超过3亿元；③最近一期不存在未弥补亏损。

资产方面要求：公司在发行前净资产在总资产中所占比例不应低于30%，无形资产在净资产中所占比例不应高于20%。

股本、股东人数要求：发行前股本总额不少于3000万元，发行后股本总额不低于5000万元，公众持股不低于25%，发行股份总数超过4亿股，发行比例不得低于10%，股东人数不少于200人。

其他方面要求：发行人是依法设立且持续经营三年以上的股份有限公司；最近三年内公司的主营业务未发生重大变化；最近三年内公司的董事、管理层未发生重大变化；最近三年内公司的实际控制人未发生变更等。

2004年5月，经国务院批准，证监会批复同意在深圳证券交易所主板内设立中小企业板块，以利于中小企业上市。中小板上市条件与主板基本相同，只是在中小板上市新发行股本相对少一些。

2. 美国主板市场

美国主板市场是以纽约证券交易所（New York Stock Exchange，简称NYSE）为核心的全国性证券交易市场。纽交所成立于1972年，在全球以规模最大、流动性最强而闻名。纽交所对上市企业的要求比较高，主要反映在对企业的股本规模和财务要求上。在这里上市的企业一般是知名度比较高的大企业，企业成熟度高，有良好的业绩记录及完善的公司治理机制，有较长的历史存续性和较高的回报。

（1）纽交所对美国国内公司上市的要求：①最近一年的税前盈利不少于250万美元；②社会公众拥有该公司的股票不少于110万股；③公司至少有2000名投资者，每个投资者拥有100股以上的股票；④普通股的发行额按市场价格计算不少于4000万美元；⑤公司的有形资产净值不少于4000万美元。

（2）对非美国公司上市的要求：①公司必须在最近3个财政年度里连续盈利，且在最后一年不少于250万美元、前两年每年不少于200万美元或在最后一年不少于450万美元，3年累计不少于650万美元；②社会公众持有的股票数目不少于250万股；③有100股以上的股东人数不少于

5000 名；④公司的股票市值不少于 1 亿美元；⑤公司的有形资产净值不少于 1 亿美元；⑥对公司的管理和操作方面的多项要求；⑦其他相关因素，例如：公司所属行业的相对稳定性、公司在该行业中的地位、公司产品的市场情况、公司的前景、公众对公司股票的兴趣等。

相对来说，纽交所对非美国公司在各个方面的上市要求基本上都要严格一些。

3. 中国香港主板市场

香港联合交易所有限公司（The Stock Exchange of Hong Kong Ltd.，SEHK)，也称为香港联合交易所，由以前四家交易所于 1980 年组成，并于 1986 年 4 月正式开业。香港联交所主板市场主要面向规模大、较为成熟的企业，对上市企业的要求较为严格。

盈利方面：具备 3 年的营业记录，过去 3 年盈利合计 5000 万港元（最近一年须达 2000 万港元，以及前两年合计需达 3000 万港元），在 3 年的业绩期有相同的管理层。

市值要求：新申请人上市时的预计市值不得少于 1 亿港元，其中由公众持有的证券预计市值不得少于 5000 万港元。

股东要求：在上市时最少有 100 名股东，而每 100 万港元的发行额由不少于 3 名股东持有。

公众持股要求：最低公众持股数量为 5000 万港元或已发行股本的 25%（以较高者为准）；但若发行人的市值超过 40 亿港元，则可以降低至 10%。

公司治理方面：公司需委任至少两名独立非执行董事，联交所亦鼓励（但非强制要求）公司成立审核委员会。

（二）二板市场发行条件

1. 中国大陆创业板市场

二板市场是与主板市场相对应的概念，是在主板市场之外，主要为中小型高科技企业提供筹资途径的一个市场，通常称为创业板市场。中小型科技企业往往规模较小，尚未达到成熟阶段，在很多指标上达不到主板要求。创业板市场专门为这类企业上市而设立。因此，相对来说，创业板市场上市的条件比较宽松，企业进入的门槛比较低。

我国大陆创业板上市条件主要有以下几个方面：①持续经营满三年；②最近两年连续盈利，最近两年累计净利润不少于1000万元，且持续增长，或最近一年盈利且净利润不少于500万元，最近一年营业收入不少于5000万元，最近两年营业收入增长率不低于30%；③最近一期末净资产不少于2000万元且不存在未弥补亏损；④发行后股本总额不少于3000万元；⑤最近两年主营业务、董事、高级管理人员、实际控制人没有发生重大变化。

2. 美国创业板市场

美国的NASDAQ（National Association of Securities Dealers Automated Quotations）是世界上成立最早也最具有代表性的二板市场。NASDAQ市场交易的典型特征是做市商定价机制，即由做市商对每只股票进行报价交易。

NASDAQ市场分为全国市场和小型资本市场。

全国市场的上市条件：①有盈利的企业资产净值要求在400万美元以上，无盈利的企业资产净值要求在1200万美元以上；②要求有盈利的企业最新财政年度或前三年中两个会计年度的净收入为40万美元，无盈利的企业没有净收入要求；③公众的持股量应在25%以上；④盈利的企业无经营年限的要求，无盈利的企业要求经营年限要在三年以上；⑤有盈利的企业公众持股量在50万股~100万股的，股东人数要求在800人以上，公众持股量在100万股以上的，股东人数要求在400人以上；无盈利的企业股东人数要求在400人以上。

小型资本市场的上市条件：①企业总资产要求在400万美元以上；②总股本市值200万美元以上；③公众总持股量要求在10万股以上；④公开发行的股票市值在100万美元以上；⑤股东的数量要求在300人以上。

3. 中国香港创业板市场

香港创业板市场成立于1999年，是由香港联合交易所有限公司经营的另一个股票市场，成立目的是为不同规模及行业成长潜力较好的企业提供融资渠道。

香港创业板上市要求主要包括以下几个方面：①无盈利要求，但一般需显示有24个月的活跃业务和活跃的主营业务，在活跃业务期，需有相同的管理层和持股人；②上市时的最低市值无具体规定，但实际上市时基本上不少于4600万港元；③上市时公众股东至少有100名，例如：公司只能符合12个月“活跃业务纪录”的要求，则上市时公众股东至少有300名；④市值少于40亿港元的公司的最低公众持股量须占25%，涉及的金额最少为3000万港元；市值相等于或超过40亿港元的公司，最低公众持股量须达10亿港元或已发行股本的20%（以两者中之较高者为准）；⑤需委任独立非执行董事、合资格会计师和监察主任以及设立审核委员会。

（三）新三板市场发行条件

新三板①又称全国中小企业股份转让系统，是经国务院批准，依据证券法设立的全国性证券交易场所，也是中国大陆第一家公司制证券交易所。全国中小企业股份转让系统有限责任公司为其运营机构，于2012年9月20日在国家工商总局注册，2013年1月16日正式运营，注册资本30亿元，注册地在北京。

新三板市场与主板和创业板市场不同，由于对投资者有特殊要求，只有合格投资者②才能够参与交易，本质上不属于公开交易市场，所以企业股票在新三板交易称为挂牌，而不是上市。新三板挂牌条件很宽松，没有刚性的财务要求，其他方面也基本上为定性标准，关注企业创新性和成长性。大致条件为：①依法设立且存续满两年股份有限公司（两个完整会计年度，如无实质变化，可以从有限公司成立算起）；②业务明确具有持续经营能力；③公司治理机制健全，合法规范经营；④股权明晰，股票发行和转让行为合法合规；⑤主办券商推荐并持续督导。公司是否能够挂牌成功，由全国中小企业股份转让系统审批。

自2012年至今，新三板市场建设的进程明显加快，上海张江高新产业

① 新三板是相对于老三板的一个概念。老三板也是一个股票转让交易系统，所交易的是原STAQ（全国证券交易自动报价系统）和NET（中国证券交易系统）的挂牌公司和深沪退市公司。

② 合格投资者是国际上对特殊类别投资者的界定，作为某些私募市场的准入资格。合格投资者的界定有多个条件，其中最重要的条件为可投资的现金额。

开发区、东湖新技术产业开发区以及天津滨海高新区三个试点园区首次被纳入新三板市场，新三板市场制度不断被完善，市场性质、功能及定位也不断明确，新三板市场完成了跨越式发展，截止到2017年1月3日，新三板挂牌公司总数达到10183家，已成为全球首家达到10000家挂牌企业的证券交易场所，仅2016年新三板挂牌的企业就有5034家，为历年来最多的一次。①

（四）具有特殊股权结构的企业上市

特殊股权结果包括三种类型，即VIE结构、分类股权和可变股权。

VIE结构是可变利益实体（Variable Interest Entities）的简称，也称为“协议控制”。实施协议控制的公司需要成立两个主体，其一为控制主体，其二为运营主体，例如：注册在开曼群岛的阿里巴巴集团即为控制主体，而注册设立在中国境内经营的支付宝、淘宝、阿里云等公司则是运营主体。控制主体和运营主体之间签订协议，由控制主体管理运营主体，享有收入，承担债务。控制主体和运营主体具有相同的控制股东。简单VIE结构如图6-4所示。

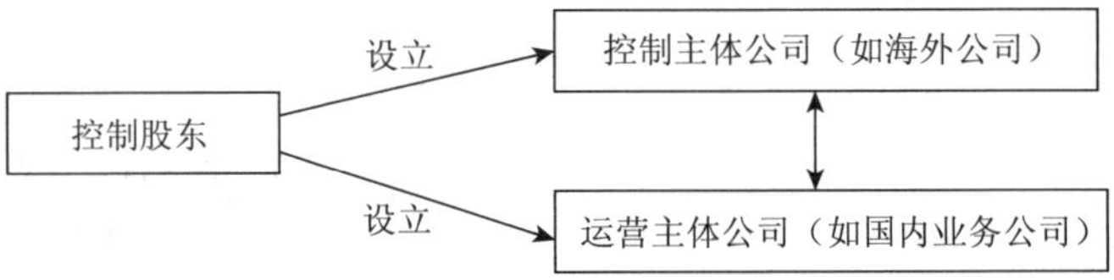

图6-4　VIE结构示意图况

我国创业企业通常出于两种原因设立VIE结构。第一，创业时融入了外资，由于行业准入原因，例如：工信部和出版总署对于外资企业从事互联网增值服务有限制，有些业务外资不能经营，为了规避管制，再成立一个内资企业，与原有外资企业签订控制协议；第二，内资企业为了在境外上市，但需要经过证监会审批，为了规避审批环节，再设立一个外资企业，与原有内资企业签订控制协议。

① 数据来自于东方财富：http：//stock. eastmoney. com/news/1614，20170103699112193. html.

分类股权，指在同一个公司内具有不同分红权和控制权的普通股权。例如：谷歌在2004年上市时，使用了A、B股制度，也就是公司设立了两类普通股。创始人获得B类普通股，其他公众股东只能购买A类普通股。两类股票具有相同的分红权，但是B类普通股拥有的投票权是A类普通股的10倍。公司设立分类股权制度，目的在于保持创始人的控制权。

可变股权指即使公司没有增发和股权转让行为，也会产生股权结构的变化。对于创业企业来说，产生股权变化的主要原因是对赌条款（估值调整条款）。当签订估值调整条款后，如果创始人不能达到约定业绩或者其他条件，将会将部分股权无偿转移给投资人。如果条款中所涉及的股权比例较大，将可能导致公司实际控制人发生变化。

目前，为了避免可能的法律纠纷，更好地保护中小股东利益，我国大陆市场暂时不接受具有三种特殊股权结构的公司申请上市。香港市场对于三类特殊股权结构持有谨慎态度，有些上市公司具有VIE结构和估值调整条款，但是香港联交所在2014年因双重股权原因拒绝了阿里巴巴上市申请。美国资本市场相对开放，对于各种股权结构，只要能够如实、充分披露即可。

二、市场特征

（一）市场估值

市盈率（Price to Earning Ratio，简称P/E比）和市净率（Market to Book Ratio，简称M/B比率）是市场估值的常用指标，反映市场对于公司收益估值的高低。同样的公司，由于市场平均市盈率和市净率不同，上市时的估值会出现差异。在具有较高市盈率和市净率的市场，公司股票能够卖出更高的价格。中国大陆、中国香港和美国市场近几年的市盈率和市净率如表6-2所示。结果表明，在最近几年，中国大陆市场股票市盈率远高于中国香港和美国市场。在三地市场，中国香港市场股票市盈率整体偏低。根据这些数据，企业在中国香港上市估值最低，在中国大陆上市估值最高，在美国上市估值介于中国大陆和香港之间。

对于中国大陆较高市盈率和市净率的一种解释是高成长率。根据有关金融理论,① 当公司具有较高成长率时，会表现出较高的市盈率和市净率。另一种解释是低折现率。在资本项目不完全开放的条件下，如果市场货币流通量较大，会压低折现率，从而出现较高的市场估值。如果两种解释成立，可以预见，当两种条件消失后，中国大陆股票市场市盈率和市净率将出现较大幅度下降。

表 6 -2　中国大陆、中国香港和美国市盈率和市净率的比较

		2013 年	2014 年	2015 年	2016 年
中国大陆	市盈率	31. 20	37. 48	51. 37	92. 73
	市净率	1. 91	1. 97	2. 46	3. 74
中国香港	市盈率	13. 49	13. 95	16. 84	28. 31
	市净率	1. 07	1. 05	1. 11	1. 28
美国	市盈率	24. 58	24. 28	24. 51	25. 63
	市净率	5. 04	5. 70	4. 61	3. 04

数据来源：Osiris 数据库。

风险投资支持的企业通常为小规模企业，小规模企业的估值与风险投资退出关系更密切。表 6 -3 统计了三个市场上市盈率、市净率与企业规模之间的关系。其中，企业规模按照资本化价值划分。按照资本化价值找出下 1/3 分位点、上 1/3 分位点，在下 1/3 分位点之下规模的企业为较小规模企业，在上 1/3 分位点之上规模的企业为较大规模企业，其他为中等规模企业。统计表明，对于较小规模企业，市盈率从高到低的排列次序为中国大陆、中国香港和美国。中国大陆市场对于较小规模企业的市盈率估值达到美国市场的大约 5 倍之多。按照市净率大小，三个市场的排序分别为中国大陆、美国和中国香港。对于中等规模和较大规模企业，三个市场之间的市盈率差距在缩小，排列顺序从高到低分别为中国大陆、美国和中国香港。对于盈利较低、规模较小的企业，要获得高估值，显然在中国大陆上市，是较为理想的选择。

① 可参见黄福广，李西文. 投资学 [M]. 北京：清华大学出版社，2016：146 -150.

表 6-3 2016 年市盈率和市净率与企业规模的关系

		较小规模	中等规模	较大规模
中国大陆	市盈率	104.46	81.85	65.05
	市净率	4.88	3.70	2.62
中国香港	市盈率	39.26	24.18	13.56
	市净率	1.69	0.94	1.26
美国	市盈率	19.71	32.83	27.5
	市净率	3.55	2.84	2.95

数据来源：Osiris 数据库。

（二）市场流动性

股票换手率（Turnover）也称周转率，指在一定时期内市场中股票转手买卖的频率，反映了股票流动性强弱。例如：换手率为 1%，表明在统计期内，市场仅交易了公司总股数的 1%。换手率越高，股票交易越活跃，每天的交易金额越大。对于风险投资基金来说，换手率高，在退出时，卖出股票对于市场的压力小，股价下降幅度低，退出成本低。

表 6-4 统计了中国大陆、中国香港和美国三个市场的换手率情况。统计结果表明，我国大陆市场股票换手率最高，美国次之，中国香港最低。在几年间，美国和中国香港市场的换手率相对稳定，但中国大陆市场波动较大。大陆市场在较为低迷的 2013 年，换手率最低，当然，换手率仅仅是市场流动性评价的一个指标，即使换手率不高，风险投资基金也能够以协议方式实现退出。

表 6-4 中国大陆、中国香港和美国股票换手率的比较

	2013 年	2014 年	2015 年	2016 年
中国大陆	5.5	16.46	10.06	6.09
中国香港	0.40	0.49	0.86	0.29
美国	1.83	1.84	1.92	1.84

注：（1）原始数据来源于 Osiris 数据库；（2）每个企业年换手率数据根据月换手率加总，但 2016 年换手率仅为前 11 个月加总（12 月数据未出）。

表 6-5 统计了不同规模企业的换手率情况。中国大陆市场表现出与香港和美国市场相异的鲜明特点。首先，不论规模大小，中国大陆市场的换

手率在三个市场中均最高；其次，在中国大陆市场，越是小规模企业换手率越高，而在另外两个市场，越是大规模企业换手率越高。在中国大陆市场，对于小规模企业的交易活跃程度，高于对于大规模企业交易的活跃程度。其中，较小规模企业换手率是较大规模企业换手率的 2 倍之多。在中国香港市场和美国市场，尤其在美国市场，对于较大规模企业交易的活跃程度，远高于对于小规模企业交易的活跃程度。其中，美国市场较大规模企业的换手率是较小规模企业换手率的 3 倍多。

表 6－5　2016 年股票换手率与企业规模的关系

	较小规模	中等规模	较大规模
中国大陆	8.44	6.32	3.61
中国香港	0.19	0.24	0.46
美国	0.78	2.1	2.54

注：（1）原始数据来源于 Osiris 数据库；（2）每个企业年换手率数据根据月换手率加总，但 2016 年换手率仅为前 11 个月加总（12 月数据未出）。

（三）禁售期

企业上市时，风险投资基金是否退出尚不确定。如果投资人同意接受上市企业的股票作为收益分配，则上市即等于退出。如果投资人要求分配现金，上市是否等于退出，在不同市场上情况不同。在中国香港和美国市场，企业 IPO 时老股东可以出售部分股票，称为存量发行，风险投资基金可以卖出股票。在中国大陆市场，IPO 被称作新股发行，只能出售新发行股票，不能出售老股东所持有的股票，风险投资基金不能出售股票。

未在上市发行时出售的股票，在各个市场通常都有禁售期（Lockup Period）规定。禁售期指企业股票发行后，有影响的大股东不能出售股票的时期。禁售期制度设计的目的主要有两个：（1）避免风险投资家和创业企业家的短期行为伤害其他投资者利益，例如：通过盈余管理提高上市时的报表业绩，提升股价，而在出售股票后企业业绩下降；（2）保持股价稳定，避免股票在上市后大起大落，在市场对企业信息掌握尚不充分时，引起市场恐慌。

例如：我国大陆主板、中小板和创业板都规定发行人公开发行股份前取得的股份，自发行人股票上市之日起一年内不得转让；控股股东和实际控制人应当承诺自发行人股票上市之日起36个月内不转让。新三板则规定在挂牌前持有的股票分三批解禁，每批解禁的股票数量均为解禁前持有股票总数的1/3；解禁时间分别为挂牌之日、挂牌期满一年和两年；做市券商为做市业务取得的做市初始库存股票除外。

第七章 风险投资基金的收益

从风险资本募集到投资退出，完成了风险投资循环。整个循环完成绩效如何，需要使用指标进行测量。不仅在后续募集中，需要业绩测量指标，在收益分配时也需要进行业绩测量。

第一节　风险投资基金收益结构与影响因素

一、风险投资收益结构

风险投资基金与其他企业一样，有收入，有成本，收入减去成本等于利润。风险投资基金经营的目的是为投资者创造利润，站在投资者的角度，风险投资基金的利润就是投资者的收益，收益与利润在数值上一致。

（一）利息收入

在下列两种情况下，风险投资基金会获得利息收入。首先，风险投资基金可能使用可转换债券进行投资，在这种情况下可以获得利息收入。在国外，可转换优先股的应用更为普遍，通过可转换优先股，也可以获得类似利息的固定股息收入。其次，当风投基金以股权形式对企业进行投资时，通过签订回购协议，按照一定的利率来支付投资期间的收益并偿还本金也可以获得利息收入。

（二）股息收入

风险投资基金所获得股息与正常投资股票获得的股息的含义相同。在持股过程中，当标的企业发放股息时，风险投资基金即可以获得股息收入。无论如何，由于风险投资基金所投资企业通常为高成长企业，投资现金流需求大，而盈利水平较低，经营现金流加上投资现金流经常为负值，缺乏现金对投资者支付股息。因此，在正常情况下，股息收入不属于风险投资基金的主要收入来源。

（三）资本利得收入

资本利得，即买卖股票价值。在风险投资中，卖出股权所获得的收入减去买入股权时的支出，即为资本利得。类似于投资于上市的高成长企业股票，资本利得也是风险投资基金的主要收入来源。

与利息收入不同，资本利得收入有不确定性，尤其对风险投资而言，不确定性程度更高。由于风险投资项目的失败率较高，一笔投资支出后，是否能够获得收益，在投资决策的时候很难进行准确判断。不仅如此，以投资项目①为单位，风险投资基金的项目收入具有较强的右偏分布特征，即基金的大部分收入来自于小部分投资项目，如图7－1所示。另外，在风险投资基金大约10年的存续期内，前几年主要为投资支出，后几年陆续退出。所以，风险投资基金的收入既表现为收入的阶段性，又表现为收入时间和大小的不确定性。

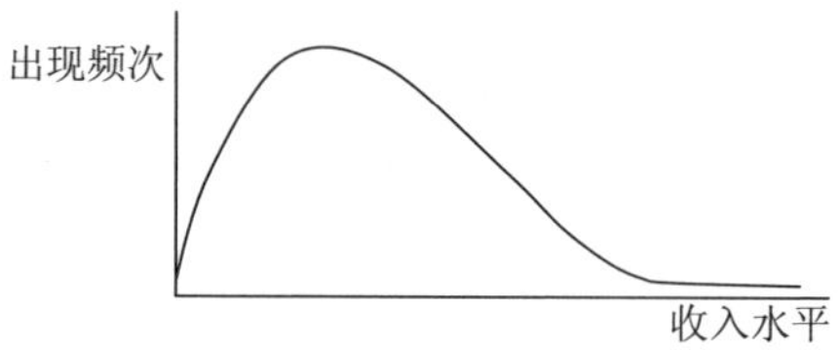

图7－1　风险投资项目收入分布

（四）收益计算

与任何其他企业经营一样，风险投资基金的收益，也称为盈利，等于收入减去成本。所谓收益，指风险投资活动给风险投资基金出资人带来的收益。风险投资基金的收益分为毛收益（Gross Returns）和净收益（Net Returns）。毛收益的计算不考虑各种风险投资基金运行中的成本，仅考虑风险投资基金的投资退出时的现金总流入减去对标的企业投资时的现金总流出。尽管站在出资人角度计算风险投资基金收益，但毛收益并不是给投资人带来的投资收益，而是在扣除成本前的收益。风险投资净收益为扣除各种成本后的收益，即毛收益扣除管理费和管理公司的业绩提成，以及其他可能的零星成本，例如：基金托管费、交易税费等。

尽管毛收益是计算净收益的中间过程，但两种收益所反映的内容不同，各有侧重。毛收益可以以投资项目为单位计算，也可以以基金为单位计算。毛收益侧重于衡量被标的企业的业绩表现，以及测量风险投资基金的每一项投资的优劣。净收益则不能用来测量每一项投资收益的高低，只能测量整个基金的业绩。此外，净收益还测量了风险投资公司给出资人创造了多少收益，其中也包含了普通合伙人和有限合伙人的契约因素。

① 每个投资项目为一个标的企业。

例如：风险投资基金认缴资本为2亿元，存续期5年，年管理费率为2%，提成比例为20%，优先收益率为8%。第1年初实缴1亿元，扣除400万元管理费，剩余0.96亿元。风险投资基金使用该0.96亿元进行项目甲投资，第3年年末退出，退出获得收入1.8亿元。由于第2年没有投资项目，有限合伙人不用缴入投资资本，但仍应缴纳管理费400万元。第3年年初，基金投资人再次缴入剩余的认缴资本0.96亿元，考虑基金仍有3年存续期，需要保留1200万元的管理费，基金将剩余0.84亿元资本进行投资。该投资项目到第5年年末退出，退出获得现金流2亿元。

根据上例中的数据，在整个基金存续期内的毛收益为（1.8－0.98）+（2－0.92）=1.9（亿元），两个项目的毛收益分别为0.84亿元和1.16亿元，两个项目的收益率分别为23.31%和33.53%。由于项目投资收益均超过优先收益率，需要向管理公司支付20%的利润提成，两个项目的利润提成分别为0.168亿元和0.232亿元。在5年间，管理公司共提取了2000万元管理费，提成和管理费合计为0.6亿元。不考虑基金的其他费用，净收益为1.4亿元。由于管理费每年都提取，但是投资项目不按年度投资和退出，所以不能准确计算出每个项目的净收益，通常只计算基金的净收益。如果需要计算，可以对管理费进行分配。

二、风险投资基金收益机制

（一）风险补偿

根据金融理论，在资本市场上的投资收益可以分解为正常收益和超常收益。按照资本资产定价模型所获取的收益即为正常收益，其中包括无风险收益和系统风险溢价，如式7－1所示。①

$$E(r_i)=r_f+\beta_i\times[E(r_m)-r_f] \tag{7－1}$$

式中，$E(r_i)$为资产i的期望收益率；r_f与$E(r_m)$分别为无风险利率与市场期望收益率；β_i是资产的风险系数，表示资产i的系统性风险大小。风险系数越高，表示资产的系统风险越大。对于风险投资基金来说，有限

① 参见黄福广，李西文．投资学［M］．北京：清华大学出版社，2016.

合伙人所持有的基金份额即为公式中的金融资产。

与公开市场股票投资不同，风险投资基金的一个显著特点是流动性差，流动性风险成为一个不可忽略的因素。① 不仅如此，风险投资的标的企业大多为初创期小企业，具有高速成长特性，也存在 Fama & French 三因子模型中的小公司溢价。② 因此，即使风险投资基金符合定价模型规律，也是多因子模型更为适合。本书的目的并不在于讨论使用什么模型描述风险投资收益，而是区别正常收益和超常收益，使用模型仅仅找到一个区分两种收益的原理。不论哪一个定价模型，都能达到此目的。

对于该模型所表示的收益，有两个问题需要探讨。第一，对于风险投资基金，β 是否可以作为衡量收益的一个参数；第二，风险投资基金的实现收益在多大程度上与 β 相关，也就是在多大程度上可以使用系统风险解释。

对于这两个问题的解释，由于缺乏风险投资基金的公开统计数据，学术界缺乏必要的经验检验证据，只能通过理论以及风险投资特征进行推测。关于第一个问题，可以通过考察风险投资收益与整个资本市场收益之间的关系。由于风险投资退出的可能性以及退出收益高低与资本市场状况密切相关，例如：在牛市期间，退出速度快、收益高，而在熊市期间则相反，因此，风险投资收益存在系统性风险溢价。但是，正像第一章所述，风险投资所面临的风险在很大程度上具有不确定性。所谓风险具有不确定性，指风险不可测。在式 7－1 中 β 所表示的风险属于可测量风险，风险投资所承担的大部分风险不能通过 β 测量。因此，对于风险投资来说，使用式 7－1 的定价模型推测收益，可靠性受到质疑。

如果使用类似于股票市场中的市场模型，投资收益可以表示如式 7－2 所示。所谓系统风险溢价对收益的解释力差，意味着残差 ε_i 的方差较高。

---

① Robinson, D., B. Sensoy. Cyclicality, Performance Measurement, and Cash Flow Liquidity in Private Equity [J]. Journal of Financial Economics, 2016, 122 (3): 521－543. 他们的研究认为，风险投资的部分收益是流动性溢价的结果。

② Fama, E., K. French. Common Risk Factors in the Returns on Stocks and Bonds [J]. Journal of Financial Economics, 1993, 33 (1): 3－56.

$$r_i = a_i + b_i r_m + \varepsilon_i \qquad (7-2)$$

高残差特性与风险投资标的企业特性相一致。这类企业以创新技术为基础，产品处于研究或试销等前期市场开发阶段，技术及市场前景的不确定，在经营管理方面缺乏经验。任何一个环节的问题都可能导致风险投资失败。另外，企业经营历史短，没有可靠的历史数据。以上两方面的特征都会导致高残差收益。

（二）超常收益

仍然使用公式7－1描述风险投资收益，并且将该式改写成经验检验模型，如式7－3所示。

$$r_{it} - r_{ft} = \alpha_i + \beta_i\ (r_{mt} - r_{ft})\ + e_{it} \qquad (7-3)$$

与式7－2不同，在式7－3中，方程左右均使用了风险溢价形式，即资产的风险溢价等于市场风险溢价加上一个常数α_i和残差e_{it}。式7－3中的常数α_i被称为超常收益，也就是超过了市场风险溢价的收益。

超常收益的来源是风险投资家超常能力的结果，超常能力是超常收益的充分必要条件。对于风险投资是否存在超常收益，学术界存在三种观点。第一，Robinson & Sensoy① 的研究认为，风险投资高收益是高风险溢价的结果，其中包括高β风险和流动性风险。第二，Braun et al. ② 的研究认为，风险投资收益存在超常收益，但随着风险投资行业竞争加剧，超常收益下降。对于某一只基金来说，不存在持续性的超常收益。第三，根据Obrimah③ 的研究，风险投资基金存在超常收益，超常收益是风险投资公司能力的反映。由于数据获得困难、有缺失、有选择偏差，以及市场基准选择未必准确，所以对风险投资收益的判断可信度不如股票投资收益高。

市场有效性是存在超常收益的决定性因素。在有效市场中，任何投资者均无法获得超常收益，一切高收益均是风险溢价的结果，也就是承担风

① Robinson, D., B. Sensoy. Cyclicality, Performance Measurement, and Cash Flow Liquidity in Private Equity [J]. Journal of Financial Economics, 2016, 122 (3): 521－543.

② Braun, R., T. Jenkinson, I. Stoff. How Persistent is Private Equity Performance? Evidence from Deal－level Data [J]. Journal of Financial Economics, forthcoming, 2016.

③ Obrimah, O. Market Reputation, Innovation and Synergistic Partnerships, and Syndication Activities within Venture Capital Market [J]. SSRN Working Paper, 2016.

险的补偿。但有效市场的一个前提是信息有效传递，也就是市场信息完美，即使股票市场也难以达到这个要求，更不用说风险投资市场了。首先，关于标的企业的信息，存在很大的不对称性，像前文所讲，有些软信息难以传递；其次，关于风险投资公司和基金本身的信息也不完全，不像上市公司或者共同基金一样，风险投资公司没有义务披露各种信息。可以推测，只要信息不完全，风险投资市场仍将存在超常收益。

创造超常收益需要从提高风险投资公司能力入手。风险投资超常收益的来源大致可以划分为三个方面，即价值发现、讨价还价和增值服务。价值发现体现在风险投资基金进行标的企业筛选过程中。研究表明，筛选是风险投资基金创造价值的主要来源。讨价还价主要表现在投资环节和风险投资家之间的讨价还价和退出时和收购者的讨价还价。讨价还价能力是风险投资公司声誉和社会网络的结果。增值服务是筛选之外，风险投资基金创造价值的第二大来源，反映了风险投资家在企业管理、获取资源等各方面的能力和经验。

三、风险投资基金收益决定因素

（一）基金规模

与工业企业类似，风险投资基金也存在规模效应，即基金存在一个适度规模。Cumming & Dai、Kaplan & Schoar、Robinson & Sensoy 等①发现基金规模和业绩之间呈现倒 U 型的关系，即存在某个最优基金规模，相对于最优规模，基金规模较小和较大均导致业绩下降。这种情况称为双向规模效应。与此认识不同，Harris et al. ②则认为一直存在规模经济，发现基金规模和基金业绩之间始终有很强的正相关关系。他们将基金规模从小到大

---

① Cumming, D., N. Dai. Fund size, limited Attention and Valuation of Venture Capital Backed Firms, Journal of Empirical Finance, 2011, 18 (1): 2-15; Kaplan, S. N., A. Schoar. Private Equity Performance: Returns, Persistence, and Capital Flows, Journal of Finance, 2005, 60 (4): 1791-1823; Robinson, D., B. Sensoy. Cyclicality, Performance Measurement, and Cash Flow Liquidity in Private Equity [J]. Journal of Financial Economics, 2016, 122 (3), 521-543.

② Harris, R. S., V. Jenkinson, S. N. Kaplan, R. Stucke. Has Persistence Persisted in Private Equity? Evidence From Buyout and Venture Capital Funds [J]. SSRN Working Paper, 2014.

分为四个等级，发现基金规模最小的等级业绩较差，最大规模的基金有最好的业绩表现，而第二等级和第三等级规模的基金业绩没有显著差异。这种情况称为单向规模效应。

基金的规模效应可能是管理公司能力的反映。通常，新设立的管理公司由于尚未建立广泛的市场声誉，募集基金规模较小；而有经验、声誉高的管理公司，募集基金规模较大。另外，虽然高声誉管理公司能够募集较大规模基金，但为了保证足够高的投资收益，主动控制基金规模。因此，表面上看到的规模效应，实际上是基金能力的结果。当然，如果管理公司仅仅追求自身收益最大化，会通过增大规模而增加管理费，可能会导致管理失效，边际收益递减，基金收益随之下降。

（二）管理公司能力和经验

风险投资属于积极型投资，不论在筛选还是增值服务环节，要获得较高的收益，均需要较强的能力和较丰富的经验。经过一段时间的运营，能力强和经验丰富的管理公司持续获得较好业绩，逐渐取得声誉，成为高声誉管理公司。文献研究表明，基金声誉与基金业绩存在正相关关系。例如：Nahata①认为由高声誉基金投资的企业更容易实现 IPO，并且 IPO 之后表现的生产力更高，因此，也会使得基金在退出时获得更高投资收益。Krishnan et al. ②发现高声誉投资公司有更强的网络，倾向于更积极地参与 IPO 后的公司治理。

即使仅考虑容易测量的经验指标，也能发现基金投资业绩差别。Hochberg et al. ③发现基金退出率（IPO 或并购）与管理公司的经验呈正相关关系。所谓经验，其一是从事风险投资工作的经验，其二是在某个专业化领域进行风险投资的经验，后者称为专业化经验。专业化经验有助于提升专

① Nahata, R. Venture Capital Reputation and Investment Performance [J]. Journal of Financial Economics, 2008, 90 (2): 127 -151.

② Masulis, R., C. N. V. Krishnan, V. Ivanov, A. Singh. Venture Capital Reputation, Post - IPO Performance and Corporate Governance [J]. Journal of Financial and Quantitative Analysis, SSRN Working Paper, 2010.

③ Hochberg, Y. V., A. Ljungqvist, Y. Lu. Whom You Know Matters: Venture Capital Networks and Investment Performance [J]. The Journal of Finance, 2007, 62 (1): 251 -301.

业技能，从而既有利于进行标的企业筛选，也有利于投后管理。[①] 同时，经验丰富的管理公司，具有更强的网络能力，从而能够更好地发挥增值服务作用。[②]

每个管理公司会陆续募集和管理多只基金，衡量业绩与能力、经验之间的关系，还需要考虑业绩持续性问题。对于基金业绩是否有持续性，存在着较大争议。所谓基金业绩可持续，指过去实现高投资业绩的管理公司，在未来同样能够实现高业绩。根据金融理论，超常业绩只能在非有效市场获得。基金的业绩有持续性，说明了风险投资市场具有一定的非有效性。

（三）市场环境

风险投资基金业绩好坏与资本市场有密切关系。资本市场活跃，有利于基金通过 IPO 和并购方式实现退出。资本市场总是存在周期性，因此，风险投资基金业绩也相应存在周期性。Kaplan & Schoar[③] 发现，风险投资基金平均收益与标普 500 指数具有近似的周期波动性。但是，不同基金对标普 500 指数的敏感性不同，基金之间的敏感性差异较大，新基金对周期性更敏感。Robinson & Sensoy[④] 研究表明，以募集年份为标志，在资本市场牛市期间募集的基金，以净收益为计算基础的基金比标普 500 指数收益低 3%；而在资本市场熊市期间募集的基金，业绩超过标普 500 指数。

---

① Gompers, P., A. Kovner, J. Lerner, D. Scharfstein. Venture capital investment cycles: The Impact of Public Markets [J]. Journal of Financial Economics, 2008, 87 (1): 1 - 23; Smith, R. L., R. Pedace, V. Sathe. Venture Capital Fund Performance: The Effects of Exits, Abandonment, Persistence, Experience, and Reputation [J]. SSRN Working Paper, 2010.

② Sorensen, M. How Smart is Smart Money? A Two - sided Matching Model of Venture Capital, Journal of Finance, 2007, 62 (6): 2725 - 2762.

③ Kaplan, S. N., A. Schoar. Private Equity Performance: Returns, Persistence, and Capital Flows [J]. Journal of Finance, 2005, 60 (4): 1791 - 1823.

④ Robinson, D., B. Sensoy. Cyclicality, Performance Measurement, and Cash Flow Liquidity in Private Equity [J]. Journal of Financial Economics, 2016, 122 (3): 521 - 543.

第二节　风险投资基金的收益倍数测量法

一、非折现倍数法

（一）计算基础

倍数计算以基金为单位，所需要的基础数据包括基金流入资金额和流出资金额。所谓倍数，即指流出资金额除以流入资金额。考虑到各种复杂情况，计算之前需要明确所需要各种基础数据的含义，如表 7－1 所示。

表 7－1　计算基金收益的基础数据指标

基础数据指标名称	简　写	计算方法
已投入资本（Paid－In）	PI	实缴资本额
收入分配（Distribution）	D	现金分红（或者利息）＋所分配的股份
未分配价值（Residual Valuation）	RV	基金所持有、未分配的投资工具价值
总价值（Total Value）	TV	收入分配＋未分配价值
认缴资本（Commitment）	C	全部合伙人在协议中规定的认缴资本额

注：通常风险投资基金所持有投资工具为标的企业股权，所以未分配价值通常指未分配股权价值。

例如：风险投资基金认缴资本为 1.1 亿元，在第 1 年初实缴资本 5000 万元，第 2 年年初再实缴 5000 万元，两次实缴合计 1 亿元。待缴资本 1000 万元（认缴与实缴之差）。两年的管理费为 11000×2%×2＝440（万元），可用于投资资本只有 9560 万元（未考虑各种交易费用）。假设两个项目投资额均为 4780 万元，第一个项目在第 3 年年末退出，获得 1.2 亿元退出现金收入，并且在退出时全部分配。第二个项目尚未退出，第 3 年年没有新增投资，但合伙人需要缴纳 220 万元的管理费，第 3 年年初需要增加 220 万元的实缴资本，待缴资本 780 万元。在第 3 年年末，未退出项目估值为 1 亿元。① 总结例中数据，对应计算出每个基础数据指标，如表 7－2 所示。

① 风险投资标的企业股票估值主观性强，浮动性大，准确率低。

表 7-2 基金收益的基础数据指标计算值

基础数据指标名称	简 称	计算值（万元）
已投入资本（Paid-In）	PI	5000+5000+220=10220
收入分配（Distribution）	D	12000
未分配价值（Residual Valuation）	RV	10000
总价值（Total Value）	TV	12000+10000=22000
认缴资本（Commitment）	C	11000

（二）TVPI 倍数

TVPI（Total Value to Paid-In Ratio）指总投资倍数（Investment Multiple），即基金投资的总价值与实缴资本之比。所谓投资的总价值，指投资所获得的期间利息或者股息收益，加上基金向合伙人分配的现金或者股份价值，加上所持有未退出投资工具（例如：标的企业股权）的评估价值。

根据表 7-2 中数据，该只基金在第 3 年年末计算的总投资倍数为：

$$TVPI=\frac{TV}{PI}=\frac{22000}{10220}=2.15 \qquad (7-4)$$

如果计算第 1 年年末和第 2 年年末的总投资倍数，由于基金没有分配收入，分子的价值只能使用评估值。

总投资倍数指标类似于一般项目投资中的回收期指标，所不同的是在分子中使用期末价值而不是现金流之和。在不考虑时间价值的情况下，如果总投资倍数小于 1，则表明基金未能给投资人带来收益。只有当总投资倍数大于 1 时，才能给投资人带来收益。超过 1 的数值代表投资收益，在上例中，基金在第 3 年年末的投资收益为 1.15 倍。①

总投资倍数指标衡量基金业绩比较直接，简单易懂，但存在两方面缺陷。其一，未考虑时间价值。上例中的 1.15 倍收益，在 3 年内的评估指标值和 5 年内的评估指标值，对投资人来说相差甚远。在本例中只有一个退出项目，即使有两个投资项目退出，并且不在同一时点退出，计算退出收入时也不考虑时间价值，仅仅做简单相加。其二，对未分配价值评估缺乏

① 有时业界称为 2.15 倍收益，这种表述不准确，其中的 1 是投资本金，不属于收益。

准确性，主观性强。在表 7－2 例中，未分配价值评估为 1 亿元，但标的企业变化很大，有可能 1 年后失败，也有可能快速增长。到基金退出时，实现结果与评估值经常出现显著差别。只有在基金到期清算时，所计算的总投资倍数才是准确数值。考虑到风险投资收益 J 曲线特征，在基金设立初期的评估，往往会使指标值低估。

基金收益分为毛收益和净收益，大多数指标的计算也分为毛收益和净收益指标。以 *TVPI* 为例，毛收益总投资倍数指不扣除管理费等费用的收益指标，如上述计算过程。计算净收益投资倍数时，需要在投入资本中扣除管理费用，计算如下：

$$TVPI = \frac{TV}{PI - \text{管理费}} = \frac{22000}{10220 - 660} = 2.30 \tag{7-5}$$

相对来说，毛收益投资倍数偏向反映基金给投资人带来的收入倍数，净收益偏向反映基金管理公司创造收益的能力。

（三）*DVPI* 倍数与 *RVPI* 倍数

DVPI（Distributed Value To Paid－in Ratio）指已实现投资倍数，是基金已分配价值与总投入资本之比。其中已分配价值包括现金收入，和分配的投资工具价值。总投资资本，不限于针对退出项目的投入资本，也包括针对未退出项目的投资资本。利用表 7－2 中数据，基金的 *DVPI* 计算如下：

$$DVPI = \frac{D}{PI} = \frac{12000}{10220} = 1.17 \tag{7-6}$$

类似地，*RVPI*（Residual Value To Paid－in Ratio）指未实现投资倍数，是基金所持有的未分配投资工具价值与总投入资本之比。利用表 7－2 中数据，基金的 RVPI 计算如下：

$$RVPI = \frac{RV}{PI} = \frac{10000}{10220} = 0.98 \tag{7-7}$$

TVPI 与 *DVPI* 和 *RVPI* 三个指标的关系如下：

$$TVPI = DVPI + RVPI \tag{7-8}$$

DVPI 与 *RVPI* 仅仅是对总投资倍数 *TVPI* 的分解，两个指标单独使用，并不能反映基金的投资业绩。当与 *TVPI* 结合，并配合时间使用时，能够

大致反映出基金投资与退出的进程。在上述计算中，在第 3 年末，*DVPI* 和 *RVPI* 在总投资倍数中的占比为：

$$1 = \frac{DVPI}{TVPI} + \frac{RVPI}{TVPI} = 54.42\% + 45.58\% \qquad (7-9)$$

结果表示基金在第 3 年末已实现退出收益占比 54.42%，未实现退出收益占比 45.58%。与管理公司历史基金或者其他管理公司的基金对比，如果第一个数值偏低，表明基金投资退出速度偏慢。

当使用 *DVPI* 和 *RVPI* 在基金之间对比时，在基金较后时期（距到期日较近），使用 RVPI 较准确。在基金较前时期，使用 *DVPI* 较准确。

二、折现倍数法

（一）*PME*

在进行基金收益评估时，较为典型的折现倍数法为 *PME*（公开市场当量，Public Market Equivalent）。该指标为 Kaplan & Schoar 于 2005 年所提出，计算公式为如式 7－10 所示。①

$$PME = \frac{\sum_{t=0}^{T} \frac{D_t}{\prod_{\tau=0}^{t}(1+r_\tau)}}{\sum_{t=0}^{T} \frac{PI_t}{\prod_{\tau=0}^{t}(1+r_\tau)}} \qquad (7-10)$$

D_t和PI_t分别是基金在 t 时刻的退出收入（假设退出即分配）和投入资本现金流（即实缴资本现金流），r_τ是 τ 时期标准普尔 500 指数的实现收益率。T 为从基金设立到计算期为止的期数（通常为年数）。在计算时，假设$r_0=0$，因此PI_0折现的折现数值仍为PI_0。

例如，一只基金在存续 10 年内的退出收入、投入资本和对应的标普 500 指数收益率如表 7－3 所示，根据公式 7－10，基金的 *PME* 倍数计算结果为 1.65，对应的 *DVPI* 为 1.66。

① Kaplan, S. N., A. Schoar. Private Equity Performance: Returns, Persistence, and Capital Flows [J]. Journal of Finance, 2005, 60 (4): 1791－1823.

表 7－3　10 年期基金现金流分布表　单位：百万元

时　点	退出收入	投入资本	S&P 500 收益率（%）	分子折现值	分母折现值
2001	0	50	5. 23	0	50
2002	0	100	4. 92	0	95. 03
2003	0	0	5. 58	0	0
2004	300	0	6. 12	257. 36	0
2005	0	10	6. 18	0	8. 08
2006	0	50	5. 62	0	38. 07
2007	100	0	7. 24	72. 08	0
2008	0	100	5. 45	0	67. 22
2009	150	0	6. 65	95. 61	0
2010	0		6. 47	0	
2011	0	50	5. 23	0	0
合计	550	330		425. 08	258. 40

注：表中时点表示当年年初。本表的计算未区分毛收益和净收益。

以时点 2004 年的退出收入 300 为例，折现过程为：

$$\frac{300}{(1+4.92\%)(1+5.58\%)(1+6.12\%)}=257.36 \qquad (7-11)$$

将计算结果计入分子折现值列对应的行中，即为 257. 36。

对比 *TVPI*，*PME* 是个做折现调整的投资倍数。之所以做折现，是希望将现金流产生时点差别考虑到倍数计算中，以便于更准确地评估收益。类似 *TVPI*，*PME* 也可以分解为 *DPME*（已实现折现倍数）和 *RPME*（未分配折现倍数）。除了折现外，*PME* 与 *TVPI* 有类似的特点。*PME* 等于 1，意味着退出现金流刚好抵偿投入现金流，合伙人只能收回投资本金，未获得收益。只有当 *PME* 大于 1，才能获得收益。

PME 考虑了基金面临的公开股票市场（例中使用标普 500 指数表示）中的风险补偿因素，但是风险投资与公开市场股票投资所面临的风险差异很大，使用公开市场收益进行调整并不准确。例如：与公开市场股票相比，风险投资基金具有非流动性，具有较弱的风险分散特性等。考虑这些因素后，风险投资基金的风险溢价应高于公开股票市场风险溢价。

为了更好地与风险投资基金标的企业风险相匹配，可以选择小企业公开股票市场指数作为折现率，例如：在美国使用纳斯达克 2000 指数。

（二）杠杆 *PME*

杠杆 *PME*（Levered PME）是在 *PME* 基础上，对折现率增加了一个调整系数 β。对折现率调整，相当于对折现率增加了一个 β 杠杆，因此称为杠杆 *PME* 。计算公式如式 7 - 12 所示。

$$PME(\beta) = \frac{\sum_{t=0}^{T} \frac{D_t}{\prod_{\tau=0}^{t}(1+\beta r_\tau)}}{\sum_{t=0}^{T} \frac{PI_t}{\prod_{\tau=0}^{t}(1+\beta r_\tau)}} \tag{7-12}$$

公式中字母含义与 7 -4 式相同。当 $\beta=1$ 时，$PME(\beta)=PME$；当 $\beta=0$ 时，$PME(\beta)=TVPI$。所以，*PME* 与 *TVPI* 都是杠杆化 *PME* 的特殊值。至于 β 取值高低，取决于评估者对于风险投资基金风险溢价的判断，风险越高，β 取值越大，当然杠杆调整作用越明显。

Robinson& Sensoy 报告了来自美国和欧洲的 295 家成立于 1984 - 2009 年间的风险投资基金的 *PME* 均值、中位数、方差等情况，如表 7 -4 所示。表中已完全清算的基金有 192 家，剩余为未清算基金。在计算未清算基金 *PME* 时，类似于 *TVPI* 的计算，对于未分配项目做价值评估。相对于标普 500 指数的 *PME* ，纳斯达克指数 *PME* 较高一些，2 倍杠杆的 *PME* 较低一些。①

表 7 -4　基础与调整 *PME*

	S&P *PME*		纳斯达克 *PME*		杠杆 *PME*（$\beta=2$）	
	全样本	清算样本	全样本	清算样本	全样本	清算样本
均值	1.06	1.03	1.09	1.06	1.01	0.97
中位数	0.84	0.82	0.85	0.83	0.79	0.76
标准差	1.15	0.95	1.16	0.94	1.12	0.91
1/4 分位数	0.55	0.52	0.56	0.54	0.50	0.48
3/4 分位数	1.21	1.13	1.28	1.18	1.14	1.07

① Robinson, D. , B. Sensoy. Cyclicality, Performance Measurement, and Cash Flow Liquidity in Private Equity [J] . Journal of Financial Economics, 2016, 122 (3): 521 -543.

观察表中数据，基金收益均值大于中位数，表现出右偏分布特性，即较少的基金获得了较高的收益率，大部分基金获得了较低的收益率。不论哪个样本，不论使用基础 PME 还是调整 PME，基金收益中位数均小于 1，说明大部分基金收益没有赢过指数（包括纳斯达克2000 指数和标普 500 指数）。大部分基金的低收益被少数基金的高收益光环所遮盖了。

（三）*GPME*

Korteweg & Nagel 提出了一种对 PME 进行广义调整的方法，称为 *GPME*（Generalized PME），即广义 *PME*，是在 *PME* 的基础上，不仅考虑了公开股票市场风险，而且考虑了每个基金的特殊风险，进一步调整 *PME*。[①] 计算公式如式 7－13 所示。

$$GPME = \sum_{j=1}^{J} M_{t+h(j)}^{h(j)} \cdot Q_{t+h(j)} \quad (7-13)$$

t 是第一次现金流发生年度（以年度为时期单位），$Q_{t+h(j)}$ 是基金在 $t+h(j)$ 年的退出现金流与投入现金流之比（基金退出收入除以资本投入），$h(j)$ 是第 j 个现金流从 t 年末开始计算的年数，例如：在第 t 年年末发生的现金流 $t+h(j)=t$，J 是净现金流的总个数。$M_{t+h(j)}^{h(j)}$ 是基金在时期（$t+h(j)$，$h(j)$）的随机贴现因子 *SDF*（Stochastic Discount Factor），计算公式如式 7－14 所示。

$$M_{t+h}^{h} = exp\left(ah - b_1 r_{m,t+h}^{h} - b_2 r_{x,t+h}^{h}\right) \quad (7-14)$$

式中 h 是 $h(j)$ 的简写，$r_{m,t+h}^{h}$ 是基于 *CAPM* 计算的资产组合收益率（收益率加 1）的对数，$r_{x,t+h}^{h}$ 是市场上小规模成长资产组合超常收益率（超过市场收益率的收益率）的对数（收益率加 1 的对数），a、b_1、b_2 是参数。

观察公式 7－13，Q 相当于公式 7－12 中的 D 除以 PI，而 $M_{t+h(j)}^{h(j)}$ 相当于分子、分母公用一个折现因子。Korteweg & Nagel 的思路就是对折现因子进行调整。尽管 Korteweg & Nagel 方法未必准确描述风险投资基金收益，但至少提供了一种调整思路，即根据评估者判断，调整 7－14 式中的 a、b_1、

① Korteweg，A. S. Nagel. Risk－Adjusting the Returns to Venture Capital［J］. Journal of Finance，2016，71（3）：1437－1470.

b_2参数取值，或者在式 7－14 中增加调整项。

Korteweg& Nagel 报告了来自美国的 545 家在 1979—2008 年成立的风险投资基金 *PME* 和 *GPME* 情况，如表 7－5 所示。第（1）列 $a=0$，$b1=1$，不考虑 $b2$，$GPME=PME=0.048$；第（2）列 $a=0.088$，$b1=2.650$，仍不考虑 $b2$，$GPME=-0.103$，已经明显低于 *PME*；第（3）列 $a=0.090$，$b1=2.680$，$b2=-0.154$，$GPME=-0.106$。可见，随着考虑的风险因素越来越多，以及参数取值的变化，*GPME* 相对于 *PME* 会发生很大变化。

表 7－5　GPME 的计算与比较

	（1）	（2）	（3）
GPME	0.048	－0.103	－0.106
a	0	0.088	0.090
*b*1	1	2.650	2.680
*b*2			－0.154

第三节　风险投资基金的收益率测量法

一、IRR 的基本计算方法

风险投资基金收益率通常指内含收益率 *IRR*（Internal Rate of Return），即在一定时期内，使各笔现金流的净现值之和等于零的折现率。*IRR* 是一种将现金流的数额和发生时间综合考虑的基金评价方法。由于风险投资基金实缴资本和退出收入分配的时间不确定，跨越整个基金生命期，在评价基金绩效时，现金流发生的时间因素起到重要作用。

IRR 的计算思路为：以 *IRR* 为折现率，将期间发生的各期现金流折现，计算期结束日剩余价值（未分配价值）折现，将各个折现值相加，令该总和为零，解出 *IRR* 值。计算方程式如式 7－15 所示。

$$\sum_{i=0}^{n}\frac{CF_i}{(1+IRR)^i}+\frac{RV_n}{(1+IRR)^n}=0 \qquad (7-15)$$

公式中 CF 是指现金流，i 指时期，以投资开始日为零时刻，连续计算。RV 是计算期末基金的剩余价值（未分配价值），n 代表基金从设立到计算期末的总期数。为了解出方程中 *IRR* 值，一般要使用迭代法。另外，有时方程可能存在多解，即最终解得多个 *IRR* 值。

与其他业绩测量指标一样，*IRR* 也有毛收益和净收益的区别。站在投资者的角度，更关心毛收益 *IRR*，评估管理公司能力则更侧重净收益 *IRR*。以计算毛收益 *IRR* 为例。假设投资者现在向某基金实缴资本 100 万元，一年后该比投资的剩余价值（评估值）为 110 万元，在此期间并未发生其他现金流，那么这笔投资的 *IRR* 算式如下：

$$0 = \frac{-100}{(1+IRR)^0} + \frac{110}{(1+IRR)^1} \tag{7-16}$$

在列算式时需要注意现金流的正负号，从投资者手中流出资金为负号，流入投资者手中资金为正号。解方程得 IRR =0.10 =10%。

在上述简单实例的基础上，将计算期延长一年，同时增加一期现金流。算式如下：

$$0 = \frac{-100}{(1+IRR)^0} + \frac{10}{(1+IRR)^1} + \frac{100}{(1+IRR)^2} \tag{7-17}$$

对这个方程求解，直接计算显得很麻烦，可以借用 excel 表格的 IRR 函数求解，在单元格内输入公式“ = IRR（Flows）”，Flows 代表各期现金流，注意正负号，IRR 函数能够有效计算月度、季度和年度现金流的 *IRR* 值。如表 7 -6 所示。如需要按照现金流的确定日期计算 *IRR*，可以使用 XIRR 函数，如表 7 -7 所示。

表 7 -6 *IRR* 的 *excel* 求解

时点	现金流
0	-100
1	10
2	100
IRR（使用 IRR 函数）	5.12%

表 7－7　*XIRR* 的 *excel* 求解

时点	现金流
＝DATE（2016，12，1）	－100
＝DATE（2017，12，1）	10
＝DATE（2018，12，1）	100
IRR（使用 XIRR 函数）	5.12%

二、特殊问题处理

（一）去年化 IRR

上述基本方法讨论的是以年为单位的 *IRR* 计算，如果投资者需要计算一项持有期小于 1 年的投资的收益率，需要将 Excel 计算出的年化收益率进行“去年化”（Unannualize）处理。所谓去年化，就是计算在某一个不等于 1 年期间内的期间收益率，而不是期间年化收益率。具体步骤为：

（1）先使用 XIRR 函数计算出 IRR 值。

（2）确定计算期的天数：例如：（2017 年 10 月 1 日）－（2017年1月1日）＝273（天），即 2017 年 1 月 1 日投入，2017 年 10 月 1 日计算收益率。

（3）“去年化”IRR 计算公式为：

$$IRR(U)=\frac{1+IRR\ (A)}{365}\times Days-1 \tag{7-18}$$

其中 *IRR*(*U*)为去年化收益率，*IRR*(*A*)为使用 *XIRR* 函数计算出的年化收益率。*Days* 表示要计算期间的天数。

如果通过 *XIRR* 计算出的在计算期内年化收益率为 15.36%，代入公式得到：

$$IRR(U)=\frac{1+15.36\%}{365}\times 273-1=11.28\% \tag{7-19}$$

即“去年化”*IRR* 为 11.28%。

在“去年化”的过程中，可能会发生数据错觉，如表 7－8 所示。表中有两只基金 A、B，计算期时长为 6 个月，两只基金单独计算的“去年化”*IRR* 分别为 3.51% 和 3.39%。但如果将两只基金合并成一个投资组合，再计算“去年化”*IRR*，则为3.89%，较两只基金单独计算提高了。在这个组合过程中，现金流的结构以及天数变化，都是组合“去年化”*IRR* 提高的原因。

表 7－8 总体 IRR 超过个体 IRR

月份	基金 A	基金 B	投资组合
0	0	-100	-100
1	-100	0	-100
2	-50	0	-50
3	-50	0	-50
4	-50	0	-50
5	-50	0	-50
6	400	150	550
已投入资本	300	100	400
期末总价值	400	150	550
收益额	100	50	150
年化 *IRR*	8.76%	6.99%	8.05%
“去年化” *IRR*	3.51%	3.39%	3.89%
TVPI	1.33	1.5	1.375

（二）转换 *IRR*

计算 *IRR* 时，如果发生的第一笔现金流为正，使用基本的计算方法算不出 *IRR*。如表 7－9 所示，表中第 2 列为原始现金流，第一个现金流为正 100。处理这种问题的一种方式是转换 *IRR*（Transformed IRR）。首先，将各期的现金流的数值全部转换为其相反数，包括计算期末的剩余价值，从而创造出一个新的现金流序列，符号与原来的恰好完全相反，这样首次现金流就变为负值，如表 7－9 第 3 列所示。其次，计算新现金流序列的 *IRR*，为转换 *IRR*，等于 -21.92%。再次，取转换现金流的负数，即为原投资的 *IRR*。

表 7－9　转换后 *IRR* 计算数据

时点	原始现金流	转换现金流
0	100	－100
1	50	－50
2	－100	100
转换 *IRR*		－21.92%
IRR		21.92%

（三）点对点 *IRR*

在前文的计算中，起点均为基金设立时点。在基金存续期内，找到任何两个时点，对期间现金流计算 *IRR*，称为点对点 *IRR*（End－to－End IRR）。由于计算的是基金存续期内的 *IRR*，也称为期间 *IRR*（Horizon IRR）。

将一只基金的现金流做成示意图，如图 7－2 所示。两个深色现金流作为两个时点，计算期间的点对点 *IRR*。由于计算在起点时基金尚未退出，没有退出收入现金流，起点时的现金流以起点时刻的未分配价值作为起点现金流。在终点时刻也存在未分配价值，也需要进行评估。其他现金流则与计算一般 *IRR* 相同。计算点对点 *IRR* 的目的是在期间进行基金收益对比，或者评估整个基金存续期内不同时段的业绩情况。

在计算过程中，做个假设。首先，投资者获得在计算起点的未分配价值；其次，投资者将未分配价值再次投入基金。因此，起点时刻的未分配价值现金流为负，代表投入资本。

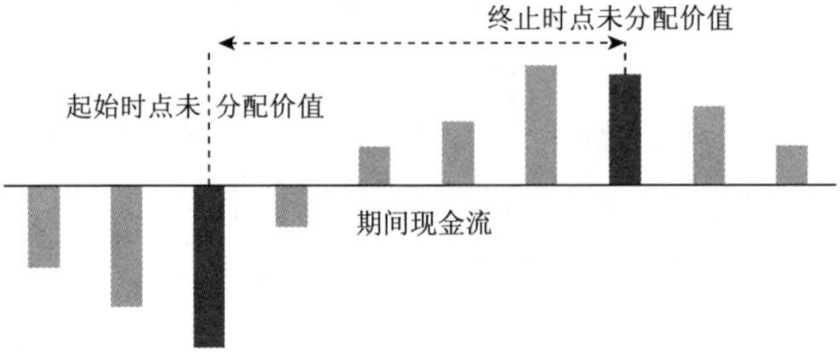

图 7－2　点对点 IRR 计算示意图

三、零时刻 *IRR*

零时刻 *IRR*（Time Zero IRR），指将现金流在时间坐标轴上整体平移，从而改变计算 *IRR* 的零时刻，之后计算 *IRR*。平移 *IRR* 既可以用于单只基金业绩评价，也可以用于同一管理发行的多只基金组合进行业绩评价。在对单只基金进行业绩评价时，是将各个项目投资的起始点平移至同一个时刻。在对多只基金构成的组合进行业绩评价时，是将每个基金设立起始点平移至同一个时刻。

所谓现金流平移，指当存在多个现金流序列时，将各个现金流序列的起始点平移至同一时刻，如 7－3 所示。在图 7－3 中，以基金组合为例，在组合中有三只基金 A、B、C，三只基金的现金流如图 7－3 中的三条柱体所示，柱体的长度为现金流序列覆盖的时间长度。现金流平移的方法，首先，以最先发生的现金流为标准，即基金 A；其次，将其他基金现金流整体平移，使得起点与基金 A 对齐，即将基金 B、基金 C 现金流柱形图按照箭头方向和程度向左平移至虚线位置；再次，三个平移后的现金流相加，构成零时刻现金流。基于此零时刻现金流计算 的 *IRR*，称为零时刻 *IRR*。如果针对单一基金进行评价，图中的三个现金流可以表示为对三个标的企业的投资现金流。

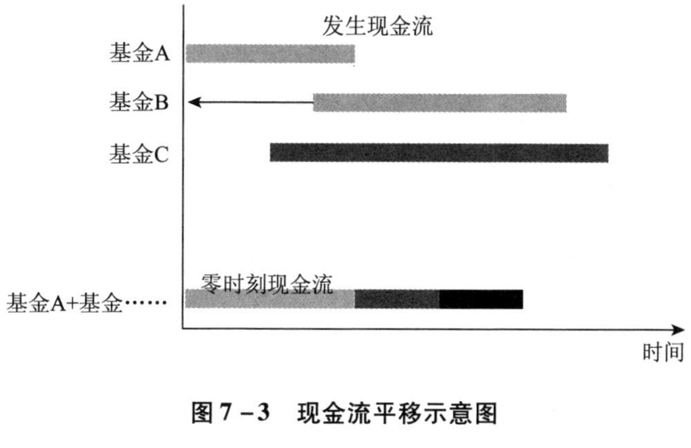

图 7－3　现金流平移示意图

以两只基金的组合为例，数据如表 7－10 所示。第一只从 0 时刻开始投入，第5年年末清算，第二只基金从第6年年末开始投入，第11年年末清算。两只基金的存续期都是5年。

表7-10　未调整IRR计算

实现现金流			
时间	基金A	基金B	投资组合
0	-100	0	-100
1	-50	0	-50
2	300	0	300
3	-50	0	-50
4	10	0	10
5	100	0	100
6	0	-100	-100
7	0	0	0
8	0	0	0
9	0	0	0
10	0	0	0
11	0	100	100
已投入资本	200	100	300
总价值	410	100	510
收益额	210	0	210
IRR	50.19%	0.00%	45.35%
TVPI	2.05	1.00	1.70

直观地观察，第一只基金在开始两年内有较好的业绩，第二只基金业绩较差。对比两只基金的业绩也可以看出，$TVPI(1)=2.05$，$IRR(1)=50.19\%$，而$TVPI(2)=1$，$IRR(2)=0\%$，也就是第二只基金并没有给投资者创造价值。但当将两只基金合并计算，$TVPI=1.7$，$IRR=45.35\%$。*IRR*并没有比第一只基金下降多少。在业绩评价上，基金组合沾了第一只基金高收益率的光。这种情况，称为*IRR*粘性，即期初较高的正现金流会在很大程度上决定整体现金流较高的内含收益率。相反，期初较大的负现金流，也会在很大程度上决定整体现金流较低的内含收益率。尽管后期现金流收入不高，只要前期现金流收入高，管理公司仍然能够搭上顺风车，

实现较高的收益率，即早期赢家（Early Winner）容易成为最终赢家，后期赢家（Later Winner）则容易给人留下最终输家的错觉。这种计算多少会给投资者造成误解。如表7－11所示，将基金A、基金B现金流发生时间对调，形成新的投资组合现金流，再计算组合业绩。*TVPI*仍为1.7，但是*IRR*已经大幅度下降到了14.35%，仅仅是调整现金流序列顺序而已，将早期赢家变成后期赢家，后期赢家在综合评价上吃了大亏。

表7－11　后期赢家*IRR*计算

实现现金流			
时间	基金A	基金B	投资组合
0	0	－100	－100
1	0	0	0
2	0	0	0
3	0	0	0
4	0	0	0
5	0	100	100
6	－100	0	－100
7	－50	0	－50
8	300	0	300
9	－50	0	－50
10	10	0	10
11	100	0	100
已投入资本	200	100	300
总价值	410	100	510
收益额	210	0	210
IRR	50.19%	0.00%	14.35%
TVPI	2.05	1.00	1.70

零时刻*IRR*是解决早期赢家或者后期赢家错觉的一种评价方法。计算数据调整如表7－12所示，将基金B的现金流整体前移至与基金A同时开始，两个现金流相加，得到投资组合现金流，即零时刻现金流。利用零时刻现金流计算的*IRR*为24.20%。

表 7－12　零时刻 *IRR*：假定同时投资于基金 *A*、*B*

实现现金流			
年份	基金 A	基金 B	投资组合
0	－100	－100	－200
1	－50	0	－50
2	300	0	300
3	－50	0	－50
4	10	0	10
5	100	100	200
6	0	0	0
7	0	0	0
8	0	0	0
9	0	0	0
10	0	0	0
11	0	0	0
已投入资本	200	100	300
总价值	410	100	510
收益额	210	0	210
IRR	50. 19%	0. 00%	24. 20%
TVPI	2. 05	1. 00	1. 70

总结按照三种现金流方式计算的 *IRR*，如表 7－13 所示。零时刻 *IRR* 值低于早期赢家 *IRR*，高于后期赢家 *IRR*。零时刻 *IRR* 调和早期赢家和后期赢家效应。因为零时刻 *IRR* 涉及现金流平移，需要特别注意，当不同时期的外部经济环境发生较大变化时，这种处理方式存在明显缺陷，即忽略了环境的不可比性。

表 7－13　三种情况总结表

类　别	投资组合 *IRR*
早期赢家 *IRR*	45. 35%
后期赢家 *IRR*	14. 35%
零时刻 *IRR*	24. 20%

四、实缴时间调整 *IRR*

投资于共同基金时，由投资者本人决定何时投资与何时退出投资；而在风险投资（私募股权投资）中，则是由 GP 来决定。LP 对于已经认缴的资本，尽管没有实缴，由于不确定什么时候会收到实缴通知，也不能用于有风险的高收益投资项目，只能投资于流动性较高的国债。这样，基金投入资本时间早晚，对基金业绩会造成影响。为了规避这种影响，可以计算实缴时间调整 IRR。计算的方法是，将认缴资本作为初始现金流，而不是第一笔实缴资本。在以后的现金流计算中，将认缴与实缴之差产生的无风险投资收益计入每期现金流之内。

实缴时间调整 *IRR* 计算过程如表 7 – 14 所示。表中，在 0 时刻第 2 列现金流 –5000 为实缴现金流，第 3 列的现金流 –20000 为认缴现金流。在 1 时刻，第 2 列没有发生现金流，第 3 列为待缴资本 15000 万元的无风险收益（假设收益率为 3%）。在 3 时刻，第 2 列为实缴现金流 –3000 万元，第 3 列为待缴资本无风险收益 450 万元。在 4 时刻，第 2 列发生两笔现金流，退出收入 10000 万元，实缴 –3000 万元，合计 7000 万元，第 3 列仅计算收入现金流，为退出收入 10000 万元，加上待缴资本无风险收益 270 万元（待缴资本下降了）。其他现金流依此类推。

表 7 – 14　实缴时间调整 IRR 计算

时点	发生现金流（万元）	认缴现金流（万元）
0	–5000	–20000
1	0	450
2	–3000	450
3	7000	10360
4	–9000	270
5	10000	10000
6	6000	6000
IRR	14.06%	7.76%

表 7 – 14 计算结果表明，未调整 *IRR* 为 14.06%，是调整 *IRR*

(7.76%) 的两倍多。未调整 *IRR* 高估了投资者能够实现的投资收益率。

表7－15 为按照实缴资本计算的四只基金业绩对比情况。其中 A、B、C 三只基金具有相同的内含收益率 26%，但 *TVPI* 有明显差别。按照 *TVPI* 值高低排序，从高到低依次为 C、B、A。将 D 基金考虑在内，按照 *TVPI* 值高低排序，从高到低依次为 C、B、D、A。

表 7－15　按照实缴资本计算的四只基金业绩对比

时　间	基金 A	基金 B	基金 C	基金 D
0	－100	－500	－500	－500
1	120	20	0	0
2	－100	20	0	0
3	120	20	0	0
4	－100	20	0	0
5	120	20	0	0
6	－100	20	0	0
7	120	20	0	0
8	－100	20	0	0
9	120	20	0	0
10	120	4340	5020	1000
已投入资本	500	500	500	500
总价值	720	4520	5020	1000
收益额	220	4020	4520	500
IRR	26%	26%	26%	7%
TVPI	1.44	9.04	10.04	2.00

对实缴时间进行调整，所计算的结果如表 7－16 所示（假设无风险收益率为 3%）。由于基金 B、C、D 在期初的认缴等于实缴额，不需要调整，只有基金 A 需要调整。基金 A 调整后的 *IRR* 仅为 8.88%，与基金 B、C 相差较大，三只基金使用 *TVPI* 排序与实缴时间调整 *IRR* 排序基本一致。在基金 A 与基金 D 之间的 *IRR* 差值大幅度下降，减缓了两种指标的排序差别。

表 7－16　实缴时间调整的四只基金业绩对比

时　间	基金 A	基金 B	基金 C	基金 D
0	－500	－500	－500	－500
1	132	20	0	0
2	12	20	0	0
3	129	20	0	0
4	9	20	0	0
5	126	20	0	0
6	6	20	0	0
7	123	20	0	0
8	3	20	0	0
9	120	20	0	0
10	120	4340	5020	1000
已投入资本	500	500	500	500
总价值	780	4520	5020	1000
收益额	280	4020	4520	500
IRR	8.88%	26%	26%	7%
TVPI	1.56	9.04	10.04	2.00

第八章
风险投资基金的法律监管

本章内容涉及风险投资基金的三方面法律监管，分别为设立、运营和税收。法律监管规定了风险投资基金生存和经营的环境。

第一节　风险投资基金的设立

风险投资基金自20世纪产生以来，在世界主要国家都得到快速发展。到目前为止，风险投资基金有三种主流的组织形式：公司制、有限合伙制和信托制（契约制）。三种不同的组织形式面临不同的法律监管，各有优缺点。

一、公司制风险投资基金的设立

（一）法律基础

我国公司制风险投资基金的法律基础主要包括《公司法》《证券法》以及《创业投资企业管理暂行办法》等。其中，《公司法》为有关股份有限公司的法律法规和上市公司的法律制定组织规范。《证券法》为基金发行设立规范，《创业投资企业管理暂行办法》为基金运行制定规范。可以看出，公司制风险投资基金主要严格按照《公司法》设立和运行。相对于风险投资基金的其他组织形式，其法律规范程度较高①。

（二）设立条件

1. 一般条件

《公司法》对于公司制风险投资基金的设立没有特别限制，主要是对一般有限责任公司和股份有限公司分别规定了设立条件，诸如《公司法》第二十三条规定："设立有限责任公司，应当具备下列条件：（一）股东符合法定人数；（二）股东出资达到法定资本最低限额；（三）股东共同制定公司章程；（四）有公司名称，建立符合有限责任公司要求的组织机构；（五）有公司住所。"《公司法》第七十七条规定："设立股份有限公司，应当具备下列条件：（一）发起人符合法定人数；（二）发起人认购和募集的股本达到法定资本最低限额；（三）股份发行、筹办事项符合法律规定；

① 北京市道可特律师事务所，道可特投资管理有限公司．中国PE的法律解读［M］．北京：中信出版社，2010：27.

（四）发起人制定公司章程，采用募集方式设立的经创立大会通过；（五）有公司名称，建立符合股份有限公司要求的组织机构；（六）有公司住所。”由此可见，设立公司制风险投资基金需要具备符合法定人数的股东、出资股东、公司章程、组织机构和公司住所，这是必要条件。

2. 备案条件

虽然《创业投资企业管理暂行办法》没有对公司制风险投资基金设立条件作出特别约定，但是要求创业投资企业必须履行备案手续。在国家工商总局注册登记的创业投资企业，必须向国务院管理部门申请备案，而在省级及省级以下工商行政管理部门注册登记的创业投资企业，向所在地省级（含副省级城市）管理部门申请备案。该办法明确规定，凡按照该办法规定完成备案程序的创业投资企业，对外投资运作可享受政策扶持，否则不享受政策扶持。

3. 设立主体

在设立主体上，公司制风险投资基金的投资者不能超过200人。其中，有限责任公司的设立主体不得超过50人，并且单个投资者出资不低于100万元。关于投资者人数，公司制风险投资基金跟《公司法》规定的股东人数是一致的，《公司法》规定有限责任股东人数上限是50人，股份有限公司股东人数上限是200人。

（三）出资制度

1. 最低注册资本

关于注册资本，依照《公司法》，有限责任公司最低注册资本为3万元，法律行政法规有较高规定的，从其规定。依照《创业投资企业管理暂行办法》，公司实收资本不低于3000万元。

值得注意的是，各地方就风险投资基金或创业投资企业注册资本进行了规定，如《天津市促进创业投资业发展暂行规定》第十七条规定：“创业投资企业、创业投资管理企业的注册资本为在工商登记机关登记的全体股东、合伙人所认缴的全部出资额。其注册资本不得少于下列数额：（一）创业投资股份有限公司：人民币5000万元；（二）其他组织形式的创业投资企业：人民币1000万元；（三）各种组织形式的创业投资管理企业：人民币 100 万元。

《上海市金融服务办公室、上海市工商行政管理局、上海市国家税务局、上海市地方税务局关于本市股权投资企业工商登记等事项的通知》则规定：（一）股权投资股东或合伙人应当以自己的名义出资。其中单个自然人股东（合伙人）的出资额应不低于人民币 500 万元；（二）以有限公司、合伙企业形式成立的，股东、合伙人人数应不多于 50 人；（三）以非上市股份有限公司形式成立的，股东人数应不多于 200 人。股权投资管理企业以股份有限公司形式设立的，注册资本应不低于人民币 500 万元；（四）以有限责任公司形式设立的，其实收资本应不低于人民币 100 万元。

2. 出资方式

《公司法》规定，股东可以用货币出资，也可以是实物、知识产权、土地使用权等可以用货币估价并可以依法转让的非货币财产作价出资；全体股东的货币出资金额不得低于有限责任公司注册资本的 30%。《创业投资企业管理暂行办法》以及其他地方性关于创业投资企业有关规章制度均明确规定，风险投资基金以货币出资。从风险投资基金及创业投资在世界范围的惯例来看，基金以现金出资应为必然。

3. 出资期限

对于出资期限，《公司法》规定，有限责任公司的注册资本为在公司登记机关的全体股东认缴的出资额。公司全体股东的首次出资额不得低于注册资本的 20%，也不得低于法定注册资本最低限额。《创业投资企业管理暂行办法》规定，首期实收资本不低于人民币 1000 万元，并且全体投资者承诺在注册后的 5 年内补足不低于人民币 3000 万元实收货币。这与《公司法》的规定并不矛盾。

（四）设立流程

在设立流程上，根据《创业投资企业管理暂行办法》规定，设立公司制风险投资基金需要按照《公司法》登记程序履行有关工商登记手续，然后向各地发改委完成有关备案手续。如果涉及外资的，在办理工商登记手续之前还需要完成有关外资商务局或商务部的审批手续。

二、有限合伙制风险投资基金的设立

作为风险投资投资基金的一种组织形式，有限合伙制也起源于20世纪的美国。至今，有限合伙制仍然是美国最主流的风险投资基金组织形式。有限合伙制风险投资投资额及资本管理额占整个风险投资行业的比率大大超过了公司制和信托制风险投资基金①。2007年，《合伙企业法》修改后，我国有限合伙制风险投资基金逐渐确立并发展起来②。

（一）法律基础

有限合伙制风险投资基金的法律基础主要是《合伙企业法》《合伙企业法登记管理办法》《外国企业或个人在中国境内设立合伙企业管理办法》《国务院关于个人独资企业和合伙企业征收所得税问题的通知》等。然而，由于我国有限合伙的法制不太健全，直接限制了合伙制风险投资基金的发展。因此，为了促进风险投资行业的发展，立法机关需要根据风险投资基金的实践不断总结创新，从而完善我国的有限合伙立法。

（二）设立条件

1. 设立条件

根据《合伙企业法》相关规定，设立有限合伙企业，应当具备以下条件：

（1）有2个以上50个以下合伙人，但是法律另有规定的除外。普通合伙人为自然人的，应当具有完全民事行为能力。有限合伙企业至少应当有一名普通合伙人；

（2）有书面合伙协议；

（3）有合伙人认缴或者实际缴付的出资；

（4）有合伙企业的名称和生产经营场所；

（5）有限合伙企业名称中应当标明“有限合伙”字样；

---

① 寇祥河，潘岚．有限合伙制创业投资基金所得税问题初探［J］．证券市场导报，2008，2：42－47.

② 李建伟．私募股权投资基金的发展路径与有限合伙制度［J］．证券市场导报，2007，8：57－63.

（6）法律、行政法规规定的其他条件。

2. 设立主体

（1）有限合伙人

根据我国《合伙企业法》，设立有限合伙，对有限合伙人并无特别要求。有限合伙以其向合伙的出资额为限承担有限责任，并且其不参与合伙企业的经营管理，其资质及资信问题不会对有限合伙企业的运作产生实质影响。因而，从法律层面上讲，任何主体，包括自然人和法人，只要具有完全民事行为能力，便可以成为有限合伙制风险投资基金的有限合伙人。

（2）普通合伙人

相对于有限合伙人，普通合伙人重要的特征是要对合伙企业的债务承担无限连带责任。出于对特定资产或利益的保护，法律禁止下列两类主体成为有限合伙企业的普通合伙人：一类是国有独资企业、国有企业及上市公司；另一类是从事公益性活动的事业单位和社会团体。

具体而言，如果国有独资公司、国有企业、上市公司成为普通合伙人，就要以其全部财产对合伙债务承担责任，这不利于保护国有资产和上市公司股东的利益。因此，不允许其成为普通合伙人。国有独资公司、国有企业及上市公司可以成为有限合伙人，以其出资额为限对合伙企业债务承担责任；从事公益性活动的事业单位及社会团体，因其从事的活动涉及公共利益，其自身财产不宜对外承担无限连带责任。因此，其也不宜成为对合伙企业债务承担无限连带责任的普通合伙人。

（三）出资制度

1. 出资额

《合伙企业法》对有限合伙企业的出资额并没有做出具体规定，只规定了合伙人应当按照合伙协议约定的出资方式、数额和缴付期限，履行出资义务。对于每位合伙人的最低出资数额没有规定。一般来说，参照公司制风险投资基金，有限合伙人作为公司投资人，最低出资额在 100 万元以上，但是要依照合伙协议自行约定的具体内容。

2. 出资期限

根据《合伙企业法》，我国合伙企业实行承诺出资制度。承诺出资制度是指依普通合伙人或管理合伙人的要求，随时缴付所要求的金额进行出资。一般情况下会提前10天通知有限合伙人，按其认缴出资额所占比例或其他合伙协议约定的特定比例缴纳出资。这种出资安排也可以激励基金管理团队，管理团队在取得项目后再要求缴纳所需金额进行投资，可以缩短资金闲置时间，极大改善其业绩。

3. 出资方式

关于出资方式，《合伙企业法》第十六条规定："合伙人可以用货币、实物、知识产权、土地使用权或者其他财产权利出资，也可以用劳务出资。"《合伙企业法》第六十四条规定："有限合伙人可以用货币、实物、知识产权、土地使用权或者其他财产权利作价出资。有限合伙人不得以劳务出资。"然而，《创业投资企业管理暂行办法》以及其他地方性创业投资法规均明确规定，基金出资以货币出资，因此，不存在其他形式出资的可能。

（四）设立流程

有限合伙制风险投资基金设立流程相对简单，既不用像公司制风险投资基金那样需要履行有关验资程序，又没有强制出资的限制。其设立流程主要为履行有关合伙协议备案登记，以及按照创业投资企业履行有关备案手续。当然涉及外资的，需要履行有关商务审批程序。

三、信托制风险投资基金的设立

（一）法律基础

信托制风险投资基金主要依据《信托法》《信托公司管理办法》《信托公司集合资金信托计划管理办法》，以及《信托公司私人股权投资信托业务操作指引》等法律法规设立。

（二）设立条件

信托公司进行风险投资业务只能通过集合信托计划这种形式展开，故而可以说，信托投资计划的设立条件，便是信托制风险投资设立的条件。根据《信托公司集合资金信托计划管理办法》第五条的规定，信托公司设立信托计划，应当符合以下要求："（一）委托人为合格投资者；（二）参与信托计划的委托人为唯一受益人；（三）单个信托计划的自然人人数不得超过 50 人，合格的机构投资者数量不受限制；（四）信托期限不少于一年；（五）信托资金有明确的投资方向和投资策略，且符合国家产业政策以及其他有关规定；（六）信托受益权划分为等额份额的信托单位；（七）信托合同应约定受托人报酬，除合理报酬外，信托公司不得以任何名义直接或间接以信托财产为自己或他人牟利；（八）中国银行业监督管理委员会规定的其他要求。”

根据《信托公司私人股权投资信托业务操作指引》第三条的规定，信托公司从事私人股权投资信托业务，应当符合以下要求：“（一）具有完善的公司治理结构；（二）具有完善的内部控制制度和风险管理制度；（三）为股权投资信托业务配备与业务相适应的信托经理及相关工作人员，负责股权投资信托的人员达到 5 人以上，其中至少 3 名具备 2 年以上股权投资或相关业务经验；（四）固有资产状况和流动性良好，符合监管要求；（五）中国银监会规定的其他条件。”

（三）设立主体

根据《信托公司集合资金信托计划管理办法》第五条的规定，单个信托计划的自然人人数不得超过 50 人，合格的机构投资者数量不受限制。该《办法》第六条规定：“前条所称合格投资者，是指符合下列条件之一，能够识别、判断和承担信托计划相应风险的人：（一）投资一个信托计划的最低金额不少于人民币 100 万元的自然人、法人或者依法成立的其他组织；（二）个人或家庭金融资产总计在其认购时超过人民币 100 万元，且能提供相关财产证明的自然人；（三）个人收入在最近 3 年内每年收入超过 20 万元人民币或者夫妻双方合计收入在最近 3 年内每年收入超过 30 万元人民币，且能提供相关收入证明的自然人。”

（四）出资制度

上述信托计划的设立主体条件中，也体现了法律对信托计划出资人的最低出资额要求：投资于单个信托计划的最低投资资本为人民币 100 万元。同时，信托计划的出资人一般需要在信托计划要求的出资时间内将出资落实到位，否则视为放弃投资，并且信托计划运行期间，出资人不得要求退回出资，实行封闭式管理。出资人按照信托计划享有相应收益或承担相应风险。

（五）设立流程

信托公司设立私人股权投资信托，应当在信托计划成立后10个工作日内向中国银监会或其派出机构报告，报告应当包括但不限于可行性分析报告、信托文件、风险申明书、信托财产运用范围和方案、信托计划面临的主要风险及风险管理说明、信托资金管理报告的主要内容及格式、推介方案及主要推介内容、股权投资信托团队简介及人员简历等内容。

总之，三种组织形式各有千秋。公司制风险投资基金比较规范，但是缺乏效率；有限合伙制风险投资基金高效，但是缺乏制约；信托制风险投资基金灵活但并非实体。管理机构应该根据各自需要选择合适的组织形式。

第二节　风险投资基金的运营

一、风险投资基金的募集

关于风险投资基金资金募集，我国相关的法律政策还不完善、不健全，仅仅散见于各个法律政策之中，诸如《公司法》《证券法》《合伙企业法》以及《信托法》等。这些法律法规大多规定得比较简单、笼统，而且未将风险投资基金作为问题的重点。可以说，风险投资基金资金募集立法的必要性和紧迫性尚未得到应有的重视。风险投资的资金募集亟需系统详细立法的规范①。

（一）公司制风险投资基金的募集

2005年修订的《公司法》《证券法》第一次以法律的形式规定了股份有限公司的非公开发行制度，而此前的中国法律从未涉及非公开发行的内容。新《公司法》第七十八条规定：“股份有限公司的设立，可以采取发起设立或者募集设立的方式。其中募集设立，是指由发起人认购公司应发行股份的一部分，其余股份向社会公开募集或者向特定对象募集而设立公

---

① 邹菁．私募股权基金的募集与运作：法律实务与案例［M］．北京：法律出版社，2014：78.

司。”这意味着，法律第一次对“向特定对象募集设立公司”进行了规定，明确了公司设立方式可以采用非公开发行的形式，从而从立法角度确立了与公开发行相对应的非公开发行概念。

然而，《公司法》在为通过募集设立股份公司提供制度通道和保障之外，对非公开发行的运作规则没有做出比较详细规定，而是将其整合到《证券法》的体系内，按照证券发行的一个类型进行规范。此外，修改后的《公司法》取消了原有的股份有限公司的设立审批程序，取而代之的是将股份有限公司注册资本最低额降低为500万元，采用登记制，并引入了授权资本制度。修改后的《公司法》还将发起人股份转让限制缩短为一年。这些规定为非公开发行证券提供了空间。

（二）有限合伙制风险投资基金的募集

2006年修订的《合伙企业法》增加了有限合伙的内容，自此我国法律中有了关于有限合伙制风险投资基金的专门法规。国际上很多大型的风险投资都是采用有限合伙的方式，基金管理人是普通合伙人。

中国法律中对非公开发行和公开发行的区分主要就是200人的界限。美国法律在考虑非公开发行与公开发行的区分时用了另外一种区分标准：是否触动公共利益。如果触动，就需要《证券法》对广大投资者进行保护。这种标准可以说将《证券法》存在的意义揭示了出来，即《证券法》就是为了保护广大投资者的利益，所以是否需要引用《证券法》，成为非公开发行与公开发行最根本的区别。《合伙企业法》中规定有限合伙企业的合伙人人数为2人以上50人以下，与200人的标准相比还有相当大的差别。但是，现实情况总是复杂的，不能只认准这200人的标准，而应在适用200人标准的同时，考虑该现实情况是否触动了公共利益，是否需要动用《证券法》的公开发行规则对投资者进行保护。总之，目前的《合伙企业法》未涉及有限合伙制风险投资基金的募集规范。

（三）信托制风险投资基金的募集

2007年3月1日，《信托公司集合资金信托计划管理办法》开始实施。该《管理办法》中所说的“集合资金信托计划”，是指由信托公司担任受托人，按照委托人的意愿，为受益人的利益将两个以上（含两个）委托人交付的资金进行集中管理、运用或处分的资金信托计划。《信托法》下的集合资金信托计划募集规则所涉及的，也就是信托公司如何募集资金进行信托计划的问题。具体包括：信托公司如何设立信托计划，信托公司如何推介信托计划和信托计划成功与否的后续。

首先，信托公司设立信托计划，应当符合以下要求：（一）委托人为合格投资者。合格投资者，是指符合下列条件之一，能够识别、判断和承担信托计划相应风险的人：(1) 投资一个信托计划的最低金额不少于人民币 100 万元的自然人、法人或者依法成立的其他组织；(2) 个人或家庭金融资产总计在其认购时超过人民币 100 万元，且能提供相关财产证明的自然人；(3) 个人收入在最近 3 年内每年收入超过人民币 20 万元或者夫妻双方合计收入在最近 3 年内每年收入超过人民币 30 万元，且能提供相关收入证明的自然人。（二）参与信托计划的委托人为唯一受益人。（三）单个信托计划的自然人人数不得超过 50 人，合格的机构投资者数量不受限制。（四）信托期限不少于 1 年。（五）信托资金有明确的投资方向和投资策略，且符合国家产业政策以及其他有关规定。（六）信托受益权划分为等额份额的信托单位。（七）信托合同应约定受托人报酬，除合理报酬外，信托公司不得以任何名义直接或间接以信托财产为自己或他人牟利。（八）中国银行业监督管理委员会规定的其他要求。

其次，信托公司推介信托计划，应有规范和详尽的信息披露材料，明示信托计划的风险收益特征，充分揭示参与信托计划的风险及风险承担原则，如实披露专业团队的履历、专业培训及从业经历，不得使用任何可能影响投资者进行独立风险判断的误导性陈述。信托公司异地推介信托计划的，应当在推介前向注册地、推介地的中国银行业监督管理委员会省级派出机构报告。

再次，信托计划推介期限届满，未能满足信托文件约定的成立条件的，信托公司应当在推介期限届满后 30 日内返还委托人已缴付的款项，并加计银行同期存款利息。由此产生的相关债务和费用，由信托公司以固有财产承担。信托计划成立后，信托公司应当将信托计划财产存入信托财产专户，并在 5 个工作日内向委托人披露信托计划的推介、设立情况。

（四）风险投资基金资金募集的特点

从上文的法律法规政策可以总结出风险投资基金资金募集有以下特点或规律：

1. 风险投资基金资金采用非公开募集的原则

无论是《公司法》的发起设立中的特定对象募集，还是《证券法》等相关法规中的非公开发行股票，或者《合伙企业法》中的有限合伙设立，以及信托集合资金的不得公开营销宣传，都表明风险投资基金需严格按照非公开途径募集资金，否则就与风险投资基金的本质背道而驰。

2. 风险投资基金募集限定对象人数的原则

《公司法》明确限定非上市股份有限公司股东人数不得超过 200 人，《证券法》等相关法规明确限定特定对象发行股票后股东累计不超过 200 人，《合伙企业法》规定有限合伙企业合伙人不得超过 50 人。《信托法》等相关法规明确单个信托计划的自然人人数不得超过 50 人。由此说明，风险投资基金在基金募金过程中必须严格限定投资对象人数。如果超过法律规定人数，将被认定为公开募集。

3. 风险投资基金自行决定资金募集规模的原则

除了对自然人投资风险投资基金特别是集合资金信托计划有投资规模的限制外，《公司法》《证券法》《合伙企业法》等并未严格限定风险投资基金资金募集规模，这是符合风险投资基金本身特点的，因为只有风险投资基金了解自身的投资资金需求，并根据自身情况做出合理资金募集安排，法律在此问题上无法进行太多的干预。但实际上，鉴于风险投资基金本身具有的风险性，法律明确规定风险投资基金向自然人募集资金时需要限定规模，并且对于自然人的资产状况做出了限定，这是比较合理的。

4. 风险投资基金自行决定资金募集阶段的原则

修改后的《公司法》并未要求资金募金要一次性到位，而是允许分步分阶段到位；《合伙企业法》允许资金募集实行承诺制，有限合伙设立时并未要求实际全部出资，而是要求投资者对于实际项目投资承诺出资，在项目实际需要投资时出资到位；集合资金信托计划也规定了一定的出资时间，并未严格实行一次性到位。风险投资基金的目的在于对外进行股权投资，在正式投资之前其资金需求量并不大，因此，为了避免资金闲置，法律允许风险投资基金自行决定资金募集阶段，这也符合风险投资基金运作特点。

二、风险投资基金的投资

（一）风险投资基金的投资条款的适用性

2006年我国颁布实施的新修订的《公司法》给予了公司和股东更大的自主决策权，公司许多重大事项均可以由股东在公司章程进行自主约定。在这点上，我国《公司法》表现出了与外资风险投资基金通行做法的相容性。由于风险投资基金是个舶来品，早期出现在我国风险资本市场的大都是外资风险投资基金。与此同时，本土风险投资基金的契约条款很大程度是从外资风险投资基金借鉴而来。外资投资基金条款与我国《公司法》的兼容和相斥也体现了我国作为大陆法系体例的国家在公司法设计和安排和英美法系国家的不同。

1. 红利优先分配权

《公司法》第四十三条规定："股东会会议由股东按照出资比例行使表决权；但是，公司章程另有规定的除外。"第一百六十七条规定："股份有限公司按照股东持有的股份比例分配，但股份有限公司章程规定不按持股比例分配的除外。"因此，以上两条《公司法》条款，可以作为"同股不同权"的法律依据，也即同样的出资比例但是股东享受的表决权和红利分配权可以不同。

2. 清算优先受偿权

根据《公司法》第一百八十七条规定，"公司财产在分别支付清算费用、职工的工资、社会保险费用和法定补偿金，缴纳所欠税款，清偿公司债务后的剩余财产，有限责任公司按照股东的出资比例分配，股份有限公司按照股东持有的股份比例分配。"虽然《公司法》没有明确在公司章程里可以对清算的同股不同权进行另行约定，但公司在清算时只要按照法律规定优先支付了清算费用，职工的工资、社会保险费用和法定补偿金，缴纳所欠税款及偿付公司债务，就剩余财产股东们约定清算时哪一方拥有优先受偿权，法律并没有做禁止性规定。

3. 对赌协议

风险投资基金采用对赌协议条款在中国比较多。事实上，对赌协议在国外并不流行，原因在于国外市场相对透明、比较成熟，投资双方的风险是共担的。但是，在中国由于投资双方的信息不对称程度较高，小股东无法参与企业管理，因而风险投资基金为了保证投资的安全，通常要求卖方进行业绩承诺，实现对创业者的激励和控制。

虽然风险投资基金在实践中广泛采用对赌协议，但是早期中国缺少专门关于对赌协议的法律条文。在实务中，由于对赌协议而引发的风险投资基金与被投资企业之间的纠纷非常多见。其中，最具代表性的是甘肃世恒与海富投资的对赌协议案。

2007 年 10 月，海富投资与世恒公司、香港迪亚有限公司签订《增资协议书》，《增资协议书》约定了对赌条款。2008 年，甘肃世恒与海富投资发生补偿纠纷，海富投资将其告上了法庭。2010 年 12 月 31 日，兰州市中级人民法院对此案做出了一审判决，判定增资协议中的对赌条款无效，驳回海富投资的所有请求。海富投资对一审判决不服，随即提起上诉。2011 年 9 月 29 日，甘肃省高级人民法院对此案做出二审判决。甘肃省高院依旧认为对赌协议无效，同时判定甘肃世恒返还 1885 万元和利息。世恒公司对判决不服，向最高人民法院提出再审申请，请求撤销二审判决，维持兰州中院的一审判决。2011 年 12 月 19 日，最高人民法院受理了世恒公司的申请，提审了此案。2012 年 11 月，最高人民法院下达判决，该判决撤销甘肃高院对此案的二审判决，并判决迪亚公司向海富投资支付协议补偿款 19982095 元。

概括来说，最高人民法院根据对赌条款的签署对象做出不同认定，否决了被投资公司世恒公司对海富公司补偿条款的效力，也就是股东与公司之间的对赌补偿条款应当趋于被认定为无效，但确认了原股东迪亚公司对海富公司补偿条款的效力。

最高人民法院认为，海富公司作为企业法人，向世恒公司投资后与迪亚公司合资经营，故世恒公司为合资企业。世恒公司、迪亚公司与海富公司在《增资协议书》约定了补偿条款，此条款的约定使海富公司的投资可以获取相对固定的收益，该收益脱离了世恒公司的经营业绩，损害了公司利益和公司债权人的利益，因而无效。

根据现代公司法理论和《公司法》的相关规定，股东以其投资额为限对公司承担有限责任，公司以其所有财产为限对外承担责任，股东对公司享有投资收益、重大事项决策、选择管理者三大权利。如果公司对某个股东进行补偿（无论任何形式），将会产生公司资产的减少，这将间接弱化和规避了股东对公司承担的有限责任，损害公司的利益，进一步损害公司债权人的利益，涉嫌滥用股东权利，违反《公司法》第二十条有关“公司股东应当遵守法律、行政法规和公司章程，依法行使股东权利，不得滥用股东权利损害公司或者其他股东的利益；不得滥用公司法人独立地位和股东有限责任损害公司债权人的利益。公司股东滥用股东权利给公司或者其他股东造成损失的，应当依法承担赔偿责任。公司股东滥用公司法人独立地位和股东有限责任，逃避债务，严重损害公司债权人利益的，应当对公司债务承担连带责任”的规定。

最高法的判决否认了股东与公司之间损害公司及公司债权人利益的对赌条款的法律效力，但认可了股东与股东之间对赌条款的合法有效性，维护了作为投资者的海富投资的合法利益。最高法的判决具有标杆意义，为日益增多的风险投资股权基金的投资行为提供了一个法律样本，同时，该判决也表现出最高法“鼓励投资、禁止投机”的导向。

为了降低风险投资机构对被投资主体《投资协议》中的对赌条款被认定无效的风险，一方面，投资机构应与被投资企业的创始股东（实际控制人）签订相应的业绩对赌及补偿条款，而不要与被投资企业本身签订对赌条款①；另一方面，投资机构应在与公司股东签署对赌条款时，也需要尽量将对赌条款约定的更加公平合理，避免因对赌条款显失公平而被撤销或变更。如可以安排双向对赌，而非仅仅保障投资机构的对赌索取权利②。

---

① 刘忠，王会芳．关于完善对赌协议监管措施的建议［J］．证券市场导报，2015，5：68－71.

② 杨明宇．私募股权投资中对赌协议性质与合法性探析——兼论海富投资案［J］．证券市场导报，2014，2：61－71.

（二）风险投资基金的投资工具的适用性

1. 可转换债券

可转换债券是外资风险投资基金通常所采用的投资工具，兼具债券和股票的性质。但在中国，可以发行企业债券的往往是上市公司或是大型国有企业。因此，具有融资需求的高速成长性的企业不具备上述条件，无法对外发行可转换债券。但是，在实践操作当中，风险投资基金也可以选择可转股债权的方式加以变通。也就是，风险投资基金以委托贷款的形式出借给被投资企业一笔资金，风险投资基金享有在一定的时间内、一定的条件下购买被投资企业股东一定股权的权利。

2. 优先股

2013 年 11 月 30 日，国务院发布《关于开展优先股试点的指导意见》（以下简称《指导意见》）。2013 年 12 月 13 日，为进一步规范优先股试点的发行和交易行为，证监会发布了《优先股试点管理办法》（以下简称《管理办法》）。《指导意见》明确了上市公司可以发行优先股，非上市公司可以非公开发行优先股。优先股股东享有优于普通股股东分配公司利润和剩余财产的权利，但是参与公司决策管理的权利受到限制。管理办法进一步明确了上市公司发行优先股和非上市公司非公开发行优先股的条件。优先股试点《指导意见》和《管理办法》的发布，为我国发行具有红利优先分配权的优先股，提供了法律依据，使我国法律规定与风险投资基金签署的投资契约具有更好的相容性。

三、风险投资基金的退出

（一）国内上市监管

我国的主板市场包括上海证券交易所主板市场与深圳证券交易所主板市场。拟登陆我国主板市场首次公开发行股票的企业需遵循《证券法》《股票发行与交易管理暂行条例》和《首次公开发行股票并上市管理办法》等相关规定。中小板与主板市场对上市企业的要求并没有实质性的区别，上市的法定条件是一致的。但相对于主板市场而言，中小板是在深圳证券交易所主板市场中设立的一个运行独立、监察独立、代码独立、指数独立的板块，集中安排符合主板发行上市条件的企业中规模较小的企业上市。其规定的发行上市标准与现有主板市场相同（其股本总额可以少于5000万元，但同时必须满足我国《证券法》所要求的3000万元），必须满足信息披露、发行上市辅导、财务指标、盈利能力、股本规模、公众持股比例等各个方面的要求。

创业板在我国被称为“二板市场”，是指主板之外的专为暂时无法上市的中小企业和新兴公司提供融资途径和成长空间的证券交易市场。创业板是对我国主板市场的有效补充，在我国资本市场中占据着重要的位置。它的最大特点就是低门槛进入，运作要求严格，更加有助于有潜力的中小企业获得融资机会。因此，创业板的推出不仅能为中小企业提供更方便的融资渠道，为风险资本营造一个正常的退出机制，同时也是我国调整产业结构、推动经济改革的重要手段。

2009年3月31日，中国证券监督管理委员会公布了《首次公开发行股票并在创业板上市管理暂行办法》，该办法已于2009年5月1日起正式实施。此外，中国证券监督管理委员会为完善创业板的信息披露，出台了《公开发行证券的公司信息披露内容与格式准则第29号——首次公开发行股票并在创业板上市申请文件》及《公开发行证券的公司信息披露内容与格式准则第28号——创业板公司招股说明书》及深圳证券交易所《创业板股票上市规则》。

总的来说，主板、中小板及创业板3个板块上市标准主要可概括为以下几个方面：

1. 主体资格

均要求上市企业为依法设立并合法存续的股份有限公司。

2. 经营年限

根据规定，在主板及中小板上市的企业持续经营时间应当在3年以上，创业板上市的企业最近2年连续盈利或业务增长超过30%。

3. 公司治理

均要求发行人具有健全的股东大会、董事会、监事会、独立董事、董事会秘书，且相关机构的人员能够依法履行职责，发行人的董事、监事和高级管理人员符合法律、行政法规和规章对任职资格的相应要求，且上述人员在发行时了解其应具有的法定责任与义务。

4. 盈利要求

主板及中小板对发行人的盈利要求如下：（1）最近 3 个会计年度净利润均为正数且累计超过人民币 3 000 万元，净利润以扣除非经常性损益前后较低者为计算依据；（2）最近 3 个会计年度经营活动产生的现金流量净额累计超过人民币 5 000 万元，或者最近 3 个会计年度营业收入累计超过人民币 3 亿元；（3）最近一期末不存在未弥补亏损；（4）无形资产与净资产比例不超过 20%，过去 3 年的财务报表中无虚假记载。

创业板对发行人的盈利要求相对较低，具体如下：（1）最近 2 年连续盈利，最近 2 年净利润累计不少于人民币 1000 万元，且持续增长；（2）最近 1 年盈利，且净利润不少于人民币 500 万元，最近一年营业收入不少于人民币 5 000 万元，最近 2 年营业收入增长率均不低于 30%（净利润以扣除非经常性损益前后孰低者为计算依据）。满足上述两者中任一标准即视为已符合。

5. 股本要求

我国主板及中小板要求，发行前股本总额不少于人民币 3 000 万元，即发行前不少于 3 000 万股；上市股份公司股本总额不低于人民币 5 000 万元；上市后公众持股至少为 25%，如果发行时股份总数超过 4 亿股，发行比例可以降低，但不得低于 10%。

考虑到创业板企业所处发展阶段及规模，创业板并未要求企业上市前股本总额达到某个标准，而是规定，首次发行股票后股本总额不少于 3 000 万元即可。

6. 主营业务要求

主板和中小板要求发行人最近 3 年内主营业务没有发生重大变化；创业板则要求发行人应当主要经营一种业务，即要求发行人主营业务突出。

7. 创业板特殊要求——成长性与创新能力

发行人具有较高的成长性，具有一定的自主创新能力，在科技创新、制度创新、管理创新等方面具有较强的竞争优势，是企业在创业板上市的特殊要求。

（二）海外上市的政策监管

境内企业于境外上市，根据上市主体不同，主要包括境外发行上市（直接上市）和境外红筹上市（间接上市）两种模式。风险投资在决定于海外上市之后，面对的关键问题便是选择上市模式。了解我国对企业境外上市的监管政策，是正确选择上市模式的前提。

1. 对境外直接上市的监管

境外直接上市是指境内的股份有限公司直接以国内公司名义向国外证券主管部门申请发行登记注册，并发行股票（或其他衍生金融工具），向当地证券交易所申请挂牌上市交易。

根据《中国证券监督管理委员会关于企业申请境外上市有关问题的通知》，中国公司申请境外主板上市必须符合以下条件：

（1）符合我国有关境外上市的法律、法规与规则；

（2）筹资用途符合国家产业政策、利用外资政策及国家有关固定资产投资立项的规定；

（3）净资产不少于4亿元人民币，过去一年税后利润不少于6 000万元人民币，并有增长潜力，按合理预期市盈率计算，筹资额不少于5 000万美元；

（4）具有规范的法人治理结构及较完善的内部管理制度，有较稳定的高级管理层及较高的管理水平；

（5）上市后分红派息有可靠的外汇来源，符合国家外汇管理有关规定；

（6）证监会规定的其他条件。

此外，根据《境内企业申请到香港创业板上市审批与监管指引》，中国公司申请到香港创业板上市必须符合以下条件：

（1）经省级人民政府或国家经贸委批准，依法设立并规范运作的股份有限公司（以下简称“公司”）；

（2）公司及其主要发起人符合国家有关法规和政策，在最近2年内没有重大违法违规行为；

（3）符合香港创业板上市规则规定的条件；

（4）上市保荐人认为公司具备发行上市可行性并依照规定承担保荐责任；

（5）国家科技部认证的高新技术企业优先批准。

2. 风险投资基金的其他退出监管

并购退出是被投资企业无法通过 IPO 退出时的最好选择，尽管其回报率明显低于 IPO。但是并购退出也具有其独特的优势：第一，投资者可以通过并购得到现金或可流通证券。这意味着投资已变现，投资者已经实现了从项目企业的完全退出，这使剩余的风险很小或者几乎没有；第二，投资者可以获取一定量的溢价回报，保证一定的投资收益。因为收购方可通过兼并获取协同效应，扩大市场份额，或进人新市场，扩展产业链。与此同时，投资者通过要求收购方支付收购溢价，以提高自身的回报率，确保适当的投资收益；第三，出售企业的费用成本也相对低于 IPO 方式，不需要高额的保荐、调查、承销费用。

在我国，不少企业是国有企业。当风险投资基金需要从国有企业通过并购形式退出，会遇到比较复杂的审批程序，以防止国有资产流失。当企业资产属于国家所有，由国务院和地方人民政府分别代表国家履行出资人职责。具体而言，风险投资基金从国有企业并购退出时，会受到诸多法律的限制，包括《公司法》《企业国有资产监督管理暂行条例》《股份有限公司国有股权管理暂行办法》《企业国有产权转让管理暂行办法》《企业国有产权向管理层转让管理暂行办法》《企业国有资产评估管理暂行办法》《企业国有产权无偿划转管理暂行办法》《利用外资改组国有企业暂行规定》等相关法规的规定。

股份回购是世界各国公司法所普遍规定的制度，也是西方成熟资本市场上重要的金融工具之一。实践中股份回购存在一些弊端，例如：与传统公司法原理相冲突；可能违反资本维持原则，不利于债权人利益的保护；可能违反股东平等原则，易引发内幕交易等。但股份回购在优化资本结构、保护少数股东利益、防御外部恶意收购和推进现代激励机制等方面都具有重要作用。此前，各国关于股份回购的立法主要有“原则禁止，例外允许”和“原则允许，例外限制”两种模式。透过我国《公司法》《证券法》《上市公司章程指引》等法律中关于股份回购的规定，可以看出，我国采用的是更为严格的“原则禁止，例外允许”模式。这种模式对保护股东和债权人利益、维护交易秩序有积极的作用。然而，我国股份回购制度仍有许多不完善的地方。

另外，《公司法》缺少股权回购相关规定。我国《公司法》第一百三十条规定：“公司不得收购本公司股份。但有下列情形的除外：（一）减少公司注册资本；（二）与持有本公司股份的其他公司合并；（三）将股份奖励给职工；（四）股东因对股东大会做出的公司合并、分立决议持异议，要求公司收购其股份的。”显然，按此规定，风险投资家无法要求被投资企业回购其持有的股份。风险投资家往往持有风险企业的大量股份，如果要求企业回购其所持股份，通常会导致风险企业不再符合股份公司的法定资本限额，对此法律有所限制。

清算是风险投资投资者最不愿意看到的情况。在这种退出模式下，投资者收益最低，甚至有可能“血本无归”。也就是说，通过清算退出是风险投资投资最不成功的一种退出方式。换而言之，它意味着投资失败。清算包括解散清算和破产清算两种。相应地，风险投资基金也可以通过解散和破产两种方式退出。

解散清算，是指公司按照法律法规规定的程序、方式等自行组织而无需外力介入的清算。当公司发展陷入僵局，继续存续有可能使投资人损失进一步扩大时，非公开发行投资者可以考虑通过自行解散清算的方式实现退出止损。在这种方式下，只要公司符合解散清算的法定条件，例如：已届章程规定的清算期、公司全体股东合意等，并严格遵从法定的程序和方式进行清算，外力没有理由进行干涉。公司清算属于公司意思自治的范畴。如果因某些原因而导致无法自行清算的，投资者也可以通过法院强制清算。

破产清算是指公司依法被宣布完全解体，资产全部变卖进行偿债，是一种以企业淘汰方式进行的资产重组。与解散清算相比，破产清算的原因是公司不能履行到期债务而被宣告破产，属于司法强制解散，适用的是诉讼程序。破产清算时，公司的自主权极小，一旦被宣告破产清算，说明被投资企业已陷入资不抵债的境地，财务状况极其恶劣，可能意味着投资者的本金都很难收回，因此，任何一个投资者均应尽量避免破产清算的发生。即使被申请破产清算，也应通过积极的协商与沟通，争取通过破产重组等方式延续被投资企业的市场主体资格，从而求得重生的机会，以保护和拯救自己的投资。

对于风险投资投资中的清算退出，多数是破产清算，少数是解散清算。由于以前我国破产立法方面比较滞后，风险投资投资者想通过清算方式退出总是困难重重。2006 年 8 月 27 日，我国出台《中华人民共和国企业破产法》，于 2007 年 6 月 1 日正式施行。《企业破产法》的实施使得企业破产清算有法可依、有法可循，也为风险投资投资者退出失败的破产企业提供了法律及制度上的操作规范。

第三节 风险投资基金的税收

一、不同组织形式的税收政策

（一）公司制风险投资基金

创业投资企业作为一个法人实体，需要缴纳企业所得税，而当公司收益以分红的形式分配给股东时，股东作为自然人或法人同样需要缴纳所得税。这造成了创业投资企业面临的双重征税问题，对创业投资企业的发展造成了阻碍。为解决创业投资企业的税收政策问题，在《创业投资企业暂行办法》颁发后，2007 年 2 月财政部和国家税务局联合颁布了《关于促进创业投资企业发展有关税收政策的通知》。该政策的实施对我国发展公司制的风险投资基金产生了积极的推动作用，主要体现在以下几个方面：

根据《税收政策通知》的规定，创业投资企业采取股权投资方式投资于未上市中小高新技术企业 2 年以上（含 2 年），可以享受的税收优惠政策有：

1. 应纳税所得额抵扣制度

创业投资企业可按创业投资企业对中小高新技术企业投资额的70%抵扣该创业投资企业的应纳税所得额。但是对所投资的中小高新技术企业有规模和科技含量的双重门槛限制：

(1) 所投资的中小高新技术企业职工人数不超过500人，年销售额不超过2亿元，资产总额不超过2亿元。

(2) 创业投资企业申请投资抵扣应纳税所得额时，所投资的中小高新技术企业当年用于高新技术及其产品研究开发经费须占本企业销售额的5%以上，技术性收入与高新技术产品销售收入的合计须占本企业当年总收入的60%以上。

2. 应纳税所得额可逐年延续抵扣制度

创业投资企业按上述规定计算的应纳税所得额抵扣额，符合抵扣条件并在当年不足抵扣的，可在以后纳税年度逐年延续抵扣。

3. 所得税不重复征收制度

创业投资企业从事股权投资业务的其他所得税事项，按照国家税务总局《关于企业股权投资业务若干所得税问题的通知》的有关规定执行。该通知主要规定有：

(1) 关于企业股权投资所得的所得税，凡投资方企业适用的所得税税率高于被投资企业适用的所得税税率的，投资方企业才需要补缴不足部分的企业所得税。这个投资所得是指企业通过股权投资从被投资企业所得税后累计未分配利润和累计盈余公积金中分配取得股息性质的投资收益。

(2) 关于企业股权投资转让所得和损失的所得税，应并入企业的应纳税所得，依法缴纳企业所得税。但因收回、转让或清算处置股权投资而发生的股权投资损失，可以在税前扣除。企业股权投资转让所得或损失是指企业因收回、转让或清算处置股权投资的收入减除股权投资成本后的余额。

(二) 合伙人风险投资基金

目前，合伙制企业在国际上通常采用三种税制模式：一是非实体模式，即合伙企业尚不作为独立实体，也不将合伙企业视为纳税主体，如英国和美国。二是实体模式，即对于合伙企业为独立实体，则作为独立纳税主体看待，例如：法国和德国。三是准实体模式，该模式介于实体模式与非实体模式之间，即对合伙企业统一进行收入和成本核算，但对合伙企业的净收益则在合伙人环节纳税。我国的有限合伙制风险投资投资基金个人所得税政策从国情实际出发，借鉴西方国家有关规定，在税制模式上采用了上述的准实体模式。

根据《关于印发关于个人独资企业和合伙企业投资者征收个人所得税的规定的通知》《关于个人独资和合伙企业投资者个人所得税的规定》《关于调整个体工商户个人独资和合伙企业个人所得税税前扣除标准有关问题的通知》《关于合伙企业合伙人所得税问题的通知》，合伙企业应当以每一个合伙人为纳税义务人。合伙人为自然人，则缴纳个人所得税；如果合伙人是法人和其他组织，则缴纳企业所得税。自然人合伙人就其合伙企业的全部生产经营所得和合伙协议约定的分配比例所确定的应纳税所得额，即“先分后税”原则，比照“个体工商户的生产经营所得”税目，适用5% ~35%的五级超额累进税率，由各合伙人分别计算缴纳个人所得税。合伙企业对外投资分回的利息、股息和红利应单独作为投资者个人取得的利息、股息、红利所得，按“利息、股息和红利所得”项目征税，适用税率为20%。

从政策规定内容和具体适用情况来看，虽然我国现行税法对有限合伙制企业出台了部分规定，使得我国有限合伙制风险投资基金在纳税上有法可依。但是，由于我国有限合伙制风险投资基金在实践方面的快速发展，部分税法规定依然比较滞后，这对于有限合伙制风险投资基金的发展形成了影响。

就目前而言，风险投资投资基金个人所得税政策主要存在以下几个方面问题：第一，税收政策规定不明确。例如：在投资收益环节上，目前税法对有限合伙人和普通合伙人取得的所得性质确认不明确。第二，合伙人实际税负仍然偏高。从组织形式上，有限合伙企业解决了公司制模式下的双重纳税问题，也确实得到投资者的青睐。但是，有限合伙制模式下合伙人税负仍然较高，客观上影响了合伙人的投资信心。第三，缺乏税收扶持政策。从国际惯例看，国家通常对创业投资基金给予适当政策扶持，发挥政策激励作用。当前，有限合伙制风险投资投资基金对于促进金融市场繁荣具有积极影响，应当给予扶持和鼓励。但对于有限合伙制风险投资投资基金则没有出台相应的税收扶持政策，从而制约着风险投资投资基金的积极发展。

二、不同地区的税收优惠政策

随着风险投资基金在我国资本市场的逐步发展壮大，如何为之提供配套的政策环境，以期利用其推动全国各地产业经济的发展，越来越引起业界的关注。作为引导示范，发改委等部门针对风险投资企业出台了相关政策，例如：《国家发展改革委关于配合财税部门做好创业投资企业税收优惠政策实施工作的通知》《财政部、国家税务总局关于促进创业投资企业发展有关税收政策的通知》《国家发展改革委办公厅关于促进股权投资企业规范发展的通知》等。在此带动下，各地方政府也相继推出了促进股权投资企业发展的优惠政策，旨在吸引优质的股权投资企业注册，活跃地方经济；同时，以一定的设立门槛等予以规范，兼顾行业快速与健康的发展，保障投资者的权益①。

表 8－1　各地区对风险投资基金的税收优惠政策

《浦东新区政府关于印发浦东新区促进金融业发展财政扶持办法的通知》2012－7－26	（1）新引进企业及企业增资，给予补贴； （2）根据企业对新区贡献，给予补贴； （3）对新引进的股权投资企业在浦东新区租赁自用办公用房的，给予补贴； （4）对股权投资企业在浦东新区购买自用房的，给予一定购房补贴。
《安徽省人民政府办公厅关于促进股权投资类企业规范发展的意见》2013－9－13	注册资本不低于1亿元本省投资额度不低于其投资总规模60%且不低于其实际到位资本60%的股权投资企业，自获利年度起，前2年按其缴纳的企业所得税省级分成部分给予等额奖励，后3年给予减半奖励。

① 投中研究院：区域政策鼓励股权机构落地，税收政策反哺地方财政。http：//research. chinaventure. com. cn/report_ 906. html。

续表

《河北省人民政府办公厅关于印发河北省促进股权投资基金业发展办法的通知》2010－12－30	（1）自缴纳营业税之日起，前2年纳营业税部分额度全额补助，后3年减半补助； （2）5亿元以上基金补助优惠； （3）本省区域内租赁办补贴； （4）高管人员引进补贴。
《重庆市人民政府办公厅关于印发重庆市进一步促进股权投资类企业发展实施办法的通知》2012－11－17	（1）公司制股权投资类企业符合西部大开发政策的执行15%所得税率； （2）取得的非上市公司的权益性投资收益和权益转让收益，以及合伙人转让非上市公司股权的，不征收营业税； （3）在合伙制股权投资类企业出资1000万元以上的出资者，市财政给予相应补贴。
《辽宁省关于加快风投股权投资发展的实施意见》2009－12－18	对中小高新技术企业投资额的70%抵扣该企业的应纳税所得额。
《新疆维吾尔自治区促进股权投资类企业发展暂行办法》2010－9－8	（1）公司制的股权投资类企业，依法享受国家西部大开发各项优惠政策，执行15%的所得税率，自治区地方分享部分减半征收； （2）公司制企业股东缴纳所得税后，自治区按其对地方财政贡献的50%予以奖励； （3）股权投资类企业因提供投融资管理或咨询服务等取得收入而缴纳营业税后，自治区按其对地方财政贡献的50%予以奖励。
《吉林省股权投资基金管理暂行办法》2010－6－24	（1）基金管理机构3年内享受营业税补助，3年后减半营业税补助； （2）投资于省内项目按项目退出或获得收益形成的所得税地方分享部分的80%给予补助； （3）基金管理公司给予租房及自建房补贴； （4）高管人才引进税收鼓励。
《浙江省人民政府办公厅关于促进股权投资基金发展的若干意见》2009－5－8	（1）经批准可减免基金管理公司房产税、城镇土地使用税、水利建设专项资金； （2）省外引入的大型股权投资管理公司，经批准可给予3年内免征房产税、土地使用税、水利建设专项资金； （3）省内注册资金1亿元以上、管理基金规模超过10亿元经批准给予奖励； （4）投资于未上市中小高新技术企业两年以上的，可以按照其投资额的70%。
《北京市关于促进股权投资基金业发展的意见（京金融办［2009］5号）》2009－1－19	（1）自其获利年度起，由所在区县政府前两年按其所缴企业所得税区县实得部分全额奖励，后3年减半奖励； （2）市政府给予股权基金或管理企业有关人员的奖励，依法免征个人所得税； （3）购租房补贴参照金融企业。